인공지능이
금융하는 법

이 상 훈

박영사

PREFACE

'4차산업혁명시대'라는 말도 새삼스러워진 요즘입니다. 4차산업혁명은 현재를 기술혁신의 대응으로 이해하는 프레임이자 대명사가 되었습니다. 일반적으로 4차산업혁명은 인공지능, 빅데이터 등 디지털기술로 촉발되는 초연결 기반의 지능화 혁명으로 일컬어지지만, 여전히 여기에는 여러 논쟁과 이견이 부딪치고 있습니다. 과연 4차산업혁명이 우리를 새로운 미래로 이끌 수 있는 '혁명'인 것인지, 기존의 정보통신 변혁의 연장선상인지에 관한 것입니다. 여러분이 어떤 주장의 편에 서 있든지, 인공지능과 빅데이터, IoT와 같은 '4차산업혁명기술'들이 현재의 산업과 사업을 변화시키고, 경제의 패러다임을 바꾸고 있다는 것은 쉽게 부인할 수 없을 것입니다.

지금까지의 산업혁명은 거듭되면서 기술 간, 사업 간의 융합이 일어나고 패턴이 다양해지는 특징과 경향성을 보여왔습니다. 이 점에서 4차산업혁명을 '융합혁명'이라고 부르기도 합니다. 이것을 선봉에서 이끄는 것이 '인공지능(Artificial Intelligence)'입니다. 이 기술의 침투는 우리 산업 전반에 걸쳐 있고, 급기야 사람만이 (잘) 할 수 있으리라 여겨졌던 금융(金融) 분야에까지 이르렀습니다. 돈을 빌려주고 빌리고, 돈을 다른 돈으로 사고파는 일. 돈이 사람에서 사람으로 이동하는 시장에 인공지능이 적극적으로 활용되고 있는 것입니다.

변화는 이미 시작되었습니다. 우리는 은행을 찾지 않아도 핸드폰을 열어 돈을 빌리고, 메시지를 보내면서 돈을 보낼 수 있는 시대에 살고 있습니다. 인공지능과 금융은 그 자체로 결합되어 융합하고 있고, 스스로 시너지를 일으키면서 우리가 지금껏 가보지 못했고, 감히 갈 생각조차 하지 못했던 미래로 우리를 끌어당길 것입니다.

저는 다음 페이지부터 가파른 변화의 파도에 올라탄 인공지능과 금융, 그리고 투자행위가 당면한 문제들을 우리 '법(그중에서도 형법)'이 어떻게 마주하고 있는지, 어떻게 풀어가야 하는지를 말씀드리려 합니다. 어려운 표현을 다듬고, 가능한 한 쉽게 설명하려 노력했지만, 여전히 부족한 점이 많습니다. 법을 조금 더 잘 아는 동네 주민과 간단히 담소를 나누고, 길고 가는 인연을 이어간다고 생각해주시고 널리 혜량해주시기 바랍니다. 아무쪼록 이 책을 통해 '금융'과 '법'을 공부할 수 있는 계기가 되었으면 합니다.

부족한 저에게 항상 힘과 믿음을 주고, 삶의 이유가 되어주는 우리 두 아이와 사랑하는 아내에게 고맙다는 말 전합니다. 감사합니다.

2022년 가을
이 상 훈

CONTENTS

Chapter

01

서 론

Chapter 01 서론

　'4차산업혁명'은 이미 현실이 되었다. 2016년 세계경제포럼(World Economic Forum, WEF)의 클라우스 슈밥(Klaus Schwab)이 주창한 이래 정보통신 기술(ICT) 기반의 새로운 산업 시대를 대표하는 단어로 자리 잡은 이 용어는 우리를 둘러싼 현실, 즉 오프라인 세계에서 벌어지는 현상들을 모두 데이터화하고 이를 인공지능(Artificial Intelligence, 人工知能)으로 분석해 맞춤형 예측서비스를 제공하는 새로운 미래를 함의한다.[1,2] 2차산업혁명이 석유와 전기를 대중화하면서 전자공업, 중화학 공업을 발전시키고(대량생산의 혁명), 3차산업혁명이 컴퓨터, 인터넷, 인공위성의 발명을 통해 정보화 산업을 이끌었다면(지식정보의 혁명), 4차산업혁명은 인공지능을 통해 사물을 자동적·지능적으로 제어할 수 있는 시스템의 구축을 기대하게 한다. 3차원의 물질로 이루어진 현실, 즉 오프라인 생태계가 0과 1의 숫자로 구성된 온라인 세상과 동기화되면서 우리 삶 자체가 그야말로 혁명적인 변화를 겪는 형국이다.[3,4] 4차산업혁명은 기술혁신의 21세기적 대응으로 이해하는 프레임으로 기능하고 있다.

　각 산업혁명은 거듭되면서 기술 간, 사업 간의 융합이 일어나고 패턴이 다양해지는 특징과 경향성을 보인다.[5] 이 점에서 4차산업혁명을 '융합혁명'이라고 할 수 있다.[6] 이 융합을 선봉에서 이끄는 것이 '인공지능'이다. 1차산업혁명의 키워드가 기계, 2차와 3차산업혁명이 각각 석유와 전기, 컴퓨터와 인터넷이라면 4차산업혁명의 핵심어는 인공지능이라 할 수 있다.[7] 4차산업혁명은 인공지능을 통해 자동화와 연결성이 극대화되는 산업 환경의 도래를 의미하는 것이다. 4차산업혁명의 맹아로서 인공지능은 있으면 편리한 도구에서 없어서는 안 될 반려자이자 공존을 모색해야 할 위협으로 변모했다. 인공지능은 4차산업혁명을 주도적이고 선동적으로 이끄는 기술이고, 4차산업혁명은 인공지능을 통해 사물을 자동적·지능적으로 제어할 수 있는 인공지능혁명의 이명(異名)인 것이다. 인공지능은 현실을 그야말로 "이번에는 다르게(this time is different)[8]" 변화시킬 기세다.

여기에 '코로나19'는 많은 기업들이 디지털 기술, 특히 인공지능의 도입과 이를 통한 혁신에 박차를 가하는 또 하나의 동력이 되었다. 인공지능을 통한 성공 및 혁신 사례를 접하는 것은 어려운 일이 아니다. 미국 매사추세츠공대(MIT)가 발간하는 기술전문 저널 'MIT 테크놀러지 리뷰'는 한 해 각광받을 10대 기술을 선정하면서 이 중 5개를 인공지능과 관련한 기술로 채택했고,[9] 글로벌 시가총액 상위 5대 기업(MS, 아마존, 애플, 알파벳, 페이스북)은 모두 대규모 데이터와 플랫폼을 활용하는 인공지능 기업으로 변모를 시도하고 있다. 이제는 언급조차 새삼스러운 알파고(AlphaGo)와 이세돌의 대국 이후 반 십년 사이 인공지능 기술을 사용한 자율자동차나 인공지능 비서 시리(Siri)는 이미 보편적인 생활 양식이 되었고, 인공지능 챗봇 '이루다'의 서비스 중단 사건 등 개인정보 보호와 외설적 목적 사용의 윤리적 문제와 같이 인공지능을 둘러싼 여러 과제가 호사가들의 화두로 오르내리고 있다. 인공지능이 기술적 특이점(singularity)을 거쳐 '캄브리아기의 대폭발(Cambrian explosion)'[10]에 비유될 만큼 폭발적으로 발전할 것이란 전망도 나오고 있다. 이쯤 되면 인공지능은 영화와 소설 속 상상에서 현실 속 현상(現像)으로 성공적으로 안착한 것으로 보인다.

이 같은 변화의 파도는 전통적으로 사람만이 (잘) 할 수 있으리라 여겨졌던 전문적인 영역마저 넘어서고 있다. 대표적인 것이 금융(金融)이다. 돈을 빌려주고 빌리고, 돈을 다른 돈으로 사고파는 일. 돈이 사람에서 사람으로 이동하는 사업 전반에 인공지능이 적극적으로 활용되고 있는 것이다.[11] 다른 업계에 비해 보수적이고 변화에 기민하지 못하다고 인식됐던 금융업계였지만, 최근에는 인공지능을 결합한 상품과 서비스를 쏟아내는 등 인공지능 기술을 가치사슬 혁신의 툴로 활용하느라 여념이 없다. 금융 분야는 인공지능 시장에서 25%에 달하는 비중을 차지할 만큼 인공지능 기술이 활발히 도입되고 있는 분야이며[12], 금융산업은 헬스케어와 자동차산업에 이어 주요산업 중 세 번째로 인공지능이 가지는 잠재적 영향력이 클 것(High-potential use case)으로 평가되고 있다.[13,14]

4차산업혁명이 이전 세대의 산업혁명처럼, 혹은 그 이상의 생산 효율 증대가 예견되어 있기에 '혁명'이라 명명될 수 있다면, 인공지능 프로그램이 금융투자회사와 펀드 매니저, 투자자문사를 대체하고 컴퓨터가 주식을 구매하고 시장을 분석하는 사건들은 새로운 금융 라이프스타일을 기대하게 한다. 정보가 주가에 반영되는 통로에 인공지능이 활용되고 있으며, 단순한 정보수령자로 간주되던 개인투자자들이 이들 정보를 통해 유의미한 정보를 재생성, 재확산시키고 있다.[15] 이에 비대면 거래 확산은 인공지능과 사물인터넷(IoT)가 결합된 대화형 챗봇, 빅데이터와 인공지능이 결합된 퀀트 투자 등 IT기술과의 결합을 가속화하고 있고, 이전 세대와는 다른 금융시장이 만들어지고 있다. 그야말로 금융서비스의 인공지능 혁명 시대라 해도 과언이 아닌 것이다.

여러 금융회사는 인공지능 기술을 적극적으로 도입하면서 새로운 시대를 위한 사업을 추진하고 있다. 하지만 이 같은 금융시장의 변화에 인공지능의 투명성과 책임성의 부족, 불공정과 편견에 대해 우려가 제기되는 것도 사실이다. 특히 각 응용 프로그램을 구성하는 수백만 줄의 코드, 소프트웨어에서 알고리즘이 자동화된 결정에 도달하는 과정을 알기 어렵다(블랙박스화의 문제)는 데 심각한 문제가 있다.[16] 이 점에서 스티븐 호킹(Stephen Hawking)의 "지금까지 개발된 초보적 인공지능 기술은 매우 유용함을 이미 증명했지만 인간에 필적하거나 뛰어넘는 수준의 것이 개발되는 것에는 두려움을 느낀다"는 제언은 우리가 진지하게 받아들여야 할 경고이다.[17,18]

이처럼 변혁은 숙련된 길잡이처럼 앞서가 우리가 지금껏 가보지 못했던(감히 갈 생각조차 하지 못했던) 심해 너머로 끌어당기고 있지만, 새로운 발전을 뒷받침할 제도와 위험을 방지할 규제에 관한 논의는 잰걸음을 벗어나지 못하고 있는 실정으로 보인다. 4차산업혁명은 우리에게 인공지능 기술의 활용을 통한 산업의 발전과 규제 사이에서 균형을 모색해야 하는 과제를 제기하고 있음에도 2018. 7. 전자금융감독규정의 개정과 2020. 8.의 데이터3법의 개정이 규제의 빗장을 약간이나마 열어준 외에는[19,20], 인공지능이 관여하거나 활용된 금융행위 혹은 인공지능 그 자체의 독립적인 행위(작위 혹은 부작위 모두에 있어서) 책임을 법적으로 '어떻게', '누구에게' 물어야 하는가의 논의는 뚜렷한 진척이 없는 것 같다.[21] 세계 각국이 인공지능 기술경쟁력을 확보하고 시장을 먼저 차지하기 위해 불필요한 규제를 완화함으로써 새로운 산업 성장에 저해가 될 요소를 제거해 나아가는 것과 대비되는 실정이다.[22]

이는 기술과 법이 종종 반대편에 서 있을 수 있다는 또 하나의 실증이다. 기술은 우리를 화살 삼아 새로운 혁신과 진화의 장으로 보내려 하지만, 법은 그 활의 시위를 보수적인 방향으로 당겨내려는 속성이 있다. 과학기술은 후천적 일란성 쌍둥이를 만들 수 있을 정도의 인간 복제를 가능케 하지만, 대부분의 나라에서는 이를 금지하거나 법으로 허용하지 않는 것이 대표적인 예이다. 법은 태초부터 도덕으로부터 영감을 받았지만 때때로 위험으로부터의 해방을 다그치는 여론에 굴복하고 만다.

인공지능 기술의 진보는 이를 악용하는 자들의 범죄에 당할(outsmart) 위험을 초래하거나[23], 그 자체가 가진 자율성과 예측불가능성이라는 속성으로 통제되지 않는 위험과 이에 대한 막연한 불안함을 불러일으키며[24], 대중들로 하여금 '위험한' 인공지능으로부터의 도피를 추구하는 안전 욕구를 증가시킬 것이다. 인공지능 기술의 산업화는 사적인 분야에서의 사용 범위를 넓혀가겠지만 인공지능이 맡게 될 업무의 범위와 깊이가 진전되고 복잡해질수록 실패 확률 역시 높아지게 마련이다. 이때의 실패 중 일부 상황에는 피해가 수반될 수 있다. 이는 국민과 사회에 대한 위험으로 여겨지며 결국 입법자의 인공지능 형사규제에 필요성과 그에 대한 대중의 압박으로 이어진다. 기계가 인간을 모방하면 모방할수록 현행 형법의 적용이 더 적절하고, 인공지능 로봇에 형법을 직접 적용하면 인간과 로봇의 공존에 대한 두려움을 덜 수 있다는 주장도 제기될 것이다.

하지만 법익의 보호에만 치중하면 필연적으로 범죄의 성립 시기를 앞당기게 되고(처벌 영역의 확장), 처벌만능주의나 악인필벌정책을 확산시킬 가능성이 있다.[25] 익히 아는 바대로, 법의 필요성은 정당성의 충분조건이 되지 못하기 때문에, 인공지능에 관한 형법적 규제 방향 역시 법적 보호의 전치화, 전단계 범죄화를 강하게 경계하는 방향으로 설계되어야 한다.[26]

인공지능과 관련한 법학적 논의는 공법과 사법 전반에 걸쳐 이루어지고 있으며, 헌법에서는 기본권 주체성에 관하여[27], 행정법적으로는 규제와 진흥의 문제[28], 형사법적 관점으로는 형사책임 인정의 문제[29], 상사법적으로는 상거래 주체 인정의 문제[30], 민법상으로는 인공지능의 권리능력과 상대방 보호의 필요성[31], 지적재산권법상으로는 창작물에 대한 권리 인정 여부의 문제[32], 노동법과 관련한 일자리 문제[33] 등이 주로 다루어지고 있다. 그중에서도 '인공지능의 법적 주체성 인정 여부'는 각 전문분야를 막론하고 대표적인 쟁점으로 떠오르고 있다. 이와 관련해서는 인공지능이 도덕적 지위를 가지려면 지각(sentience)과 인격(sapience)이라는 요소를 갖추어야 하는데, 인공지능이 인간과 동일한 기능 및 의식 경험을 가지고 있으나 그 성격(substrate)이나 근원(ontogeny)이 다를 뿐이라면 인공지능에게도 인간과 동일한 도덕적 지위(moral status)를 부여할 수 있다는 주장이 제기된 바 있고[34], 로봇이 인간을 대리하거나 인간의 권리를 확장하는 법적 주체가 될 수 있는지, 로봇이 공연을 하거나 구조 목적으로 난파선을 점유할 수 있는지 등과 관련된 법적 문제가 제기될 때 종래의 법률가들이라면 자유재량이 없는 기계 내지는 프로그래밍에 의한 도구에게 이러한 지위를 부여할 수 없다는 결론을 쉽게 도출할 것인데, 과학기술과 관련된 적지 않은 사례에서 판사의 기술적 이해가 빈약하다는 비판이 제기되기도 하였다.[35]

인공지능은 규범학의 영역으로서의 법학 분야 그중에서도 범죄(행위)와 그에 대한 형사제재를 규정한 형법학의 영역에 있어서 논의의 필요를 가지는 중요한 지점이 존재한다.[36,37] 인공지능 시스템이 다양한 영역에서 인간의 행위를 대신하게 될 것이라는 전망 속에서 전통적 형법 이론은 새로운 도전을 받고 있고, 인공지능 기술에 의해 야기된 또는 야기될 법익침해적 결과에 대한 형사책임을 합리적으로 귀속시키기 어려운 새로운 문제 상황들이 생겨나고 있다.[38] 이러한 변화의 시대에 형법이론은 문제해결 능력을 높여 자신의 사회적 목적과 유리되지 않도록 기능[39]하여야 할 소명이 있다. 기술과 산업의 융합과 통합은 시장을 확대할지언정, 사회통합과 인간가치의 확장을 결과하지는 못할 수 있다.[40] 새롭고 빠르게 변화하는 환경에 지속적으로 적응하지 못하면 입법자와 규제담당자 들은 자신들이 무엇을 규제하고 있는지 정확하게 이해하지 못하는 처지에 놓인다. 20세기까지의 산업혁명 변화는 그나마 입법자가 선제적 규제를 엄두 낼 만큼의 속도였다면, 지능정보기술 발전은 정치적 과정보다 빠르게 움직인다.[41]

이 점에서 향후 나날이 발전할 것으로 전망되는 인공지능과 금융투자행위에 있어 ―법상 의미를 가지는― 인공지능 금융투자행위라는 관념을 인정할 수 있을 것인지 그리고 이를 긍정 가능하다면 인공지능 금융행위에 대하여도 범죄와 그에 따른 형사책임의 문제를 논의할 수 있을 것인지를 법학적 관점으로 논의함은 중요한 의미를 가진다. 오늘날 금융투자시장은 "자본주의 경제의 꽃"이라 할 만큼 중요한 기능을 수행하고 있고[42], 시세조종이나 내부자거래 등의 증권범죄는 일반 투자자들에 막대한 피해를 줄 뿐 아니라 이러한 손실은 금융투자시장에 대한 신뢰를 손상시켜 산업자본의 조달을 저해하게 되어 결국은 국민경제에 중대한 영향을 미치게 되기 때문이다.

법적 규제는 본질적으로 형법을 기반으로 하여, 즉 직접적 금지와 간접적 허용을 형벌이라는 가장 강력한 강제수단으로 뒷받침하는 체계로서 최후수단(ultima ratio)으로써만 투입된다. 다만 최후성에 대한 입법자와 정책결정자의 판단은 기반이 되는 사회경제적 변화 상황에 영향을 받아 이루어진다. 따라서 인공지능 기술을 활용한 금융투자행위 규제정책 역시 4차산업혁명의 형사입법 기획에 기반하여야 할 것이다. 특히 인공지능 기술의 발전은 인공지능의 사용 혹은 그 시스템 자체로 인하여 야기되는 외부적 결과에 대해 종래 법체계가 취하던 대응 태도와는 다른 전략이 구사될 것을 요구하고 있는데, 이는 인공지능을 활용한 금융투자행위 역시 마찬가지이다. 인공지능에게도 독자적인 법적 지위를 인정해야 하는지의 문제가 금융투자행위의 독자적인 지위를 부여할지 역시 같은 논의로 이룰 수 있다. 또한 이러한 물음은 인공지능 금융투자행위에 의해 야기된 손해 내지 법익침해적 행위 또는 법익침해적 결과에 대해서 과연 누구에게 법적 책임을 지워야 하는지의 문제와도 이어진다.[43]

이에 본서에서는 금융투자행위, 그중에서도 특히 해당 행위와 인공지능이 결합된 인공지능 금융투자행위의 형사규제 방안에 대하여 이야기하고자 한다. 이는 결국 인공지능산업 전반의 수요를 증폭시키면서도, 인공지능산업기반 경제 전환 및 가속화에 기여할 수 있는 한편, 인공지능 윤리의 사회적 신뢰망을 구축할 수 있는 새로운 법·제도적 뒷받침을 위하여 인공지능의 개발 및 활용을 통해 인공지능산업 진흥 및 인공지능 생태계 경쟁력을 강화하고, 인공지능 기반의 사회에서 국민의 권익과 존엄성을 보호하여, 국민의 삶의 질 향상과 국가경쟁력 강화에 이바지할 수 있는 대한민국 인공지능의 새로운 기준을 마련하는 방향으로 목표를 잡아야 할 것이다.[44]

"기계가 생각할 수 있을까?(Can Machine Think?[45])"라는 물음으로부터 시작된 인공지능의 시대는 이제 새로운 질문을 맞이할 준비를 하고 있다. "기계는 책임이 있는가?(Is criminal liability applicable to machines?)", "기계를 처벌할 수 있는가?(Is criminal punishment applicable to machines?)" 이는 이른바 homo machina sapiens의 등장과 처벌가능성의 문제와도 직결된다. 인공지능의 미래는 이미 현실이 되었다. 무지와 우연, 기대가능성으로 면책될 수 없다.

1. 세계경제포럼에서 소개된 기술은 인공지능, 사물인터넷, 블록체인, 자율주행, 3D프린터, 스마트 팩토리 등이 있다. 이곳에서 4차산업혁명은 기존처럼 특정의 한 분야가 아닌 여러 산업 분야에 걸쳐 새로운 산업과 경제, 사회 전반적으로 큰 변화를 이끌어낼 것이라 소개되었다.

2. 2021. 3. 8. 발의된 '4차산업혁명 기본법안(양정숙 의원 대표발의)'는 4차산업혁명을 "정보통신기술을 통하여 사람과 사물·사물과 사물이 연결되는 초연결성, 그에 기초하여 파생되는 빅데이터를 분석하여 일정한 정보를 파악해내는 초지능성이 적극적으로 활용되어 발생하는 산업상의 변화"로 정의하고 있다(안 제2조).

3. 4차산업혁명에 대한 기대와 우려는 학계와 실무에서 '진흥'과 '규제'라는 양 축의 주장으로 만나 치열하게 부딪치고 있다. 구속으로부터의 해방을 '산업혁명'의 본질적인 특성으로 파악하면서, 과거 증기기관·기계의 발명이 노동으로부터의 해방을, 정보와 지식의 대중화가 문화로부터 해방을 불러온 것처럼 4차산업혁명 역시 우리가 얽매어 있던 무엇인가로부터 해방을 가져올 것이라는 목소리는 '진흥'에 무게를 둔다. 반면 4차산업혁명이 가져올 미래를 디스토피아로 그리는 진영에서는 강력한 '규제'를 주장한다. 지금까지의 산업혁명이 환경오염과 양극화라는 폐해를 가져왔듯, 4차산업혁명 역시 갖가지 부작용을 동반할 것이라는 예측이다. 여기에는 인간 중심의 사회에서 탈인간 사회로 진행하는 움직임 자체에 대한 우려도 한몫을 차지한다. 기술이 고도화되면서 인간이 인공지능의 지배를 받는 사회는 많은 창작물에서도 숱하게 다루어진 클리셰이다. 4차산업혁명에서 즉각적인 생산성의 향상을 기대할 수 없다는 경제학자들의 회의론도 경청할 만한 가치가 있다. (이상훈, "4차산업혁명이 가져올 미래", 의회신문, 2020. 3. 17.) 앞선 산업혁명을 통해서는 생산성이 대량으로 증가하여 큰 부를 이룬 자본가계층의 등장으로 인구가 급격히 증가하는 등 경제적·사회적으로 엄청난 변화를 가져왔지만, 4차산업혁명은 기존 산업의 보조적인 역할에 그칠 뿐 혁신적인 변화를 기대하기는 힘들다는 것이다. (로버트 J. 고든(이경남 역), "미국의 성장은 끝났는가. 경제혁명 100년의 회고와 인공지능 시대의 전망", 생각의 힘, 2017.)

4. '4차산업혁명'으로 거론되는 내용이나 대책이 기존의 것에 비추어 새로울 것이 없다거나 종래의 산업혁명 논의에서 차수를 갱신할 만큼의 차별된 내용이 불분명하다는 비판도 있다. 과학적 거론대상이라 보기 어렵다거나, 심지어 여러 나라가 보편적으로 인정한 용어는 못 된다는 점에서 한국 사회만의 유행 현상일 뿐이라는 회의적인 시각도 있다. 4차산업혁명이라는 용어 자체가 유행어가 된 측면 또한 있다. 각 분야에서 필요한 요구를 4차산업혁명이라는 용어를 빌어 저마다 표출하는 상황인 것이다. (홍성욱, "정치적 유행어로서의 4차산업혁명", 「에피」1, 이음, 2017, 52 – 55, 59면.). '4차산업혁명'론에 대한 경계 혹은 폄하는 국가전략의 외관을 뒤집어 쓴 거대기업 수익창출 모델의 갱신 전략이라는 의심과 맞닿아 있는 측면도 있다. 반면 유의미한 변화 계기로서 인정할 때 도모할 수 있는 공적 이익을 과소평가할 것이 아니라는 입장도 있다. '4차산업혁명'은 과학적 실체논란이나 명명의 차이 문제를 넘어서는 국가적 사회적 의제로서 자리를 차지하고 있기 때문이다. (김한균, 4차산업혁명의 형사정책, 286면, 김한균,

"4차산업혁명과 형법의 인간상", 안암법학 제55권 제0호, 안암법학회, 2018. 1., 138면 참조.)

5. 김명자, "산업혁명으로 세계사를 읽다", 까치, 2020, 427면

6. 클라우스 슈밥 역시 4차산업혁명을 이끄는 기술로서 물리학(physical), 디지털(digital), 생물학(biological)을 언급하면서 이들 기술로부터 모바일 인터넷을 통한 가상공간 구축, 인공지능을 통한 자동화 및 지능적 제어 등이 전반적으로 결합되어 단순히 제품 기능의 향상에만 그치는 것이 아니라, 우리의 일상에 더욱 직접적으로 영향을 주는 시대가 도래하고 있음을 강조한다. (클라우스 슈밥, "클라우스 슈밥의 제4차 산업혁명", 새로운 현재 2016., 36−50면)

7. 클라우스 슈밥은 4차산업혁명의 특징으로 유비쿼터스 모바일 인터넷(Ubiquitous and mobile internet), 더 저렴하면서 작고 강력해진 센서, 인공지능과 기계학습(Machine learning)을 꼽았고, 체내삽입형 기기, 웨어러블(Wearable) 인터넷, 주머니 속 슈퍼컴퓨터, 누구나 사용 가능한 저장소, 사물인터넷, 커넥티드홈(Connected Home), 스마트도시, 빅데이터를 활용한 의사결정, 자율주행자동차, 로봇공학, 비트코인과 블록체인, 공유경제, 3D프린팅 기술, 맞춤형 아기, 신경기술 등을 시대적 변화상으로 설명하였다. (클라우스 슈밥, 앞의 책, 172−150면 참조.)

8. 클라우스 슈밥, 앞의 책, 29면

9. 문서작성 인공지능 'GPT−3', '다중스킬 AI', 코로나 확진자들의 동선을 추적한 '디지털 동선 추적', 프라이버시를 관리하고 보호하는 '데이터 트러스트', 짧은 동영상 제작하고 공유하는 '틱톡추천 알고리즘'이 그것이다. (오춘호 기자, MIT 10대 기술에서 5개가 AI ..시대가 변했다, 한국경제, 2021. 3. 18., https://www.hankyung.com/international/article/202103168636i)

10. G. A. Pratt, "Is a Cambrian explosion coming for robotics", Journal of Economic Perspectives, Vol. 29, No. 3, AEA, 2015, pp. 51−60.

11. 매킨지 분석에 따르면 2020년 조사 대상기업의 절반(48%)이 비즈니스에 1개 이상의 AI 툴을 채택하여 활용하고 있다. AI 도입이 가장 활발한 산업은 하이테크/통신 산업으로 채택률은 70%에 이르고 있다. 이어 자동차 및 조립 산업과 금융 산업이 공동 2위로 조사 대상기업의 60%가 AI를 직간접적으로 활용하고 있는 것으로 조사됐다. (오춘호 기자, 30년 이상 축적한 데이터, 미래 예측하는 나침반(배진수 신한AI 대표이사), 한국경제, 2021. 3. 25. https://www.hankyung.com/it/article/202103248737i)

12. Citi GPS: Global Perspectives & Solutions (2018). Bank of The Future: The ABCs of Digital Disruption in Finance. Citigroup.

13. PwC, 2018 AI predictions(8 insights to shape business strategy), p.7.

14. 다른 산업 대비 많은 규제와 높은 진입장벽이 존재하고, 명확한 명제와 준거가 요구되는 금융업의 특성상 인공지능이 미치는 영향력은 크지 않을 것이며, 활용 범위는 미미할 것이라고 예상하는 반론도 제기되고 있다.

15. 우민철 외, "사이버 공간의 정보가 주가에 미치는 영향: 인공지능 알고리즘 기법을 이용하여", 자산운용연구, 제5권 제2호, 2017, 40면 이하 참조.

16. AI의 문제는 종종 그 과정이 블랙박스 형태로 이루어진다는 점 때문에 생긴다. 의료용 이미지를 입력해서 받은 AI의 결과가 종양이 있을 확률 90%라고 했을 때, 그 이유를 물어보면, 데이터가 그렇게 제안했다는 것이라는 답밖에 얻지 못한다. 환자에게 수술이 필요한 이유를 설명해야 하는데, 이유를 설명할 수 없으니 문제인 것이다. AI가 아무리 정확한 결과를 제시하더라도, 그런 결과에 도달한 이유를 설명할 수 없다면 아무도 그 것을 믿지 않을 것이다. (Minda Zetlin, 4 artificial intelligence trends to watch, The Enterprisers Project (January 16, 2018., The Science Monitor, 2018. 10. 31., "브루킹스 硏, 인공지능 윤리적 딜레마 대책 논의…구글, MS, IBM, OpenAI 등 파트너십" 참조)

17. 호킹은 이어 "인공지능 스스로를 개량하고도 약할 수 있는 반면, 인간은 생물학적 진화 속도가 늦어 AI와 경쟁할 수 없고 대체되고 말 것"이라고 경계했다. (Cellan-Jones, "Stephen Hawking warns artificial intelligence could end mankind", BBC, 2014. 12. 2. 참조. https://www.bbc.com/news/technology-30290540)

18. 그런데 이같은 인공지능의 편재성(ubiquity)과 상업성(commercial potential) 때문에 대규모 민간자본들이 AI 프로젝트에 대한 투자를 늘리고 있다는 점은 주목할 만한 일이다. (서완석, "인공지능에 의한 불공정거래행위의 법적 규제 – 자본시장법 상의 불공정거래행위를 중심으로 – ", 증권법연구 제21권 제1호, 2020., 26면.)

19. 2020. 8. 신용정보법의 개정으로 도입된 본인신용정보관리업(My Data, 이하 '마이데이터 산업')도 그중 하나로, 비록 혁신의 무대 전면에서 화려하게 조명되지는 않는 느낌이지만, 필자와 같은 핀테크/금융업계의 사람에게는 뜨거운 감자와 같은 화두다. 이 신사업이 '데이터·AI 경제'의 거대 확장을 노리는 정부의 전폭적인 지지 아래 시장포화 상태인 금융산업의 미래 먹거리이자 4차산업혁명의 총아로서 부상하고 있기 때문이다. 마이데이터는 금융사, 공공기관 등에 흩어져 있는 신용정보를 손쉽게 관리하고 상품 추천까지 받는 '내 손안의 금융비서'를 표방하고 있다. 신용점수·등급의 관리뿐 아니라 금융상품의 선택을 위한 데이터 기반의 맞춤형 서비스를 제공한다는 것이다.

20. 현행 전자금융거래법 제21조 제2항은 전자금융거래의 안전성 확보를 위해 금융회사 및 전자금융업자로 하여금 전자금융업뿐만 아니라 일반 정보기술(IT)부분 업무에 대해서도 일정한 기준을 준수하도록 규정하고 있다.

21. 우리나라의 경우 아직까지 4차산업혁명과 관련된 법률이 정비되어 있지 않고, 정부 정책과 민간투자의 연계를 통한 융·복합 디지털 산업 창출·노동시장의 유연성 확보·전문인력 양성 등을 위한 국가 차원의 시스템이 미비한 상태이며, 4차산업혁명의 사업들이 정부 부처별로 분산되어 있어 4차산업혁명에 따른 국가적 대응과 방안을 빠르게 대처하지 못하고 있다. 또한 현재 대통령 직속으로 설치·운영 중인 4차산업혁명위원회가 관련 정책의 컨트롤타워라고 할 수 있으나, 부처 간의 조정 및 집행의 역할을 한데 모으는 데 많은 어려움이 있으며, 관련 내용을 「과학기술기본법」, 「산업기술혁신 촉진법」, 「산업융합 촉진법」, 「정보통신 진흥 및 융합 활성화 등에 관한 특별법」등의 법률로 분산하여 정하고 있어 4차산업혁명을 위한 체계적인 대응체계나 지원 등이 미흡하고 소관 부처 별로 다원화되어 있는 실정이다. 또한, 4차산업혁명의 핵심인 규제 완화에 대하여도 대통령 소속의 규제개혁위원회에서 별도의

심사를 진행하기에 신기술의 혁신 속도에 비해 심사 기간이 매우 길어 비효율적인 문제점이 있다. (양정숙 의원 대표발의, "4차산업혁명 기본법안", 2021. 3. 8. 의안번호 8608 참조)

22. 미국은 2016년 백악관을 중심으로 인공지능 시대에 대응하는 연구보고서 3종을 발간하였고, 일본은 2017년 총무성 주도로 'AI 네트워크 사회 추진회의'를 열어 국제적 논의를 위한 AI 개발 가이드라인을 확정하고, 로봇의 안전성, 보안성 등 을 평가하는 '공적인증제도'의 운영계획을 발표한 바 있다. 유럽연합(EU)의 경우, 2017년에 유럽 연합의회가 인공지능 로봇에게 '전자인간'이라는 법적 지위를 부여하자는 결의안을 채택하고, 최초로 AI 로봇 개발 및 활용에 대한 가이드라인을 제시하였다. 로봇이 야기할 수 있는 피해의 보상, 의사결정 등을 가능하게 하려면 전자인격과 같은 특정한 법적 지위를 창설할 필요가 있기 때문이라는 이유에서이다. (서완석, 인공지능과 금융법, 189면 참조.)

23. 김한균, "4차 산업혁명의 형사정책", 형사법의 신경향 제55호, 대검찰청, 2017, 299면.

24. 김혜경, "사회안전과 실체형법의 변화−과제와 전망−사회안전과 사회 통제, 그리고 성찰적 형법−, 비교형사법연구 제15권 제1호, 한국비교형사법학회, 2013, 146면 참조.

25. 종래에는 침해가 있어야 처벌하던 행위를 법익침해의 위험성만으로 처벌하거나, 미수범 규정을 두어 처벌하는 것은 위험형법(Risikostrafrecht)의 특징이다.

26. 교도관을 인공지능 로봇으로 대체한 미래를 상상해보자. 로봇에게는 탈옥을 시도하는 죄수를 붙잡는 임무가 주어진다. 로봇이 그 과정에서 죄수에게 부상을 입혔다면, 그리고 로봇의 동작을 분석한 결과 설계보다 과격한 제압을 하였고, 실제로는 더욱 온건한 행동을 할 수 있었다고 평가된다면 죄수에게 상해를 가한 책임은 누구에게 물어야 할까. 이러한 유형의 예는 논쟁의 대상이 되어왔다. 유력한 견해는 이 상황에서의 책임은 프로그래머나 엔지니어의 것이지 로봇의 그것 자체는 아니라고 주장한다. 이유는 간단하다. 로봇은 잘못을 책임지는 데 필요한 능력이 없기 때문이다. 이 견해에 따르면, 오직 인간에게만 형사책임이 있다. 로봇은 누군가의 손에 쥐어진 도구에 불과하고, 책임은 소프트웨어나 그를 고안한 개발 능력의 질에 달려 있다. 결국 사건의 책임은 인공지능 기업이나 대표자, 개발자 혹은 행위자에게로 돌아갈 것이다. 이처럼 인공지능에 대한 논쟁은 기술적인 영역을 넘어서, 대부분 사회적인 영역에 도달해 있다.

27. 김배원, "지능정보사회와 헌법−인공지능(AI)의 발전과 헌법적 접근 −", 공법학연구 제21권 제3호, 한국비교공법학회, 2020 참조.

28. 임성훈, "인공지능 행정이 행정절차·행정소송에 미치는 영향에 대한 시론적 고찰", 행정법연구 제62호, 행정법이론실무학회, 2020 참조.

29. Hilgendorf,「Robotics, autonomics, and the law :legal issues arising from the AUTONOMICS for Industry 4.0 technology programme of the German Federal Ministry for Economic Affairs and Energy」, Nomos, 2017 참조; 윤영철, "인공지능 로봇의 형사책임과 형법의 '인격적 인간상'에 대한 고찰", 원광법학 제35권 제1호, 원광대학교 법학연구소, 2019 참조.

30. 김현우/오태곤, "인공지능로봇의 상법상 상인 개념의 적용 가능성에 관한 연구", 인문사회21 제10권 제3호, 아시아문화학술원, 2019 참조.

31. 최경진, "인공지능의 사법적 쟁점", 저스티스 제182-2호, 한국법학원, 2021 참조., 이도국, "인공지능과 전자인", (사)한국법정제학회, 2021, 441면 참조.

32. 차상육, "인공지능(AI)과 지적재산권의 새로운 쟁점 – 저작권법을 중심으로–", 법조 제66권 제3호, 법조협회, 2017 참조.

33. 박진호, "인공지능 시대의 도래에 따른 문제점 및 노동법적 쟁점 연구", 법조 제66권 제3호, 법조협회, 2017 참조.

34. Nick Bostrom, Superintelligence: Paths, Dangers, Strategies, Oxford University Press, 2014, pp. 202ff., 윤지영 외, 135면에서 재인용.

35. Ryan Calo, "Robots in American law", Legal Studies Research Paper No. 2016-04, University of Washington School of Law, 2016, pp. 42-44. 윤지영 외, 136면에서 재인용.

36. 정정원, 인공지능(AI)의 발달에 따른 형법적 논의, 과학기술과 법, 2016, 190면.

37. 인간으로서 사회와 개인에 대한 위해와 위험을 가한 상황에 대한 책임을 어떻게 평가하고 분배하는가를 다루기 위한 사회적 합의가 형법이다. 형법은 사회에 해를 입히거나 사회를 위험에 빠뜨리는 누군가를 격리시키고 사회로부터 배제시킬 수 있는 권능이 있다. 그런 이유로 형법은 개인과 사회를 통제하는 효율적 조치로 여겨진다. 극단적인 견해에서는 사회 구성원의 최소한의 비윤리적 행위를 규율한다는 점에서 현대적 상황에 들어맞는 것이라 각인된다. 그러나 형법이 비인간적 실체, 특히 인공지능에 대해서도 여전히 합리적인가.

38. 예컨대, 인공지능 기술을 기반으로 한 로봇이나 자율자동차에 의해 야기된 또는 야기될 법익 침해적 결과에 대한 형사책임을 프로그래머 내지 제작자 또는 이용자에게 합리적으로 귀속시킬 수 없는 경우가 있다. 인공지능 시스템의 독자적 자율성이 커짐에 따라 그 시스템을 만들거나 이용한 자와 발생한 결과와의 거리가 양자의 연관성을 인정하기 어려울 정도로 멀리 떨어져 있기 때문이다. 이뿐 아니라 현실적으로 형사책임의 귀속 대상을 찾을 수 없거나 전통적 형법이론의 귀속 조건으로는 귀속이 불가능한 경우도 생겨나고 있으며, 자율주행 자동차의 상용화 이후 예상할 수 있는 사고가 발생한 경우 생명침해와 생명보호 간의 도덕적 딜레마 문제도 전통적인 형법이론의 차원에서는 해결이 난망하다. (김성돈, "전통적 형법이론에 대한 인공지능 기술의 도전", 형사법연구 30권 2호, 한국형사법학회, 2018, 82면.)

39. 김성돈, 앞의 논문(주 19), 81면.

40. 김한균, 앞의 논문(주 4), 288면.

41. 클라우스 슈밥, 앞의 책, 112-113면.

42. 금융투자업은 (i) 소규모 자금을 다수의 투자자로부터 모아 거대한 산업자금을 제공함으로써 국가경제 발전에 중요한 역할을 하고(산업자본의 조달), (ii) 투자자 측면에서는 저축 또는 재산 증식을 위한 투자의 대상을 제공하며(투자대상물의 제공), (iii) 정부의 통화량 조절이나 금리 조절 등과 같은 금융정책을 펴는 수단(재정금융 정책수단의 제공)이 되고 있다. (이천현, "한국의 증권범죄의 실태 및 대책", 형사정책연구 제14권 제2호, 2003, 5면.

43. 윤지영 외, "법과학을 적용한 형사사법의 선진화 방안(VIII) – 인공지능 기술", 형사정책연구원 연구총서, 2017, 12면.

44. 이용빈 의원 대표발의, "인공지능에 관한 법률안(의안번호 11573)", 2021. 7. 19. 참조.
45. Turing, 1950, p.4. 튜링의 논문은 이 질문으로 시작한다.

02

인공지능 금융투자

Chapter 02 인공지능 금융투자

제1절 금융시장의 변화와 인공지능의 활용

1. 인공지능

가. 인공지능의 정의

인공지능은 이를 이용·개발하고자 하는 연구분야와 사용분야, 학문분야에 따라 달리 논의되고 있다. 인간의 지능 자체에 대한 정의와 견해가 분분한 상황에서 인공지능을 간명히 정의하기란 여간 어려운 일이 아니지만, 일반적으로 인공지능은 그 단어가 뜻하는 Artificial Intelligence 내지 人工知能의 문헌적 의미에 초점을 맞추어 "인간이 지닌 지적 능력의 일부 또는 전체, 혹은 그렇게 생각되는 능력을 인공적으로(컴퓨터로) 구현한 것"으로 이해되는 것으로 보인다.[1] "인간과 마찬가지로 생각하고 판단하는 프로그램", 즉 "인간의 지능을 대체하고 실현시키기 위해 시도하는 일련의 기술" 혹은 "그 기술로 구현된 장치"[2]를 인공지능이라 일컫는 것이다.

역사를 보면 인공지능은 사고과정(thought process)과 추론(reasoning), 행동방식(behavior)에 따라 각기 다른 네 가지 접근방식(인간적 사고/합리적 사고/인간적 행위/합리적 행위)으로 추구되어졌고[3], 공학과 과학 중 어느 분야에 방점을 찍느냐에 따라

"사람의 지능을 모방한 기계의 구현"이나, "컴퓨터를 이용해 인간 지능의 본질과 사고 과정을 밝혀내는 것"으로 그 추구 목적이 미묘하게 달라져왔다.[4]

(1) 관점에 따른 정의

사전적인 관점에서 인공지능은 "인간의 지능이 가지는 학습, 추리, 적응, 논증 따위의 기능을 갖춘 컴퓨터 시스템"으로 "전문가 시스템, 자연 언어의 이해, 음성 번역, 로봇공학, 인공 시각, 문제해결, 학습과 지식 획득, 인지과학 따위에 응용"되는 것이나[5], "인간의 지능으로 할 수 있는 사고, 학습, 자기개발 등을 컴퓨터가 할 수 있도록 하는 방법을 연구하는 컴퓨터 공학 및 정보기술의 한 분야로서, 컴퓨터가 인간의 지능적인 행동을 모방할 수 있도록 하는 것"으로 설명되고 있다.[6]

법규적 관점에서는 우리의 「지능형 로봇 개발 및 보급 촉진법」이 "지능형 로봇"이라는 표제로 이를 "외부환경을 스스로 인식하고 상황을 판단하여 자율적으로 동작하는 기계장치[7]"로, 「지능정보화기본법」의 경우 인공지능을 포괄하는 "지능정보기술"개념을 도입[8]하여 "전자적 방법으로 학습 추론 판단 등을 구현하는 기술 등"으로 명명하고 있다. 국내법상의 지능형 로봇은 1) 외부 환경에 대한 자율인식, 2) 상황의 자율판단, 3) 자율적 동작을 그 표지로 삼고 있다. 즉, 스스로 자기학습을 할 수 있으며, 경험을 축적하고, 그 경험을 학습의 유용한 방법으로 활용하여 자율적으로 판단하여 창의적으로 상황에 맞게 대응하는 로봇을 인공지능이라 하는 것이다.

국외에서는 일본의 「관민데이타활용추진기본법」이 "인공지능 관련 기술"을 "인공적인 방법에 따른 학습, 추론, 판단 등의 지적 기능의 실현과 인공적인 방법에 따라 실현된 해당 기능의 활용에 관한 기술"로 규정[9]하고 있고, 미국은 「국가인공지능전략법(National Artificial Intelligence Initiative Act of 2020)」으로 인공지능을 "인간이 규정한 일련의 목적을 위해 현실 또는 가상환경에 영향을 미치는 예측, 추천, 판정 기능을 수행할 수 있는 기계 기반 시스템"으로 정하고 있음이 확인된다.[10] 한편, 위 법은 "인공지능 시스템"을 "인간과 기계로부터의 입력을 이용하여 현실 및 가상환경을 감지하고, 이러한 감지를 자동화 방식 분석을 통해 일정한 모델로 추상화하며, 이러한 모델추론을 이용해 정보와 조치 선택지를 형성한다"고 설명하고 있다. 2021년 유럽연합의 인공지능 규정(안)은 인공지능을 "기계학습 또는 논리·지식·통계 기반의 방식으로 개발되고 인간이 정의한 목적에 따라서 상호 작용하는 환경에 영향을 미치는 콘텐츠를 생산·예측·추천·의사결정을 할 수 있는 소프트웨어로 정의한다(안 제3조 제1항).

과학적·기술적 관점에서 인공지능은 컴퓨터의 원리를 고안한 앨런 튜링(Alan Mathison Turing)[11]과, 컴퓨터를 만든 폰 노이만(John von Neumann)으로부터 시작되었고, 존 매카시(John McCarthy, 1927–2011)에 의해 대중화된 용어로 이해하고 있다.[12] 매카시는 인공지능을 "사람이 가공하여 만들어 낸 지적 능력"이라 주장한다.[13]

문화적·예술적 관점에서 인공지능은 오랜 기간 허구적 상상의 산물로서 신화나 소설 속에서 인간과 함께했으며, 최근에는 문화상품으로서 우리 생활에서 밀접한 관계를 맺는 영화, 예술작품 등에서 다루어지고 있다. 특히 영화는 자본과 기술력을 앞세워 인공지능을 매혹적이고 가공할 만한 위력을 보여주는 기계장치로 그려낸다. 미래에 대한 비관적 전망이 기술 발달에 대한 희망과 더불어 인간에게 파국적인 결말을 가져오는 사악한 인공지능으로 가득한 소위 할리우드식 영화들 속에서 증폭되고 있는 것이다. 재미있는 것은 대부분의 영화 속 인공지능들[14]이 가진 공통점 중 하나가 이들이 인간의 역사에 파국을 가져오는 가능성을 가진 존재들이라는 것이다.[15] 이 영화들에서 인공지능은 문명을 위협하는 강력한 기술이자, 인간을 지배하고 파멸로 이끄는 미지의 존재들이다.

(2) 연구자 및 기관의 정의

인공지능과 그 연구 분야에 대하여 존 매카시(John McCarthy, 1955)는 "지능적인 기계를 만드는 엔지니어링 및 과학"이라 하였고[16], 샤르니아크와 샬코프(Charniak and Schalkof, 1991)는 "여러 계산모델을 이용하여 인간의 정신적 기능을 연구하는 것"[17] 내지 "인간의 지능적인 행동양식에 있어 계산적 과정을 이용해 모방하고 설명하는 것에 대한 연구 분야"[18]라 하였으며, 커즈와일(Kurzweil, 1990) "인간에 의해 수행되어질 때 필요한 지능에 관한 기능을 제공하는 기계를 만들어 내는 작업"[19]으로, 리치와 나이트(Rich and Knight, 1991)는 "컴퓨터가 특정 순간에 사람보다 더 효율적으로 일을 할 수 있도록 하는 연구"[20], 루거와 서터블필드(Luger and Stubblefield, 1993)는 "지능적인 행동의 자동화에 관한 컴퓨터 과학의 한 부문"[21]이라 정의하였다.

미국의 정보 기술 연구 및 자문 회사인 Gartner는 인공지능을 "특별한 임무수행에 인간을 대체, 인지능력을 제고, 자연스러운 인간의 의사소통 통합, 복잡한 콘텐츠의 이해, 결론을 도출하는 과정 등 인간이 수행하는 것을 모방하는 기술"[22]이라 하였고, NIA(한국지능정보사회진흥원)는 "인간의 학습능력과 추론, 지각, 이해능력 등을 실현하는 기술"이라 말한 바 있으며, 스탠퍼드 대학은 "기계를 지능화하는 데 주력하는 활동"으로, 여기서 지능이란 "어떤 개체가 주변 환경과 상황에 따라 적절히 기능하도록 하는 특성"이라 보고했다.[23]

한편, 2017년 유럽의회는 결의안에서 인공지능의 보편적으로 통용될 수 있는 개념의 정의를 시도하였다. 이에 따르면 인공지능[24]은 ① 센서를 통한 외부환경과의 데이터 교류(상호연결)와 상황별 정보 분석을 통해 자율성을 확보할 수 있는 역량, ② 경험과 상호 작용을 통하여 상황을 인지하고 자기학습할 수 있는 역량, ③ 최소한의 물리적인 기반, iv) 외부환경에 따라 행동에 조치하고 적응할 수 있는 역량 ④ 생물학적 관점에서의 생명성의 결여 등이 고려되어야 한다.[25,26]

2019년 OECD 인공지능 전문가 그룹(AI Expert Group)은 인공지능을 "인간이 정한 목표 달성을 위해 예측, 추천 및 의사결정을 하는 머신 기반 시스템"으로 정의하였다.[27] 한편, 2019년 12월 관계 부처가 합동하여 발표한 "인공지능 국가전략"에서는 인공지능을 "인간의 지적능력을 컴퓨터로 구현하는 과학기술"로 정의하면서, 이를 ① 상황을 인지하고, ② 이성적·논리적으로 판단·행동하며, ③ 감성적·창의적인 기능을 수행하는 능력까지 포함"하는 것으로 설명하고 있다.[28]

2018년 과학기술정보통신부 4차산업혁명위원회는 "AI란 인지, 학습 등 인간의 지적 능력(지능)의 일부 또는 전체를 '컴퓨터를 이용해 구현하는 지능'을 의미한다"고 하였으며, 2021년 7월 금융위원회는 '금융분야 AI 운영 가이드라인'을 배포하면서, 'AI시스템'을 "특정 목표가 주어진 상태에서, 데이터를 획득하여 환경을 인식하고, 획득된 데이터를 해석하며, 지식을 추론하거나 정보를 처리하고, 해당 목표를 달성하기 위한 최선의 행동을 결정함으로써 물리적 또는 디지털 차원에서 작동하는 인간이 설계한 소프트웨어 또는 하드웨어 시스템을 의미"한다고 정의하였다.[29]

(3) 우리 책에서의 인공지능

이처럼 인공지능은 접근 방법과 연구 분야, 연구자에 따라 달리 다루어지고 있지만, 공통적으로 발견되는 핵심어는 '지능'과 '컴퓨터(혹은 기계)'이다. 따라서 이들을 연결하여 구현해 내는 것, 즉 "'컴퓨터'로 인간의 '지능'을 실현하는 것"이 인공지능의 목표이고, 인공지능의 통섭적인 정의가 될 수 있을 것이다. 하지만 현 단계에서 인공지능은 인간의 지능에는 한없이 모자라며, '통계학의 확률이론에 근거한 모델[30]생성을 수행하는 툴' 정도로 받아들여지고 있다.

이에 저자는 인공지능을 "인간의 지적 능력을 인공적으로 구현할 것을 목표로 만들어진(목표로서의 인공지능의 '이상'), 스스로 상황을 인식·추론·학습하고 이를 종합하여 판단할 수 있는 능력을 갖춘 프로그램(소프트웨어로서 인공지능 '프로그램')" 및 동시에 이러한 프로그램이 기술적으로 탑재되어 "자율적으로 행동할 수 있는 하드웨어로서 로봇 등(하드웨어로서 인공지능 '장치')"을 아우르는 개념으로 이해하고자 한다.[31] 이 관점에서 인공지능에 대한 개념 정의에 필요한 핵심적인 요소는 정보 학습, 상황 인식, 논리적 추론, 자율적 판단, 자체 행동 등에 요구되는 '지능'이 의미하는 바가 어느 수준에 있는가의 문제에 있다.[32]

나. 인공지능의 역사

인류가 생겨난 이래로, 우리는 삶을 더 윤택하게 만들 수 있는 도구들을 탐색해 왔다. 석기시대에 돌로 만들어졌던 도구들이 금속을 발견하면서, 금속이 돌을 대체한 것처럼, 인간 지식의 확장은 도구의 역할을 확대시켰다. 그 도구들은 인간의 삶과 작업이 복잡해지면서 도전 받았고, 실패가 반복될수록 보다 정교한 도구가 발명되었다. 그 과정의 순환 가운데 고대에 기계장치가 발명되었고, 서기 1세기에 알렉산드리아의 헤론이 처음으로 증기기관과 풍력기관을 고안하였다.

인간을 쉽게 만들 기계에 대한 아이디어는 인간의 능력에 대한 통찰력과 함께 진화하면서 인간의 합리적 사고를 도울 체계적 도구를 창조해왔다. 데카르트는 비록 기계장치가 이성을 달성할 수 있다고 믿지 않았지만, 1637년 현대 인공 이성의 기초를 닦았으며, 1651년 홉스는 이성을 상징적인 계산으로 묘사했다. 17세기 라이프니츠는 인간의 사고를 대체할 수 있는 형이상학, 수학, 과학, 그리고 과학의 보편적인 언어를 발견하고자 하였다.

이후 18세기를 기점으로 인류의 역사는 문자 그대로 혁명적인 변화를 겪는다. 기계들이 더욱 복잡해지며 물자가 대량생산되었기 때문이다. 이 시기부터 시작된 세 차례의 산업혁명은 이전 시대에서 상상도 할 수 없을 물질적 풍요와 사회, 문화적 변화를 가져왔다. 노벨평화상을 수상한 에밀리 그린 볼치(Emily Greene Balch, 1867-1961)의 호언대로, 1차산업혁명은 기술 발전이 일으킬 혁명의 극히 일부에 불과했고[33], 2차산업혁명과 3차산업혁명은 진보의 계단을 차례로 밟으며 우리를 4차산업혁명 시대로 이끌었다.[34] 2차산업혁명이 석유와 전기를 대중화하면서 전자공업, 중화학공업을 발전시키고, 3차산업혁명이 컴퓨터, 인터넷, 인공위성의 발명을 통해 정보화 산업을 이끌었다면, 4차산업혁명은 인공지능을 통해 사물을 자동적·지능적으로 제어할 수 있는 시스템을 구축할 것이다. 익히 아는 것처럼 4차산업혁명은 인공지능을 통해 자동화와 연결성이 극대화되는 산업 환경의 도래를 의미한다.

4차산업혁명 이전의 산업혁명이 사람의 팔과 다리를 대체했다면, 4차산업혁명은 사람의 생각과 이성, 즉 두뇌를 대체할 심산이다. 이렇듯 인공지능은 4차산업혁명을 주도적이고 핵심적으로 이끄는 기술이고, 4차산업 혁명은 인공지능을 통해 사물을 자동적·지능적으로 제어할 수 있는 인공지능 혁명의 이명(異名)이다. 이 점에서 인공지능의 역사는 산업의 역사와도 같다. 금융산업에 활용되는 인공지능 기술 역시 인공지능의 발전 단계와 같은 역사를 공유한다. 현재 사용되고 있는 기술의 대부분이 1950년대에 태동한 3차산업혁명의 정보통신기술(특히 컴퓨터)에 그 뿌리를 내리고 있기 때문이다.

인공지능의 발전 연혁은 대략 네 단계로 구별하는 것이 일반적인데, 제1단계는 1950년대부터 1970년대 초까지의 '인공지능의 태동기', 제2단계는 인공지능의 '1차적 산업화'가 이루어졌던 1960년대 후반부터 1980년대 후반까지, 1980년대 후반의 인공지능의 빙하기(AI winter)라고 일컬어지는 '인공지능 기술 발전의 침체기', 베이지안넷(1990)과 확률적 추론연구가 3단계, 지능형 에이전트 연구(1995), 로보컵(1997) 등과 같은 새로운 과학적 방법론들이 인공지능의 연구에 도입되어 인공지능 연구에 있어 새로운 도약의 발판을 마련한 제4단계가 그것이다.[35]

(1) 인공지능의 시작(1943-1956)

(가) 인공두뇌 연구의 태동

수많은 신화와 전설[36]에 기록된, '나(인간)를 닮은 무엇인가'를 창조하겠다는 욕망은 1940년대 중반에서 1950년대 초반, 수학, 철학, 공학, 경제 등 다양한 영역의 학자들로부터 인공적인 두뇌의 가능성이 논의되기 시작함으로써 가능성의 영역으로 진입했다. 위너(Norbert Wiener, 1894 – 1964)는 전기적 네트워크의 제어와 안정화로 인공두뇌를 묘사했으며, 섀넌(Claude Shannon, 1916 – 2001)의 정보과학은 이를 디지털 신호로 묘사했다. 1948년 월터(William Walter)의 거북이 로봇 또한 '두뇌의 전자적 구축'이라는 아이디어를 포함한 연구의 적절한 예시이다. 이 기계는 컴퓨터를 사용하지 않고 아날로그 회로를 이용했지만, 디지털의 전자적, 상징적 추리를 보여주기엔 충분했다. 월터 피츠(Walter Pitts)와 워런 매컬러(Warren McCulloch)는 인공신경망에 기반한 네트워크를 분석하고 그들이 어떻게 간단한 논리적 기능을 하는지 보여주었다. 그들은 '신경 네트워크'라 일컬어지는 기술을 처음으로 연구한 사람이다. 전기 스위치처럼 켜고 꺼지는 기초적인 인공신경을 그물망 형태로 연결하면 사람의 뇌에서 동작하는 간단한 기능을 흉내 낼 수 있음을 이론적으로 증명하였다. 피츠와 매컬러는 24세의 대학원생인 젊은 마빈 민스키를 만났고, 민스키는 1951년 첫 번째 신경 네트워크 기계인 SNARC[37]를 구축했다. 민스키는 이후 50년 동안 인공지능의 지도적, 혁신적 인물 중 하나가 되었다.

1951년에는 크리스토퍼 스트레이(Christopher Strachey)가 맨체스터 대학의 페란티 마크 1(Ferranti Mark 1)[38]이라는 기계를 사용하여 체커 프로그램을, 디트리히 프린츠(Dietrich Prinz)는 체스 프로그램을 개발했다.[39] 전기공학자였던 아서 새뮤얼(Arthur Samuel)이 1959년 개발한 체커 프로그램은 인간과 겨뤄 이긴 첫 인공지능으로 거론된다. 이처럼 인공지능 연구의 초창기 체커와 체스가 개발 대상이 된 것은 그것이 가장 단순한 형태의 보드게임이었기 때문이다. 게임 인공지능의 역사는 인공지능 발전의 척도로서 후술할 딥블루와 알파고에까지 이어진다.

1950년대 중반에 이르러, 몇몇 과학자들은 직관적으로 기계가 수를 다루듯 기호를 다루고, 사람처럼 기호의 본질적인 부분까지 다룰 수 있을 것이라고 생각했다.[40]이것은 생각하는 기계를 만드는 새로운 접근 방법이었다. 1956년, 앨런 뉴얼(Allen Newell)과 허버트 사이먼(Herbert A. Simon)은 "논리 이론"을 구현한다. 이 프로그램은 러셀과 화이트헤드의 '수학 원리'에 나오는 52개의 정리 중 32개를 증명해냈고, 일부 새롭고 더 우아한 증명을 찾아내기도 했다.[41]

다트머스 프로젝트 이전의 인공지능에 관한 연구는 사이버네틱스라는 이름의 학문으로 발전되어 왔다. 사이버네틱스에서는 정보기술의 성장이 사회에 미치는 영향을 체계적으로 다루었던 미국 초기의 학문으로 자동화 전반의 내용은 물론, 자동화의 부정적인 영향을 경감시키면서 인간의 복지를 증진하는 것을 목적으로 자동화가 인간에게 미치는 영향에 대한 다차원적인 연구가 진행되었다. 사이버네틱스는 인공지능이라는 용어가 사용되기 전 인공지능 연구의 뿌리가 될 수 있는 학문으로

서 현재까지도 인공지능 기술의 윤리적인 측면에 대한 학계의 연구에 영향을 미치고 있다.[42]

(나) 1956년: 인공지능의 탄생

'인공지능'이라는 용어는 1956년 다트머스 학회[43]에서 존 매카시(John McCarthy, 1927-2011)가 사용하면서 대중에게 널리 알려졌다. 그는 초청장 문구에 'Artificial Intelligence'라는 용어를 처음 등장[44]시킨다. 다트머스 학회는 인공지능의 명명, 목표, 첫 번째 성공과 이를 이룬 사람들[45], 그리고 인공지능의 탄생을 모두 포함하는 순간이었다. 이론의 여지가 있을 수 있겠으나, 이 시점에 인공지능이 가능성에서 과학의 반열로 올라섰다고 평가할 수 있을 것이다.[46] "모든 지능 정보가 원칙적으로 정확하게 기술될 수 있다"는 추측을 전제로 열린 이 학술회의에서 존 매카시는 인공지능을 '사람이 가공하여 만들어낸 지적 능력'으로 정의하였다. '지성'이나 '지능' 자체의 정의가 분야와 학자별로 분분하고 명확하지 않은 상황에서 인공적인 지능을 정의하는 것이 어폐가 있다는 지적도 있으나,[47] 매카시의 주장에 기대자면 인공지능은 "인간처럼 사고하고 행동하는 능력을 인공적으로 구현"한 것이라 할 수 있다. 인공지능은 근본적으로 인간의 정신(모델)을 인간이 아닌 실세계에 실현하는 데에 그 목표를 둔다. 이 점에서 인공지능의 역사는 '사고의 기계화' 과정, 컴퓨터의 역사와도 같다.[48]

이 관점에서 본 최초의 인공지능은 1882년 찰스 배비지(Charles Babbage, 1791-1871)가 설계한 해석기관(Analytical Engine)이 될 것이다. 물론 배비지 이전에도 '최초'의 후보군은 존재한다. 기원전 3,4세기경 고대 메소포타미아인들의 주판 사용 흔적이 발견되고, 1623년 시카르트(Wilhelm Schickard, 1592-1635)가 여섯 자리 숫자의 덧셈과 뺄셈을 수행할 수 있는 최초의 기계식 계산기를, 1642년 파스칼(Blaise Pascal, 1623-1662)이 10진수의 덧셈과 뺄셈을 계산할 수 있는 기계식 계산기를 발명하였으며[49], 1672년에는 라이프니츠(Gottfried Leibniz, 1646-1716)가 파스칼린을 곱셈이 가능한 기계로 개선, 이진법을 고안하였다. 현대 인공지능의 씨앗을 인간의 사고 과정을 상징적 기계 조작으로 묘사하려는 고전철학자와 과학자들이 심었다고 한다면, 1세기 후반의 알렉산드리아의 헤론이 저작한 "오토마타"도 그 근원이라 할 수 있을 것이며, 18세기 전반을 통해 라이프니츠, 스피노자, 홉스, 로크, 칸트 흄 등의 철학자들, 라 메트리(La Mettrie) 등의 과학자들의 사고화 법칙의 공식화 노력 도 이 기술의 발명에 기여했다고 볼 수 있다.[50]

하지만 배비지가 설계한 해석기관은 1822년 그가 제작한 다항함수와 로그함수, 삼각함수 등을 계산할 수 있는 기계식 계산기(차분기관)를 토대로 만들어진 것으로 원시적 수준의 '프로그래밍'이 가능하다는 점에서 '최초의 컴퓨터' 칭호가 어색하지 않다.[51] 현재 우리가 사용하는 컴퓨터와 유사한 제어, 연산, 기억, 입출력 기능을 가 진 장치가 있고, 원시적인 소프트웨어 프로그램도 사용했기 때문이다.[52] 이후 1893 년 홀러리스(Hollerith)는 데이터를 종이카드에 구멍을 뚫어 표현하는 천공카드 시 스템(홀러리스코드, Hollerith code)을 개발하여 이를 인구통계 및 국세 조사에 이용 하였고 자동계산의 실용성을 확인한다.

그러나 인공지능이 '인간의' 지능을 가질 수 있는지, 기계화된 사고가 '인간처럼' 만들어질 수 있는가에 관한 논의는 누구보다 앨런 튜링(Alan Mathison Turing, 1912–1954)에 많은 지분이 있다. 인공지능, "생각하는 기계"에 관한 근원적인 기술 인 딥러닝(Deep Learning)이 튜링의 "기계가 생각할 수 있을까(Can Machine Think?[53])라는 질문에 그 개념적 원류를 두고 있기 때문이다.[54,55,56] 영화 '이미테이 션 게임(2014)'으로도 익숙한 논문 「계산하는 기계와 지능(Computing Machinery and Intelligence), 1950」이 그것으로, '기계지능'이라는 표현으로 인공지능의 개념 을 고안하였고 이의 광범위한 사용을 예측하였다.[57,58] 이 논문에서 튜링은 이른바 '튜링 테스트(Turing test)'라고 불리는 인공지능 실험을 제안한다.[59] 지능이 무엇인 지에 대한 명확한 해답이 존재하지 않았던 당시 연구 상황에서 기계가 얼마나 인간 과 비슷하게 대화할 수 있는지를 '생각하는 기계'의 기준으로 삼았다.[60] 서양철학에 서 데카르트가 '심신이원론'을 주장하며 "연장을 가진 실체"에 집중하자고 한 것 처럼, 튜링은 지능에 대한 개념적 모호함에 허우적대지 말자고 제안한 것이다. 튜 링 테스트를 통과하기 위해서는 ① 자연어처리(NLP), ② 지식표현(knowledge representation), ③ 자동추론(automated reasoning), ④ 기계학습(machine learning), ⑤ 컴퓨터 비전(computer vision), ⑥ 로봇공학(robotics) 기술(능력)이 필요하다고 평가된다.[61] 이 시험은 인공지능이 도달해야 할 (혹은 극복해야 할) 궁극적인 목표로 여겨졌지만 70년이 지난 현재까지도 이를 통과한 사례는 나오지 않았다.[62,63,64]

튜링 테스트를 통과한 기계가 존재하지 않는다고 해서 이 테스트가 쓸모없어지는 것은 아니다. 적어도 지능이라 부를 만한 인공장치의 신뢰도 기준과 수준이 만만히 볼 것이 아니라는 것이 확인되었고, 테스트를 통과하기 위한 수많은 시도와 논의는 인공지능 기술의 정교화, 고도화를 이끌었으며, 인간의 복잡성을 이해하는 논의의 기반을 창출시켰기 때문이다.[65] 중요한 것은 4차산업기술의 하나로서 인공지능은 반드시 '인간을 속여야만 – 인간과 같아야만 – ' 쓸모 있게 되는 것이 아니라는 점이다. 인공지능 프로그램을 탑재한 로봇 개가 사람을 알아보고 반응하며, 맹인 안내견의 역할을 한다면 로봇 개는 굳이 '인간인 척'하지 않아도 '(낮은 수준의) 인간적인 사고'를 하는 셈이다.[66,67]

튜링의 아이디어는 언급한 다트머스 회의를 계기로 실기의 제작 단계로 들어갔지만, 군사무기 개발에 대한 따가운 시선과 냉전을 겪으며 뚜렷한 성과를 내지 못했다. 이후 90년대에 이르러 디지털 물리학의 창시자인 에드워드 프레드킨(Edward Fredkin, 1934–)이 AI체스 개발경진대회를 개최했는데, 여기에 선정된 것이 바로 카스파로프를 이긴 딥블루이다.

(2) 1952–1969년: 제1차 황금기 – 초기의 열광과 막대한 유산

다트머스 학회 이후, 인공지능은 정부기관의 지원[68]을 기반으로 발전을 거듭했다. 이 시기에 만들어진 인공지능 프로그램은 많은 이들을 그야말로 "놀랍게 (astonishing)" 만들었는데[69], 이들이 대수학 문제를 풀고 기하학의 정리를 증명하였으며 자연어처리(NLP)를 통해 영어를 학습하였기 때문이다. 이 같은 개화(開化)의 속도에 고무된 사이먼(Herbert Simon, 1916–2001)은 1965년, "기계는 20년 이내에 사람이 할 수 있는 일을 할 수 있게 될 것[70]"이라고 호언장담하였고, 민스키는 1967년 "한 세대 만에 인공지능을 창조하는 문제가 실질적으로 해결될 것이다"라는 주장을 하기도 했다.[71]

튜링 이후 인공신경을 그물망 형태로 연결하면 사람의 뇌에서 작동하는 간단한 기능을 모방할 수 있다는 이론이 발표되고, 1958년 프랭크 로젠블랫(Frank Rosenblatt)의 퍼셉트론(Perceptron) 개념이 주창된다. 이 이론은 원시적인 인공신경망 이론에 '학습'이라는 개념을 추가하였다.[72] 이로써 '뇌 신경을 모사한 인공신경 뉴런' 기반의 인공지능 연구가 부흥기에 접어들게 된다. MIT와 카네기멜론 대학에 인공지능 연구소가 세워졌고, 이후 20여 년 동안 많은 성과가 나왔다. 대표적인 것이 사이먼과 앨런 뉴월이 1959년에 만든 범용 문제 해결 알고리즘 '로직 세오리스트(Logic Theorist)'로, 이 프로그램은 '하노이의 탑' 퍼즐[73]을 풀 수 있었다.[74]

철의 장막이 무너지지 않았던 시기, 20세기 사회주의의 맹주였던 '소련'은 비대한 관료제와 공산독재의 인식 때문에 ICT기술과 거리가 먼 국가로 인식되곤 한다. 그러나 소련의 일부 학자들은 세간의 인식과는 달리, 계획경제체제의 한계를 극복하기 위한 방법을 정보화로 보았고, 그들은 이를 위한 '사회주의적 정보사회'을 구성하려고 노력했다. 아나톨리 키토프(Анатолий Иванович Китов)는 1959년 "붉은 서"에서 "ЕГСВЦ(Единой централизованной автоматизированной системы управления народным хозяйством страны — 국가(계획)경제 네트워크 중심적 통제체계)"를 제시하였는데, 이는 컴퓨터 네트워크화를 통한 더 나은 계획경제 체제와 사회의 추구를 목표로 삼은 이론이었다. 이것을 컴퓨터 공학자 빅토르 글루쉬코프(Виктор Михайлович Глушков)가 더욱 개량한 것이 바로 OGAS(ОГАС—Общегосударственная автоматизированная система учёта и обработки информации, 전연방자동정보처리체계) 계획이다.[75]

이 시기에 사용된 기술은 인공지능의 역사에 지대한 영향을 주었는데, 대표적인 것을 기술하면 아래와 같다.

(가) 탐색 추리

초기 인공지능 프로그램은 목표 달성을 위해, step-by-step 방식을 사용했다. 예를 들어 미로를 찾아갈 때 계속 나아가면서 막힌 길이 있으면 다른 길이 있는 곳까지 되돌아 왔다가 다른 길로 가는 식이었다.[76] 당시의 패러다임은 "탐색 추리"라 불렸다. 경우의 수를 찾아내고(탐색), 그 사고 과정을 기호로 표현하는 것(추론)이다. 문제는 간단한 미로도 목표까지 가능한 경로의 수가 천문학적일 수 있고 실제의 세계는 미로나 퍼즐처럼 간단하지 않다는 것이었다. 예를 들어 '회사가 성장하기 위해 어떤 제품을 개발해야 하는가'와 같은 현실의 복잡한 문제에 컴퓨터는 답을 줄 수는 없었다.[77]

로직 세오리스트로 성과를 얻은 뉴월과 사이먼은 1957년 "GPS(General Problem Solver)"라 불리는 프로그램으로 인간의 문제해결 방식을 모방하려 했다. 이 프로그램은 처음부터 인간의 문제 풀이 과정을 흉내내도록 설계되었다. 이 프로그램이 다룰 수 있는 제한된 부류의 퍼즐들에 국한할 때, 프로그램이 하위 목표들과 가능한 행위들을 고려하는 순서가 실제로 사람이 같은 문제에 접근할 때의 해당 순서와 비슷한 것으로 판명되었다. 따라서 GPS는 '인간적 사고' 접근 방식을 구체화한 최초의 프로그램이라 할 수 있겠다.[78]

허버트 겔렌터(Herbert Gelenter)의 "기하학 해결기"나 민스키의 제자인 제임스 슬레이글(James Slagle)의 "SAINT", 스탠퍼드에서 샤키(Shakey) 로봇의 동작을 제어하기 위해 개발한 "STRIPS" 시스템도 이들의 범주에 포함된다.[79] GPS와 후속 프로그램들의 인지 모형으로서의 성공은 1976년 물리적 기호 시스템(physical symbol system) 가설로 이어졌다. 그 가설은, "물리적 기호 시스템에는 일반적인 지능적 행위에 필요한 수단들이 충분히 갖추어져 있다"라는 것이다. 그들이 말하고자 했던 것은 지능을 보이는 임의의 시스템(사람이든 기계이든)은 반드시 기호들로 구성된 자료 구조들을 조작함으로써 작동한다는 것이다.

(나) 자연어 처리

인공지능 연구의 목표 중 하나는 영어와 같은 자연어로 컴퓨터와 의사소통할 수 있게 하는 것이었다. 1958년 매카시는 가장 오래된 언어이자 대중적으로 쓰이는 고급 언어인 LISP(LISt Processing)를 개발한다.[80] 민스키의 또 다른 제자 중 하나인 다니엘 보브로우(Daniel Bobrow)는 "STUDENT"라는 프로그램을 개발하여 고등학교 수준의 대수학 문제를 풀었다.[81] 1966년 로스 퀼리언(Ross Quillian)은 '의미 네트워크(semantic nets)'를 사용하는 프로그램을 처음으로 개발했으며, 요제프 바이첸바움(Joseph Weizenbaum)의 "ELIZA"는 대화의 상대가 컴퓨터가 아니라 사람이라고 생각될 정도의 수준을 보여주었다.[82] 이 때문에 ELIZA는 상기한 튜링 테스트의 부적절함을 보여주는 예로 자주 거론된다. ELIZA는 상대에게 방금 말한 말을 다시 해달라고 요청하거나, 상대가 한 말을 몇 개의 문법 법칙에 의해 파싱(parsing)할 뿐이기 때문이다.

(다) 미시세계(microworld)

1960년대 후반, MIT AI 연구소의 마빈 민스키와 시모어 페퍼트는 마이크로월드 연구로 불리는, 인위적으로 지능이 있어야 풀 수 있을 것으로 예상되는 제한된 상황에 초점을 맞춘 AI 연구를 제안했다. 이 영역들은 '미시세계(microworld)'로 알려져 있다.[83] 그들은 과학자들이 이해를 돕기 위해 '마찰면'이나 '강체(물리학에서 결코 형태가 변하지 않는 물체)'와 같은 간단한 모델을 사용한다는 것에 집중했다. 이런 연구의 대부분이 평평한 평면 위의 다양한 형태와 색깔의 블록으로 이루어진 '블록 단위의 세계'에 초점을 맞추는 형식이었다.

제럴드 서스먼(Gerald Sussman), 아돌포 구즈만(Adolfo Guzman), 데이비드 왈츠(David Waltz), 패트릭 윈스턴(Patrick Winston) 등이 미시세계의 패러다임으로 기계 비전의 혁신을 이끌었다. 같은 시간에, 민스키와 페퍼트는 블록을 놓을 수 있는 로봇팔을 제작했다. 마이크로월드의 또 다른 성과는 테리 위노그래드(Terry Winograd)의 SHRDLU인데, 이것은 일반적인 문장으로 소통하고 작업을 계획하며 실행할 수 있었다.

(라) 퍼지 집합 이론

1965년, UC버클리 대학 교수인 로트피 자데(Lotfi Zadeh, 1921 – 2017)[84]는 분

명하거나 모호한 상태를 참 혹은 거짓이라는 이진 논리에서 벗어나 다치성으로 표현하는 논리 개념인 퍼지 이론(Fuzzy Logic)을 주창하였다. 이는 근사치나 주관적 값을 사용하는 규칙들을 생성함으로써 부정확함을 표현할 수 있는 규칙기반 기술(rule-based technology)이다.[85] 그는 아름다운 '여성의 집합', '키가 큰 사람의 집합', '큰 수의 집합' 등 경계가 모호한 집단을 퍼지집합이라고 명명하였다.

(3) 1966-1979년: 제1차 인공지능 겨울

1966년 시모어 페퍼트(Seymour Papert, 1928 – 2016)는 시각정보를 처리하는 시스템을 여름방학 동안 학부생 한 명과 함께 개발하려는 계획을 세운다. 그러나 기대와 달리 이 시스템은 원하는 만큼의 성능이 나오지 않았고, 다른 연구자들도 개발 진척도를 높이는 데 많은 곤란을 겪었다.[86]

1969년 민스키와 페퍼트가 단일 계층 신경망인 퍼셉트론은 AND(논리곱) 또는 OR(논리합)과 같은 선형(linear) 분리가 가능한 문제에는 적용할 수 있으나, 같은 방식으로 데이터를 구분할 수 없는 XOR(배타적 논리합)문제는 해결할 수 없음을 수학적으로 증명하면서 인공지능 연구는 변곡점을 맞게 된다.[87] 1970년대 초, 퍼셉트론의 초기 모델 이후 수 년을 투자하였음에도 이렇다 할 성과를 거두지 못하자 많은 기관들은 인공지능 연구에 회의적인 시각을 갖게 되었다. 미국 방위 고등연구 계획국은 인공지능 연구비로 2,000만 달러를 지원하던 것을 중단하고 예산의 대부분을 삭감하기에 이른다. 여기에 1971년 영국의 라이트힐(James Ligthill)이 영국의회에 "폭발적인 조합증가(Combinational explosion)를 인공지능이 다룰(Intractability) 수 없다"라고 보고함으로써, 사실상 인공지능에 대한 대규모 연구는 중단된다. 그 여파로 인공지능의 연구 열기는 차갑게 식어버렸는데, 이것이 1차 '인공지능 겨울(AI Winter)'[88]이다.

인공지능 연구의 첫 번째 암흑기는 연구자들이 인간과 같은 수준의 '강한 인공지능'의 개발을 목표로 한 데서 그 원인을 찾을 수 있다. 이에 이후의 인공지능 연구는 인간의 '일반적인 지능'을 구현하겠다는 범용적이고 초월적인 방식(strong method)보다 실용적인 목적으로 초점이 맞춰졌다. 이를 약한 방법(weak method)이라 불렀는데 '전문가 시스템(experts system)' 또한 그 일환으로 '인간이 특정 분야에 대하여 가지고 있는 전문적인 지식을 정리하고 표현하여 컴퓨터에 기억시킴으로써, 일반인도 이 전문지식을 이용할 수 있도록 하는 시스템'을 의미한다. 특정 전문 분야에서 일반적으로 접하는 사례들을 좀 더 수월하게 처리할 수 있도록 좀 더 강력한, 특정 영역에 국한된 지식을 활용한다는 것이다. 그 시초는 1956년의 로직 테오리스(Logic Theorist), 1969년의 분자구조 파악 프로그램 덴드럴(DENDRAL)[89]에서 찾을 수 있다. 덴드럴은 이것이 최초의 성공적인 지식 집중적(knowledge-intensive) 시스템이라는 데에서 그 의의가 있다.

전문가 시스템의 방법론은 의학 진단 분야에서도 적용되었는데, 1970년대 미국 스탠퍼드 대학에서 개발된 '마이신(MYCIN)'이 그것이다. 파이겐바움과 뷰캐넌, 에드워드 쇼틀리프(Edward Shortliffe)가 개발한 '마이신'은 전염성 혈액 질환의 환자를 진단하고 항생물질을 처방하도록 디자인되어 있다. 500가지의 룰이 준비되어 질문에 따라 차례로 대답하면, 감염된 세균을 특정하고 거기에 부합한 항생 물질을 처방할 수 있었는데, 당시 69%의 확률로 적합한 처방을 할 수 있었다고 한다. 이 같은 전문가 시스템은 연구소에 머물러 있던 인공지능 기술을 상업과 산업의 현장으로 이전시켰다.

실용적인 문제들을 해결하기 위한 인공지능적 응용이 광범위하게 성장하자, 이를 표현할 수 있는 방안에 대한 요구도 함께 증가했다. 많은 수의 서로 다른 표현 및 추론 언어들이 개발되었으며, 그중에는 논리학에 기초한 것들도 있었는데, 예를 들어 Prolog 언어는 유럽에서, Planner 계열의 언어들은 미국에서 인기를 끌었다. 1975년 민스키의 프레임(frame) 착안에 따라 좀 더 구조적인 접근방식을 채용해서 특정 대상과 사건 형식에 관한 사실들을 조립하고 형식들을 생물학의 분류 체계와 비슷한 커다란 분류학적 계통구조로 배치하는 접근방식도 고안되었다. 뒤이어 1980년에는 다층 신경회로망이 도입되지만, 정보처리 능력의 한계는 여전히 지적되었다.

(4) 1980-1987년: 제2차 황금기

1980년대의 인공지능 연구의 두 번째 황금기는 연구자들이 내건 현실적인 목표에서 시작되었다. 당장에 인간 두뇌를 구현하기보다 작은 문제에서부터 실질적인 성과를 내고 그 성과를 점진적으로 연결해간다면 인간 두뇌에 가까워지지 않겠냐는 발상이다. 컴퓨터 과학에서 널리 쓰이는 분할·정복 알고리즘(divide and conquer algorithm)과 같은 개념이다. 당시 연구자들은 그간의 실패에 실망한 정부와 기업의 마음을 돌리기 위해 의도적으로 '인공지능'이라는 용어 자체를 쓰지 않으려고 했다. 인공지능이 특정한 문제를 풀기 위한 하나의 도구로서 인식된 것이다.[90]

같은 시기 발생한 '신경망 이론의 복원'이라는 사건 역시 이와 궤를 같이한다. 1969년 브라이슨과 호가 처음 발견한 역전파(back-propagation) 학습 알고리즘을 1980년대 중반 적어도 서로 다른 네 연구 그룹이 다시 발명한 것이다. 1982년 물리학자 존 홉필드(John Hopfield)는 완벽한 학습 능력을 구현한 신경망의 형태를 증명해냈다. 이 신경망은 1990년대 광학문자인식(Optical character recognition; OCR)이나 음성인식(Speech Recognition) 같은 엔진의 원천 기술로 사용되었다.[91]

1차 황금기 때의 인공지능이 'If-then' 규칙 또는 알고리즘에 의존했다면, 디지털화된 지식과 정보가 빠르게 증가하는 시대에는 이러한 지식과 정보를 컴퓨터에 반영하면 지능을 향상시킬 수 있을 것이라는 아이디어가 부상했다. 이것이 바로 '전문가 시스템(expert system)'이라고 불리는 인공지능 검색 프로그램이다. 전문가 시스템은 지식 기반(knowledge base)에 저장해둔 지식과 정보로부터 새로운 지식을 이끌어내는 추론 엔진(inference engine)으로 구성된다.[92] 전문가 시스템이 유행하면서 1980년대 초부터 후반까지 인공지능은 산업적으로 진화하고 발전했다. 최초의 성공적인 상용 전문가 시스템 R1은 1982년 DEC(Digital Equipment Corporation)에서 운용을 시작했다. 1986년 DEC는 이 시스템 덕분에 연간 4,000만 달러의 비용을 절감할 수 있었다. 1988년 DEC의 인공지능 그룹은 40개의 전문가 시스템을 사용했으며, 그 수는 이후 더욱 증가했다. 듀퐁(DuPont)사는 100개를 사용하고 500개를 개발하고 있었으며, 이를 통해서 연간 약 1,000만 달러를 절감했다. 당시 미국의 거의 모든 주요 기업이 사내 인공지능 그룹을 가지고 있거나 도입을 고려하고 있었다.

인공지능 사업은 전반적으로 1980년의 수백만 달러 규모에서 1988년 수십억 달러 규모로 크게 성장한다.[93] 1981년 일본은 지능형 컴퓨터를 구축하는 10개년 계획인 '5세대' 프로젝트를 시작했고, 미국은 이에 대응하기 위해 'MCC(Micro-electronics and Computer Technology Corporation)'라는 컨소시엄을 결성했으며, 영국은 3억 5천만 달러를 들여 Alvey 프로젝트를 시작했다.[94,95] 또한 1984년에서 1988년 사이에 DARPA는 전략적 컴퓨팅 계획을 설립하고 인공지능에 대한 투자를 세 배로 늘렸다.[96] 전문가 시스템을 기반으로 IBM에서 개발한 인공지능 '왓슨(Watson)'은 2011년 2월 14일 미국의 유명 TV 퀴즈 쇼 '제퍼디(Jeopardy!)'에 출연해 인간 챔피언들을 압도적으로 이기고 우승하기에 이른다.[97]

(5) 1987-1993년: 제2차 인공지능 겨울

인공지능 산업은 1980년대 거품경제와 버블현상에 직면하며 다시 위기에 빠졌다. 전문가 시스템에 대한 열정은 충만했지만 이를 뒷받침하기 위해서는 많은 재원이 필요했다. 눈에 띄는 성과를 내지 못하자 투자는 끊어졌고, 살아남은 연구원들에 의해 "인공지능 겨울(AI winter)"이라는 단어가 다시 통용되었다.

1987년에는 자리를 공고히 하던 인공지능 하드웨어 시장까지 무너졌다. 당시의 애플이나 IBM의 데스크톱 컴퓨터들은 Symblics이나 Lisp와 같은 인공지능 하드웨어보다 빠르고 보다 대중적이었다. 더 이상 이를 개발할 이유가 사라진 것이다. 실용적인 인공지능의 선구자로 불리웠던 전문가 시스템은 섬세하고 다루기 힘들다는 의미의 'brittle[98]'로 조소되었고, 일반적이지 않은 특이한 경우에 유용한 것으로 받아들여졌다. 결국 DARPA는 대중화에 많은 시간이 소요되는 프로젝트보다 즉각적인 결과를 보여줄 수 있는 프로젝트에 투자를 하는 쪽으로 연구 방향을 전환했다.

(6) 인공지능, 신체화된 마음 - 1980년대 후반

1980년대 후반에 이르러 인공지능 기술에 로봇공학을 기반으로 하는 새로운 도전이 시작되었다. 사람과 같은 지능을 실제로 구현하는 것에는 역시 사람과 같은 신체가 필요하다 생각한 것이다. 기계장치의 구동과 운동을 위해서는 입·출력으로 단순화된 산식보다 학습과 추론 같은 보다 더 높은 수준의 기술이 필요하다는 주장이 지지를 받았다. 실제로 '추론(推論)'은 인간이 가진 능력 중에 가장 흥미롭고 탁월한 능력이며, 다른 동물과 구별되는 기술 중 하나로 인정되고 있다. '추론'을 기반으로 인공지능을 바닥에서부터 다시 지어야 한다고 주장했다. 이 분야의 선구자인 다비드 마르(David Marr)는 새로운 신경 과학 이론을 주창하여 그간의 상식적인 접근법(매카시의 'logic'과 민스키의 'frame')을 거부했고, 인공지능은 육체적인 기계장치를 구현하기 위한 기술적 장치로서 하향식(top-down) 해석 방법이 아닌 상향식(bottom-up) 방식으로 이해할 필요가 있다고 말했다.

1990년 MIT의 로봇공학 연구자인 로드니 브룩스(Rodney Brooks)는 'Elephants Don't Play Chess(1990)'에서 "기호를 통한 논증보다 실제 세계와 상호 작용하는 것이 훨씬 더 어렵다"고 주장했다.[99] 결국 인공지능은 완벽하게 만들어진 채로 탄생할 수 없으며, 인간과 마찬가지로 학습을 통해 세상과 교류하며 스스로를 완성해 나가야 한다는 것이다. 1980년대와 90년대의 인지과학(認知科學, cognitive science[100])은 상징처리모델 추론에 신체(body)가 필수적이라 주장했는데, 이를 '신체화된 마음(the embodied mind)' 이론이라고 한다.

(7) 1993년-현재

1980년대에도 문자인식이나 음성인식에서 일부 가시적인 성과가 나왔다. 그러나 많은 투자에도 '대화형 인공지능 모델' 개발에 실패했고, 인공지능 연구는 1990년 대부터 문제해결과 비즈니스 중심의 개발로 전환된다. 때맞추어 하드웨어의 혁신이 일어난 것이 인공지능 연구 활성화의 계기가 되었다. 2006년 제프리 힌턴(Geoffrey Hinton)이 딥러닝을 주제로 한 논문을 발표하면서, 그동안 불가능하다고 여겨졌던 인간 지능을 뛰어넘는 결과물이 나왔고, 2017년에는 얼굴인식과 사물인식 능력에서 부분적으로 사람을 앞서는 인공지능도 등장했다.[101]

최근에는 인공지능 분야의 내용뿐만 아니라 방법론에서도 혁신이 있었다. 이제는 엄밀한 정리를 주장할 때 새로운 이론을 제시하기보다는 기존 이론에 기초하거나, 직관보다는 견고한 실험적 증거에 기초하는 경우가 더 흔하다. 또한, 장난감 예제(Toy model)[102]보다는 실세계 응용과의 관련성을 강조하는 경우가 많다.[103] 인공지능이 드디어 과학적 방법을 확고하게 채용한 것이다. 가설이 받아들여지려면 반드시 엄격한 경험적 실험들을 거쳐야 하며, 그 결과의 중요성이 반드시 통계적으로 분석되어야 한다는 것인데, 음성인식 분야와 기계번역, 신경망도 이 경향에 들어맞는 분야이다.

피터 치즈먼(Peter Cheeseman)의 논문 "In Defense of Probability(1985)"로 확률과 결정이론에 대한 관심이 부활했고, 주디어 펄(Judea Pearl)의 "Probabilistic Reasoning in Intelligent Systems(1988)"에 의해 인공지능이 확률과 결정이론을 새롭게 채용하게 되었다. 뒤이어 베이지안(Bayesian network) 형식론(formalism)이 등장하면서 불확실한 지식의 효율적 표현과 엄격한 추론이 가능해졌다. 이러한 접근 방식은 1960년대와 1970년대의 확률적 추론 시스템의 여러 문제를 대부분 극복한다. 이제는 이 접근 방식이 불확실한 추론과 전문가 시스템에 대한 인공지능 연구를 주도하고 있다. 이 접근 방식 덕분에 경험으로부터의 학습이 가능해졌으며, 고전적 인공지능과 신경망의 좋은 점만 결합할 수 있게 되었다.[104]

형식화와 특수화의 증가 때문에 1990년대에 컴퓨터 시각과 로봇공학 같은 분야들이 '주류' 인공지능과는 멀어졌지만, 특히 기계 학습에서 비롯된 도구들로서의 이러한 경향은 최근 여러 해 동안 여러 문제에 효과적임이 증명되었다. 재통합 과정은 이미 의미 있는 이익을 인공지능 분야에 기여하고 있다.[105]

또한 이 시기에는 전술한 베이지안넷(1990)뿐 아니라 확률적 추론연구, 지능형 에이전트 연구(1995), 로보컵(1997) 등과 같은 새로운 과학적 방법론들이 인공지능의 연구에 도입되어 인공지능 연구에 있어 새로운 도약의 발판을 마련하였다. 가히

'제2차 인공지능 산업혁명'의 시기라 명명할 수 있으며, '빅데이터', '딥러닝', '머신 러닝'과 같은 새로운 기술들이 연구개발의 단계에 머물지 않고 자율주행 자동차, 왓슨, 시리 등과 같은 공산품으로 구현되었다. 빅데이터에 기반을 둔 기술들은 기존의 정보통신 기술을 기반으로 발전했던 자동화 기술들과는 비교할 수 없는 질적 변화를 일으키고 있다. 이러한 질적 변화로 인한 갈등 상황에 적절히 대응하기 위하여 규제적 차원에서도 많은 변화가 요구되어, 인공지능의 사회적 영향에 대한 연구, 컴퓨터 공학적 차원에서 사람 중심의 인공지능 연구, 인공지능 거버넌스 등 다양한 주제에 관한 다각도의 연구가 요청되고 있다.[106]

존 매카시(2007)와 마빈 민스키(2007), 닐스 닐슨(Nils Nilsson, 2005), 패트릭 윈스턴(Patrick Winston, 2009) 등 영향력 있는 인공지능의 전문가들은 그간의 인공지능의 진보에 대해 불만을 표현했다. 그들은 인공지능이 특정 과제(자동차 운전, 체스 두기, 음성 인식 등)를 잘 수행하는 응용 프로그램의 버전들을 계속 개선하는 데 큰 비중을 두는 대신 인공지능이 애초에 추구하던 뿌리로, 사이먼의 말을 빌자면 '생각하고, 배우고, 창조하는 기계'로 돌아가야 한다고 생각한다. 그들은 그러한 인공지능을 인간 수준 인공지능(human-level AI, HLAI)이라고 부른다. 이 인공지능에는 아주 커다란 지식 기지(knowledge base)들이 필요한데, 인공종합지능(Artificial General Intelligence, AGI)이라 불리는 인공지능의 분야는 임의의 환경에서의 학습과 행동을 위한 보편적 알고리즘을 추구한다. 인간이 만들어 내는 인공지능이 정말로 인간에게 우호적인 인공지능(Friendly AI)인가를 보장하는 것도 중요한 문제로 대두되고 있다.[107]

현재 미국 학계의 주요 인공지능 윤리 및 법 연구센터들은 캘리포니아 폴리테크닉 주립대학의 The Ethics + Emerging Sciences Group, 소노마 주립대학의 The Center for Ethics Law and Society(CELS), 산타클라라 대학의 Markkula Center for Applied Ethics, 펜실베이니아 주립대학의 Rock Ethics Institute를 들 수 있고, 인공지능 윤리 및 거버넌스에 중점을 둔 신규 연구센터로 스탠퍼드 대학의 Human Centered Artificial Intelligence(HAI 연구소), 하버드 대학의 Berkman

Klein Center for Internet & Society, 버클리 대학의 Berkeley Center for Law and Technology를 들 수 있다. 이 중 HAI 연구소는 실리콘밸리 일부 대기업의 재정적 지원을 바탕으로 인공지능의 사회적 영향에 관한 연구 및 실제 시스템을 구축하거나 실험을 통해 컴퓨터 공학적 차원에서 사람 중심의 인공지능 연구를 장려하는 초기 연구비 제공 등 인공지능 거버넌스를 포함한 다양한 주제를 연구하고 있으며 하버드 대학 연구센터에서는 2017년 인공지능 윤리 및 거버넌스에 대한 이니셔티브(Initiativeon Ethics and Governance of AI)를 발표하고, AI를 활용한 정치 홍보, 온라인상의 대화에 대한 영향, 형사법 제도에 알고리즘을 사용하도록 하는 정책 입안에 대한 영향 평가 및 분석을 실시하고 있다.[108]

(8) 인공지능의 현재

오늘날의 인공지능은 무엇을 할 수 있는가? 이에 대해 간단하게 답하기는 어렵다. 너무나 많은 분야들에서 너무나 많은 활동이 벌어지고 있기 때문이다. 로봇차량(Robotic vehicle)[109], 음성인식[110], 자율적 계획 및 일정 수립[111], 게임플레이[112], 스팸과의 전쟁[113], 병참계획(Logistics planning), 로봇공학(Robotics)[114], 기계번역[115] 등에서 주목할 만한 성과가 있었다.[116] 더 이상 인공지능은 마법이나 공상과학이 아니다.

인공지능의 연구가 답보 상태를 벗어나 도약할 수 있었던 것은 과학기술의 비약적 발전 — ① 대규모의 광범위한 데이터를 탐지·판독하고 저장할 수 있는 '빅데이터' 기술의 발전, ② 과거 컴퓨터 연산능력의 한계로 인하여 이론상으로만 가능할 것으로 보았던 많은 알고리즘이 실제 동작할 수 있도록 만드는 컴퓨터 연산능력의 증대, ③ '딥러닝' 기술과 같이 인간의 지도 없이도 스스로 유용한 정보를 구별할 수 있는 알고리즘의 발전 — 을 통하여 빅데이터를 저장하고 그 데이터들을 스스로 분석할 수 있는 기반이 갖추어진 것을 그 이유로 하는 것으로 파악되고 있다.[117] 인간처럼 스스로 학습하고 추론하는 알고리즘(algorithm)의 집합인 딥러닝이 또한 인공지능이 스스로 학습하는 데 필요한 정보의 집합인 빅데이터의 발전으로 탄력을 받은 것이다.[118] 이들 관련 기술의 급격한 혁신에 힘입은 결과 2020－2040년 인공지능 기술이 인간의 지능을 추월하는 기술적 특이점(singularity)[119]에 도달하리라는 전망이 나온다. 전문가들은 앞으로 40년 내에 외과수술에서, 30년 내에 뉴욕타임스의 베스트셀러 출판에서 싱귤러리티가 실현되리라고 예측하고 있다.[120]

　　기술적 특이점 역시 인공지능이 갖는 특징이다. 인공지능은 인간의 지능을 기계(컴퓨터)로 구현하는 것을 목표로 하는데, 그것이 완성되면 인류의 지능을 능가하는 인공지능이 출현할 수밖에 없다는 예측이다.[121] 인공지능과의 사랑을 다룬 '그녀(2013)', 인간보다 뛰어난 인공지능 개발을 둘러싸고 기술반대주의자와 개발자들 사이의 대립을 그린 '트랜센던스(2014)', '에일리언: 커버넌트(2017)'의 데이빗8[122]은 기술적 특이점을 맞이한 미래를 그리고 있다.[123] 그러나 스티븐 호킹은 이러한 개념에 대하여 "완전한 인공지능을 개발하면, 그것은 인류의 종말을 의미하는지"도 모르고, "인공지능이 자신의 의지를 갖고 자립하고, 그리고 또한 지금까지 없는 속도로 능력을 개발하며 자신 스스로를 설계하는 일"도 있을 수 있다고 평가한다. 또한, "천천히 진화할 수밖에 없는 인간에게 승산은 없으며, 언젠가는 인공지능으로 대체될 것"이라고 하였다.[124]

　　인공지능이 미래의 유망기술로 떠오르고 집중적인 투자와 연구개발이 이뤄지게 되면서 IDC, 트랙티카[125], 맥킨지, 지멘스 등은 세계 인공지능 시장이 급속도로 증가할 것으로 전망하고 있다. 우리는 이미 4차산업혁명에 진입했고 인공지능은 빠르게 인간을 대체해 나아가고 있다. 미래는 이미 인공지능, IoT, 클라우드 컴퓨팅, 빅데이터 등이 융합되는 현실에 있다. 과거 산업혁명이 '기계근육'을 만들었다면, 다가오는 혁명은 '기계두뇌'가 이끌어갈 것이다.

다. 인공지능의 목표

　　통상 '지능(知能)'은 '외부를 인식하고 추론하며 적응하는 능력'으로 이해된다. 현재의 인공지능은 인간의 지능적(知能的) 작용들을 충실하게 이해하고 인간적(人間

<목표를 고려한 인공지능의 분류[126]>

	약(弱) 인공지능 (ANI, Artificial Narrow Intelligence)	강(强) 인공지능 (AGI, Artificial General Intelligence)
인간의 사고	**합리적으로 생각하는 시스템** • 정신적 능력을 갖춘 시스템 • 사고의 법칙 접근 방식	**인간처럼 생각하는 시스템** • 사고 · 의사결정을 내리는 시스템 • 인지 모델링 접근 방식
인간의 행동	**합리적으로 행동하는 시스템** • 지능적으로 행동하는 에이전트 시스템 • 합리적 에이전트 접근 방식	**인간처럼 행동하는 시스템** • 어떤 행동을 기계가 따라하는 시스템 • 튜링 테스트 접근 방식

的) 지능을 기계에 완벽히 이식할 수 있도록 하는 것을 목표로 삼고 있다. 이는 근본적으로 인공지능이 인간의 정신적 모델을 실세계로 구현하려는 데서 출발했기 때문이다.[127] 이처럼 기계가 고도의 지능을 갖추고 인간처럼 보고 듣고 말하게 하는 일은 매우 힘든 일이다, 인공지능 연구 분야에서도 가장 어려운 연구목표로 여겨지고 있다고 한다. 이 같은 인공지능의 목표를 고려하여 AI가 인간의 일을 얼마나 잘 수행할 수 있는지를 인간의 '사고'와 '행동'의 측면으로 나누어 개략적으로 위의 표와 같이 분류할 수 있다.

이를 나누어 살펴보면, 인간의 사고와 관련하여 '합리적으로 생각하는 시스템'은 1985년 유진 차니악과 맥더멋(Charniak and McDermott), 1992년 윈스턴(Winston)의 인공지능 개념에 따른 것으로서, 인공지능의 목표를 합리적으로 사고하는 시스템이라고 정의하고, '인간처럼 생각하는 시스템'은 1978년 리처드 E. 벨먼(Bellman)과 1985년 존 해걸랜드(Haugeland)의 개념 정의에 따른 인공지능의 목표로, 이론적으로 인간처럼 생각하는 기계를 만들기 위해서는 우선 인간의 사고 작용을 연구해야 하고 이로부터 그럴듯한 가설이 성립되면 프로그램을 통해 그를 실현할 수 있는 것으로 본다. 인간의 행동과 관련하여 '합리적으로 행동하는 시스템'은 1990년 로버트 J. 샬코프(Schalkoff)와 1993년 조지 F. 루가(Lugar)와 윌리엄 스터블빌드(Stubblefiled)의 정의에 따른 인공지능의 목표로서, 여기서의 합리적 행동이란 주어진 확률 정도가 있을 때 어떤 목표를 달성하기 위해 행동하는 것을 의미한다고 한다. 그리고 '인간처럼 행동하는 시스템'은 1990년 커즈와일과 1991년 일레인 리치(Rich)와 케빈 나이트(Knight)의 정의에 따른 인공지능의 목표로서, 이는 1950년 튜링이 제안한 '튜링 테스트'를 통하여 확인 가능한 것으로 이해된다고 한다.[128]

라. 약인공지능과 강인공지능

존 매카시는 당시의 인공지능을 "제한된 범위 내에서만 정보를 처리하므로 실제로 발생하는 모든 문제를 처리할 수 없다"고 평가하였다.[129] 인간과 동일한 지능을 가지고 인간과 똑같이(혹은 그 이상으로) 생각하고, 업무를 수행하는 인공지능을 범용 인공지능(General AI) 내지 강한 인공지능(Strong AI), 특정한 업무에 대하여 인간과 동등하게(또는 그 이상으로) 처리할 수 있는 인공지능을 특화형 인공지능(Narrow AI) 혹은 약한 인공지능(Weak AI)이라 한다면[130], 지금까지 인류가 만들어낸 것은 특화형(약한) 인공지능에 지나지 않는다. 존 매카시가 말한 인공지능의 본질적 문제가 아직까지도 해결되지 못하고 있는 것이다.[131]

인지과학[132]은 인간 지능의 본성이 계산적이라고 가정하고, 인간의 정신은 원칙적으로 컴퓨터로 실행되는 프로그램으로 모델링될 수 있다고 전제한다.[133] 인공지능 연구는 이러한 모델을 실현시키려는 학문이다. 그러나 우리는 아직 강한 인공지능의 시연을 목격하지 못했고, 거리를 활보하는 인공지능 로봇을 아무런 부담 없이 지나쳐 가기까지는 많은 시간이 남아있다.

마. 인공지능과 로봇

인공지능과 로봇을 구분하지 않고 혼동, 혼용하는 경우가 많지만 이 둘은 엄연히 추구하는 목적 자체가 다른 기술이다. 인공지능이 인간의 지능을 흉내내어(현 단계에서는) 정보를 수취하고 해석하여 결과를 도출하는 정보처리 기술이라면, 로봇은 인간과 유사한 모습과 기능을 가진 기계 또는 한 개의 컴퓨터 프로그램으로 작동할 수 있고(programmable), 자동적으로 복잡한 일련의 작업(complex series of actions)을 수행하는 기계적 장치를 말한다. 인공지능에서는 어떤 입력을 어떠한 방식으로 처리하여 주어졌을 때 프로그래밍된 결과가 어떠한지, 어떤 의미가 있는지, 그 방식과 값이 얼마나 정확하고 우수한지가 중요한 문제가 된다. 반면 로봇공학은 물리적인 시스템, 즉 기계와 구동장치에 주안점을 둔다. 어떤 구동기를 쓸지, 신체를 어떻게 구성할지, 어떠한 구동기를 어떠한 방식으로 제어할지를 고민한다. 3차원의 세계에서 물리적으로 실존하는 기계시스템을 유지하고 개선하는 일이 관건이 된다.

바. 인공지능의 미래와 한계

전술한 대로, 인공지능은 인간의 두뇌를 모델로 인간을 모방하고자(컴퓨팅) 하는 시도에서 출발했으며, 현재 매우 높은 수준의 기술적 진화를 이루었다고 평가할 수 있다. 현재의 인공지능은 일정한 인터페이스를 통해 사용자의 질의를 취합하고, 학습된 데이터(머신러닝, 딥러닝)를 기반으로 추론(알고리즘)하여 응답(인식)하는 구조를 취하고 있다. 따라서 (규칙 베이스와 데이터베이스가 포함된) 지식베이스, 정교한 추론 방법, 인터페이스 각각의 고도화가 모두 이루어져야만 진정한 형태의 '지능형 시스템'이라 부를 수 있을 것이다.[134] 현재 인공지능 기술에 있어 딥러닝은 학습 단계 기술의 고도화를 이끌고 있으며, '추론'과 '인식' 분야에 있어 새로운 기술이 등장하고 다른 분야와의 융복합 및 ICBMS(Internet of Things, Cloud, Big data, Mobile, Security)와의 결합이 이루어지게 되면 (진정으로 인간을 모방한) 인공지능이 만들어질 것으로 기대되고 있다.

문외한의 입장에서 인공지능과 같은 고도의 기술적 분야에 관하여 그 발전 정도의 예측과 전망을 내놓기란 여간 조심스러운 것이 아니지만, 살피건대 인공지능이 가까운 장래에 인간과 유사한 자아(自我)를 지각하게 되는 것은 거의 불가능에 가까워 보인다. 현재까지의 관련 기술은 각각의 연구에 따른 성과물들이 축적되어 점진적으로 발전하여왔고, 급작스러운 형태로 비약적 성장을 이루어내지는 못했다. 그

와 같은 비약적 형태의 성장이 단기간 내 이루어지기 위해서는 이른바 '지능폭발
(Intelligence explosion)'로 지칭되어지는 어느 순간(기술적 특이점)과 인공지능 기술
이 폭발적으로 성장할 수 있을 만한 상황이 존재하여야 할 것인데, 현재까지의 관련
연구 과정에 비춘다면 이 지능폭발의 발생 가능성은 상당히 낮은 것으로 보여진
다.[135] 결국 지금까지의 인공지능은 인간이 지정한 작업을 수행하는 것에 그치고 있
으므로 만능이라 할 수 없고, 여전히 인간이 아니면 할 수 없는 일들은 남아 있다. 예
를 들어, 시스템 만들기, 결과 검증, 컴퓨터에 의한 자동적인 의사결정 과정의 이해
와 감시 및 이를 개선하는 일, 그리고 정형화되어 있지 않은 문제를 대국적인 견지에
서 통찰하는 일 등은 인간의 몫이기 때문이다.[136]

현재의 인공지능이 특화형 인공지능에 지나지 않는다고 해서 인공지능을 경시
해도 좋다는 의미는 아니다. 한정된 작업에 관해서는 이미 인공지능이 인간보다 훨
씬 빠르고 정확하게 업무를 처리할 수 있기 때문이다. 인공지능이 능력을 발휘하고,
인간보다 효율적으로 일할 수 있는 분야들은 분명히 존재하며, 이러한 분야의 일에
서 인간이 인공지능과 경쟁하는 것은 인간이 자동차나 기차와 경주하는 것만큼 아
무런 의미가 없다.[137]

따라서 본서에서는 미래에 관한 막연한 추측에 기대기보다, 인공지능 관련 기술
의 현황과 발전상황을 고려해 ─최소한 현 시점에 있어서는─ 인공지능을 인간과
동등한 수준의 인격을 보유하지 못한 '도구적 존재'로서 인간의 사고와 행동을 흉내
낸 컴퓨터 프로그램으로 그 개념을 전제하고자 한다.

2. 인공지능 금융

가. 금융시장의 변화와 인공지능의 활용

금융[138]산업은 보수적이고 변화에 유연하지 못할 것이라는 세간의 편견과 달리
당대의 최신 기술을 적극적으로 도입해온 분야이다. 금융은 태생적으로 수리·분석

영역과 밀접한 관련이 있고, 산업의 특성상 자금의 수요 공급과 개인과 기업 자산에 직접적으로 연계되어 있기 때문이다. 금융기관들은 역사적으로 여신심사 등에 다양한 정량적 데이터를 활용해 개인과 기업들을 포용해왔고, 은행·카드·보험·금융투자 등 각 금융업권별로 체계적으로 관리된 정형데이터가 대량으로 축적되어 있다는 점에서 서비스의 품질, 정보와 보안에 최고 수준의 기술이 적용되어야 할 요인이 크다. 4차산업혁명의 주요한 기반 기술들은 금융소비자들의 행동과 선호를 변화시키고 있고, 금융서비스를 제공하는 기업에게는 기회와 위협이 되고 있다.

기술의 발전은 계속해서 경제 성장을 주도하고 금융시장을 변화시키고 있으며, 금융소비자들은 무료 또는 저가 서비스, 보다 우수한 금융상품 및 서비스, 더 많은 선택과 혁신적인 편의로 이러한 성장의 혜택을 얻고 있다. 금융기업들은 더 많은 부분들이 서로 연결되고 소비자들과도 연결됨에 따라 점점 더 정교한 방식으로 데이터를 사용하는 새로운 도구를 개발해내고 있다.[139]

핀테크(FinTech)[140]라는 용어가 대중화되면서 디지털 기술이 금융시장의 낡고 정체된 영업 방식을 타파하는 변혁의 기폭제가 될 것이라 인식되고 있지만, 1930년대에 수기로 기록·관리하던 금융거래에 IBM이 컴퓨터 검증시스템을 도입한 이후 금융기관들은 최신의 혁신 기술을 적극적으로 채택하며 고객과 상호 작용해왔다. 1950년대 신용카드가 만들어지면서 실물경제에서 지폐의 사용이 현격히 줄어들었고[141], 1960년대에 ATM이 도입되었고, 1970년대 컴퓨터의 성능이 향상되어 전자적 증권거래가 이루어졌으며, 1980년대에는 은행거래도 전산화되었다. 1990년대 이후 인터넷의 발달로 디지털 거래가 일반화되었으며, 2000년대에는 온라인 뱅킹이 광범위하게 채택되고, 모바일 기반의 금융거래가 확산되었다. 4차산업혁명과 코로나19의 파도와 함께 금융산업에 인공지능, 비대면, 딥러닝의 패러다임이 일반화되는 것 역시 이 같은 금융산업의 발전역사와 무관하지 않은 것이다.[142]

인공지능은 인간을 위해 스스로 예측, 추천 및 의사결정이 가능한 지점을 목표로 삼는데, 이는 이른바 4Vs의 요건을 갖추고 있는 빅데이터를 기반으로 구현된다.[143] 금융은 통신미디어, 헬스케어 사업 등과 함께 이른바 Data-heavy산업의 대표적인 분야로, 금융분야 데이터를 이용하여, 소비·투자 행태, 위험성향 등 개인의 특성을 반영한 맞춤형 금융상품의 개발이나, 정보통신·위치정보·보건의료 등 다른 산업분야와의 융합이 용이해 데이터의 활용가치가 매우 높다. 최근 인공지능 기술에 대한 투자가 증가하고 방대한 양의 데이터가 축적되고 컴퓨터 기능이 향상되면서 금융산업에서의 인공지능의 활용이 확대되고 있는 것은 이러한 이유 때문이다. 고성능 컴퓨팅 기술의 발전은 새로운 알고리즘 및 분석 툴의 적용을 가능케 하고 있으며, 다양한 기기와 센서 등으로부터 수집한 빅데이터는 분석에 활용될 수 있는 데이터의 범위를 넓히고 인공지능 학습의 효율성을 높여준다. 이러한 인공지능 및 관련 디지털 기술의 혁신은 결과적으로 금융서비스의 고부가가치화에 기여한다. 글로벌 금융기업들은 고객대응, 업무관리, 금융사기 탐지, 실시간 모니터링 및 리스크 관리 등 다양한 분야에서 인공지능을 활용하고 있으며, 국내에서도 그동안 일부 업무 분야에만 제한적으로 도입됐던 인공지능 서비스의 영역이 점차 확장되고 있다.[144] 대부분의 경우 정형데이터(Structured Data)에만 적용 가능한 한계가 있지만 비정형 데이터(Unstructured Data)에 적용이 가능해질 경우 활용영역은 현재보다도 크게 확대될 것이다.

맥킨지(McKinsey)의 최근 조사에서도 금융분야는 타산업에 비해 미래 인공지능 서비스에 대한 수요 및 활용 정도가 가장 높은 분야인 것으로 나타난다. 이는 디지털 기술에 기반한 IT 기업들이 금융산업의 혁신을 주도하는 '테크핀(TechFin)' 시대가 도래하고 있음을 의미하며, 이 과정에서 인공지능 역시 대량의 금융 데이터를 분석하고 활용하는 데 적용될 수 있는 핵심적인 도구로서 향후 비즈니스 모델 혁신을 주도해 나아갈 것으로 기대되고 있다.[145]

하드웨어의 발전은 인공지능 도구의 개발을 상상에서 실현 가능한 영역으로 끌어올리고 있고, 보다 많은 이용자들이 접근할 수 있도록 만들고 있다. 무엇보다 금융산업의 고객이 관련 문제에 대한 더 빠르고 더 나은 해결에 대한 요구가 증가하고 있다는 점은 업계가 인공지능 기술을 적극적으로 채택하여 생산성과 서비스의 질을 높일 수 있는 주요한 요인이 된다. 금융 자동화와 개인화 등 많은 분야에서 컴퓨팅

능력이 향상되는 데에는 인공지능 기술과 인간의 호기심, 산업의 니즈의 세계적 확장에 책임이 있다. 이 추세는 계속될 것이다.

금융분야에서 4차산업혁명은 (1) 맞춤형 금융서비스[146], (2) 금융 플랫폼 구축 경쟁 본격화[147], (3) 신용평가 체계의 고도화[148], (4) 비대면 금융 거래 확대[149], (5) 지급결제 수단의 간편화·다양화[150] 등과 같은 사업분야의 확대를 불러왔다. 인공지능 기술은 활용자산관리(Asset management), 알고리즘 매매(Algorithmic trading), 신용중개(Credit intermediation) 및 블록체인 금융 분야에서 주로 활용되며, 데이터를 기반으로 수천 가지의 시나리오를 설정 및 분석한 후 최적의 수익-위험 비율을 발견하고 이에 투자하도록 하며, 의사결정 및 자료 분석 비용을 현격하게 축소함으로써 금융 활동의 비용을 감소시킨다. 이처럼 인공지능 기술은 빅데이터의 특성과 어우러져 시장참여자들이 방대한 데이터를 이용하게 돕지만, 데이터 자체에 편향성(biased)이 있거나 정확성(veracity)이 부족한 경우, 기존의 시장 리스크와의 불확실성을 증폭하여 금융시장 불안정성을 확대할 가능성(상존 위험 확대 가능성)이 있고, 의사결정에 있어 인과관계 또는 근거를 제공하지 않아(설명성(explainability)부재), 의도치 않은 결과 내지 시장에 부정적 영향을 미치는 상황 발생 시 대응이 어려우며, 인공지능을 활용한 금융의 실적이 저조하거나, 시장 상황이 전반적으로 부진할 경우 결과('what')만 존재하고 근거 또는 논리 ('why' 또는 'how')가 없다는 점에서 어떠한 결과를 초래한 원인 대한 책임성(accountability)에 기반한 금융감독 체계와 양립하지 못한다는 문제(설명성(explainability)) 부족)가 있다. 금융분야에서 활용되는 인공지능은 정보 간 비선형관계(non-linear)분석이 미흡하고 테일 리스크(tail risk)를 반영하지 못하는 경향이 있으며, 복잡다기한 요인에 영향을 받는 금융시장의 속성상 관련 데이터 간 비선형관계를 이루는 경우가 많아 정확한 비선형관계 파악을 위해서는 선형관계보다 더 많은 데이터와 사례가 필요하다는 비판도 제기되고 있다.[151] 무엇보다 인공지능 시스템은 '코로나19 상황'과 같은 예상하기 어려운 변수(극단적인 예외 상황)을 감안하지 못할 가능성이 높아 여러 요인에 의해 영향을 받으며 경제 전반에 큰 영향을 미치는 금융시장에서 널리 활용되기에는 여전히 위험성이 크다.

금융산업에 닥쳐온 4차산업혁명이라는 거대한 파도에 떠밀려 내려가지 않기 위해서는 파도의 결을 정확히 이해해야 한다. 4차산업의 메인스트림이 인공지능에 있는 만큼 금융시장이 파도에 맞서 이겨내기 위해 잡아야 할 키(steer)이자 열쇠(key)는 또한 인공지능 기술의 적절한 활용에 있을 것이다.

나. 금융산업에 활용되는 4차산업혁명 기술

(1) 빅데이터- D&A(Data and Analytics)

금융산업은 태생적으로 데이터를 보유할 수 있는 양과 한도가 많고, 그 축적 속도가 상대적으로 빠르다는 점에서 다른 산업에 비해 빅데이터 기술을 활용하는 데 높은 적합성과 잠재 가치를 가지고 있다.

빅데이터는 금융산업 안에서 ① 수집된 정보를 기반으로 서비스 기능 제고 등의 상품 개발, ② SNS, GPS 등을 활용하여 고객 맞춤형 서비스 및 마케팅 활용, ③ 보험사기, 신용카드 도용 등 금융 관련 부정행위 방지, ④ 새로운 신용평가 모델 개발을 통한 대출 및 카드 발급 평가 정확도 향상, ⑤ 전사적 리스크 관리(ERM, Enterprise Risk Management) 등 다양한 분야에 걸쳐 활용 되며 금융산업 내 4차산업혁명을 이끈 주요 기술로 꼽히고 있다.[152]

(2) 인공지능과 관련기술

골드만삭스(Goldman Sachs)는 '켄쇼'라는 AI 스타트업과 함께 인공지능 시스템 '워런(Warren)'을 만들었다. 워런은 전문 애널리스트 15명이 4주에 할 수 있는 데이터 수집·분석, 미래 시장 예측 등의 작업을 5분 만에 처리할 수 있다고 한다.[153] 금융 분야에도 4차산업혁명 기술이 널리 쓰이면서, 인공지능은 주식, 채권 등 투자영역뿐 아니라 대출 승인, 자산 배분, 금융 컨설팅 등 금융기관의 주요 영업 분야에 대한 인간의 업역을 빠르게 바꿔 나아가고 있다.

〈인공지능의 금융산업 적용 사례〉

활용 분야	기능 및 효과	사례
투자자문/트레이딩	• 경제 및 금융시장 분석 • 알고리즘을 통한 트레이딩	• 첨단기술 기반의 고빈도매매시장에서는 Virtu Financial, XTX Markets 등 소수 대형사가 압도적인 우위를 차지 • 글로벌 금융시장에서 BlackRock의 투자관리 플랫폼 Aladdin에 대한 의존도가 높아짐 • 1만여 개 이상의 헤지펀드 중 약 1,360개 헤지펀드가 컴퓨터 알고리즘 기반 전략을 수행하고 있으며, 이들을 중심으로 AI기술을 통한 혁신 시도가 확산
신용평가	• 대출신청자에 대한 신용도 분석 • 채무불이행 가능성 예측	• 개인 신용평가 모형(CSS) • 대출(여신) 심사에 이용되는 특정 개인이나 기업 신용도를 데이터를 기반으로 추정해 평점화함. • 'AI 평점 대출(AI Score Lending)'이라고 불리기도 한다. • 케이뱅크, 카카오뱅크, 토스뱅크 등 인터넷은행은 인공지능 신용평가를 활용해 중·저신용자 포용 정책을 펴고 있음.
개인금융 비서	• 개인화된 금융비서 기능 • 송금, 잔액 확인 등의 뱅킹 업무	• IBK 목소리로 본인인증 서비스 • 신한은행, 24시간 가능한 안면인증 • NH투자증권 카카오페이 인증 도입 • ○○페이 등 진화하는 간편결제 시장 • KT의 B2B전용 서비스인 '에스크아바타'
이상금융거래탐지(FDS)	• 사기거래 탐지	• 신한카드: 이상금융거래탐지시스템(FDS, Fraud Detection System)에 인공지능(AI, Artificial Intelligence) 기술 접목을 통해 올 한해 동안 보이스피싱 사고예방 건수와 금액에 괄목할만한 성과를 이룩. • NH농협카드: FDS(이상금융거래탐지시스템) 고도화 프로젝트를 완료해 보이스피싱 스코어모형 등을 개발해 모니터링 환경을 새롭게 구성. • 우리카드: AI기반 악성앱 탐지솔루션 '페이크 파인더' 도입. • KB국민카드: 이미 IT 운영에 대한 정보보호 관리체계 인증(ISMS)을 취득한 데 이어 금융보안원으로부터 온라인 서비스 영역에 대한 정보보호 및 개인정보보호 관리체계(ISMS-P) 인증을 취득했다.
챗봇	• 고객 편의에 맞는 상담 및 정보제공	• NH농협은행의 금융봇, 신한은행의 인공지능 금융상다봇, 우리은행의 챗봇 헬프데스크, 신한카드의 판(FAN), 라이나생명의 챗봇 등 금융상품 안내, 이벤트 안내, 자주묻는 질문 등에 챗봇을 적극적으로 이용.

이미 해외의 금융사들은 인공지능을 적극적으로 도입하여 사업의 활로를 모색하고 새로운 기회를 창출고 있다. 씨티그룹은 IBM의 인공지능 '왓슨'을 도입하여 신용평가에 활용하고 있으며, 일본의 미쓰비시도쿄UFJ은행은 20개 언어를 구사하고 인간의 감정을 분석할 수 있는 인공지능 로봇 '나오'를 통해 안내, 환전, 송금 등에 활용하고 있다. 중국 텐센트의 위뱅크는 인공지능을 통해 대출 심사를 2.4초 만에 마무리하고 40초 안에 통장으로 돈이 들어가는 서비스를 제공하고 있다.[154]

금융분야에서 인공지능은 투자자문과 트레이딩, 신용평가, 개인금융 비서, 이상금융거래 탐지(Fraud Detection System; FDS), 챗봇 등 다양한 분야에서 활용되고 있다. 인공지능은 기존 인력을 대체하고 전환하는 등의 비용 절감뿐 아니라 업무 생산성 증대, 리스크 통제, 맞춤 서비스, 신규 상품 및 서비스 모델 개발 등과 같이 금융 생태계 전반에 진보를 가져올 기술로 환영받고 있다. 점차 딥러닝 기술이 고도화되면 언더라이팅(Underwriting)[155] 검수, 무인 민원센터(콜센터) 등에도 지식기반의 인공지능 서비스가 이루어질 것이다.

한편, 인공지능 기술은 빅데이터 기술과 결합되어 전문적인 지식 없이도 데이터 분석 및 활용이 가능하도록 하는 '데이터 증강분석(Augmented Data Analytics)' 분야를 개척하고 있다. 가트너는 인공지능을 활용한 데이터 분석의 자동화와 이를 통해 시민데이터 과학자(Citizen data Scientist)[156]가 증가할 것으로 예측하며 이 개념을 제시하기도 했다.[157] 데이터 증강분석 개념이 적용된 도구들은 IT기술에 익숙하지 않은 현업 직원도 활용하기 용이하며 보도 효율적인 결과를 도출하는 성능을 보여주고 있다. 인공지능의 적용으로 분석과정의 자동화를 이룬 솔루션이 늘어나 데이터 분석의 주체가 IT부서에서 현업부서로 전환되는 움직임이 가속화될 것이고, 금융권에서는 증가하는 비정형데이터를 활용하기 위해 자동화된 데이터 분석 기술의 사용이 활발해지며 구체적인 효과도 거둘 것으로 예상된다. 또한 데이터 활용 중요성이 높아짐에 따라 최고데이터 책임자(CDO)의 임명도 확산될 것으로 보인다.

데이터 분석이 점차 자동화됨에 따라 현업에서도 전문적인 지식 없이 데이터 분석 및 활용을 할 수 있으며, 빠른 결과 도출이 가능하므로 결과의 활용에 보다 집중해야 하고, 금융정보 활용을 촉진하는 정부정책 등을 고려하여 양질의 데이터 확보를 위한 전략과 기술을 검토하고, 시간 집약적인 업무부터 데이터 분석 자동화를 적용할 필요가 있다.[158]

인공지능과 관련한 기술로 머신러닝(machine learning, 기계학습)과 딥러닝(deep learning, 심층학습), 인공신경망(artificial neural network)이 있다. 이 네 가지 기술의 관련성을 표현하면 인공지능⊃머신러닝⊃인공신경망⊃딥러닝으로 포괄할 수 있다. 인공지능이 인간의 지능을 컴퓨터로 구현하는 기술이라고 한다면 머신러닝은 기본적인 규칙만 주어진 상태에서 입력받은 정보와 데이터를 활용해 인공지능을 구현하는(스스로 학습하는) 구체적인 접근방식이다. 인공신경망은 인간의 뉴런 구조를 본 떠 만든 기계학습모델이며, 딥러닝은 입력과 출력 사이에 있는 인공뉴런들을 여러 개 층층히 쌓고 연결한 인공신경망 기법을 주로 다룬다. 즉, 합성곱 신경망(Convolution Neural Network, CNN), 심층신경망(Deep Neural Network, DNN) 순환 신경망(Recurrent Neural Network, RNN) 등과 같은 인공신경망(Artificial Neural Network, ANN)을 이용해 스스로 분석한 후 답을 내는 방식이다.[159] 한편, 인지 컴퓨팅(cognitive computing)은 기계학습을 이용하여 특정한 인지적 과제를 해결할 수 있는 프로그램 또는 솔루션을 말하고, 뉴로모픽 컴퓨팅(neuromorphic computing)은 인공신경망을 하드웨어적으로 구현한 것이다.

(a) 머신러닝(기계학습)

머신러닝은 약한 인공지능을 구현하기 위하여 쓰인다. 머신러닝이란 '컴퓨터에 데이터를 주고 패턴을 찾아내게 하는 방법'으로 미국에서 컴퓨터 게임과 인공지능 분야를 개척했던 아서 새뮤얼(Arther Samuel)이 "컴퓨터에 명시적인 프로그램 없이 배울 수 있는 능력을 부여하는 연구 분야"라고 정의하면서 최초로 사용되었다. 최초로 등장했을 때는 데이터의 부족 및 활용 분야에 대한 정보 부족 등의 문제로 활발히 사용되지 못했고 2000년대 중반 들어서 활용되기 시작했다.

머신러닝은 학습데이터의 유무에 따라 크게 지도학습과 비지도 학습으로 나눌 수 있다. 가령 호랑이 사진을 수천 장 학습시키고 무작위 사진 수만장을 제시해 호랑이 사진만 분류하게 하는 것이 지도학습에 속한다. 그에 비해 비지도 학습에서는 학습데이터를 사용하지 않은 상태에서 무작위로 사진 수만 장을 제시해 특징이 비슷한 사진(사람, 호랑이)끼리 군집화하게 한다.

(b) 딥러닝

딥러닝은 인간의 두뇌를 모방한 심층 신경망을 이용하여 최적의 결론을 도출한다. 인간이 데이터를 분류해서 전달해주는 작업이 생략되고 스스로 다양한 데이터를 분류하여 같은 집합들끼리 묶은 뒤, 층을 겹겹이 쌓아 신경망을 구축하며, 층을 지닐수록 필터링을 통해 유용한 정보만 걸러낸다. 즉, 컴퓨터에서 스스로 다양한 호랑이 사진을 찾아보고 호랑이에 대해 학습한 뒤 새로운 호랑이를 봤을 때 '호랑이'라고 인식하게 되는 것이다.

딥러닝은 많은 양의 데이터에 대한 계산 처리를 위해 연산 능력이 높은 그래픽 처리장치(Graphics Processing Unit, GPU) 등의 하드웨어가 필요하다. 따라서 하드웨어의 성능이 뛰어나고 데이터양이 많은 경우에는 딥러닝을, 그렇지 않은 경우에는 머신러닝을 도입하는 것이 적절하다.

(3) 블록체인

블록체인(blockchain) 기술은 분산 컴퓨팅 기술 기반의 데이터 위변조 방지기술이다. 2008년 금융위기와 2013년 스노든 사태(NSA 도청 파문)[160]로 제도권에 대한 불신이 촉발되면서 급속도로 확산되었다. 이는 탈중앙형 프로토콜로서, 정부나 은행처럼 신뢰할 만한 제3자를 배제한 경제적 인센티브 기반의 합의모델이라 불린다. 블록체인 기술은 작동원리가 매우 간단하다. 참여자들이 분산되어 있는 장부를 공유하는 것이다.[161] 블록체인에 참여한 모든 구성원이 네트워크를 통해 서로 데이터를 검증하고 저장함으로써 특정인의 임의적인 조작이 어렵도록 설계된 저장 플랫폼이라 할 수 있다.[162] P2P 방식을 기반으로 작은 규모의 데이터들이 체인 형태로 연결되어 만들어진 '블록'이라는 분산 데이터 저장 환경에 관리 대상 데이터를 저장함으로써 누구도 임의로 수정할 수 없고 누구나 변경의 결과를 열람할 수 있게 만든 것이다. 기존의 전자화폐가 중앙 서버에 거래 기록을 보관했다면, 블록체인은 모든 사용자에게 거래 기록을 공유함으로써 위조를 막는다.

다양한 산업 분야에서 블록체인 도입에 관한 검토가 논의되고 있지만, 금융산업에서는 자금조달, 디지털 ID, 인증, 간편결제, 송금, 비상장 주식 투자 등에서 블록체인 기술을 활용하기 위한 시도가 지속되고 있다. 골드만삭스는 2015년 세틀코인(SETLcoin)이란 이름의 가상통화를 개발하였고, 스탠다드차타드, 바클레이즈, HSBC 등은 블록체인을 이용한 무역 거래 시스템을 도입하였으며, 미국 최대 은행 중 하나인 뱅크오브아메리카(BoA)와 마스터카드, BNP, ING 등이 블록체인 컨소시엄 '마르코폴로'에 합류했으며, JP모건이 주도하는 블록체인 네트워크 'IIN'에는 독일 도이치방크 등이 포함돼 있다.

스페인의 방코산탄데르는 이더리움을 통해 자체 블록시스템을 구축했으며, 싱가포르개발은행(DBS)은 최근 '롱-이 리안(Rong-E Lian)'이라는 블록체인 무역금융 플랫폼을 개발했다. 달러 기반 자체 스테이블코인 개발에 나선 은행도 등장했는데, 미국 4대 은행인 웰스파고는 '웰코인(Wellcoin)'이라는 스테이블코인 파일럿 테스트를 진행하고 있다. JP모건은 미국 주요 은행 중 최초로 자체 암호화폐를 출시했다. 코인명은 JPM코인이며, 미국 달러와 1:1 교환 가치를 지닌 기관 투자자용 스테이블코인이라고 한다.[163]

활용 분야	기능 및 예상 효과
인증	별도의 공인인증기관 없이도 간편하고 안전한 대체 인증수단 제공
결제 및 송금	소액 결제 및 해외 송금서비스의 보안성 제고 및 수수료 비용 절감
증권 거래	통화, 장외주식, 파생상품 등의 매수·매도에 소요되는 거래 시간을 획기적으로 단축
스마트 계약	조건에 의해 거래가 자동으로 성립됨에 따라 중간 관리자에 의한 사기·위조 방지
대출·투자·무역거래	• 중개자를 배제한 비대면 P2P 대출서비스 • 크라우드 펀딩을 통해 소액자금 조달/투자 • 송장 정보 공유를 통한 송장 사기 방지

(4) 생체인증기술

코로나19 사태와 핀테크의 확산으로 금융권의 비대면 거래가 확산되고 있다. 스마트폰이 보편화되면서 모바일뱅킹 등 금융업무에 지문인식과 같은 생체인증기술을 사용하는 일도 흔해졌다. 생체인증기술은 금융분야에서 두루 사용되었던 패스워드, OTP, 보안카드, 공인인증서와 같은 본인인증수단을 빠르게 대체하고 있다.

생체인증기술(Fast Idenity Online: FIDO)이란 인간의 생리학적 또는 행동상의 특성을 기반으로 개개인만의 독특한 특징을 본인확인을 위한 측정단위로 활용하는 기술로, 인간의 생체적 특징을 자동화된 장치를 거쳐 신원확인에 이용하는 기술이다. 생체인증기술은 인식되는 사람이 인식 시점에 실제로 존재해야 하고 아울러 패스워드를 기억하거나 토큰을 가지고 다녀야 하는 필요성을 없애주기 때문에 기존의 패스워드나 비밀번호를 이용한 신원확인 방법보다 더 안전하고 편리한 장점이 있다. 생체인증기술에는 지문, 얼굴, 홍채, 정맥, 음성을 이용하는 인증기술이 있다.[164] 생체인증수단은 생체의 고유정보를 이용하는 만큼 ① 보편성, ② 유일성, ③ 지속성, ④ 수집성, ⑤ 성능, ⑥ 수용성, ⑦ 위변조방지 등의 특성을 보유해야 한다.

굴지의 기업들이 생체인증을 경쟁적으로 도입하고 있다. 세계 최대의 전자상거래업체인 아마존은 손바닥 생체인증기술을 도입해 특허를 획득했다. 손바닥을 단말기 스캐너 위에 대면 주름과 정맥의 형태를 세밀하게 대조해 신원을 구분하고 결제까지 한 번에 이뤄진다. 비자카드는 80개국, 30억 장의 신용카드를 지문카드로 전환하는 대형 사업을 추진한다. 프랑스의 대형마트 까르푸도 지문결제를 적용한 시범매장을 조만간 선보일 예정이다. 국제전기통신연합(ITU)은 유엔 회원국들에 생체출입증을 발급하는 준비에 들어갔고, 영국 정부는 국경통제 수단으로 생체인증 전자 여행허가 시스템을 계획하고 있다. 중앙아프리카공화국과 적도 기니는 생체 전자주민증 도입을 추진 중이다.[165] 델타항공은 얼굴인식 기능이 탑재된 셀프 체크인 키오스크를 운영 중이며, 인도 정부는 생체인식 신분증 발급을 위한 'Aadharr' 프로젝트를 진행하고 있다.

금융권에서는 전자상거래 및 ATM, 금융기관 영업점에서, 거래 당사자가 본인

생체정보의 분류		인식원리	장점
신체적	지문	개인의 지문 특성을 DB와 비교	편리하고 안전 위조 불가능
	홍채	망막 모세혈관 분포 패턴 분석 홍채 무늬·형태·색깔 분석	낮은 오(誤)인식률 고도의 보안성 위조 불가능 분실위험 없음
	얼굴	얼굴 요소의 특징 분석 눈, 코, 입의 거리/ 얼굴의 열상/ 3차 원 얼굴 영상 분석	위생적(비접촉식)이며 편리 시스템 비용 저렴
	정맥	혈관 패턴의 특징을 파악 비교	편리 복제 불가능
행동적	음성	음성 특징을 DB와 대조해 개인 인증	편리 원격이용 가능
	서명	서명 과정 특징 분석 (펜의 움직임· 속도·압력)	분실·도난위험 없음

임을 확인하기 위해 생체인증기술을 활용하고 있다. 일본 미쓰비시도쿄UFJ은행에서는 전국 ATM에 이미 '손바닥 정맥'을 활용한 본인 인증을 확산시켰고, 영국 바클레이즈 은행은 '손가락 정맥'을 인증수단으로 상용화했다. 미국 US 뱅크와 호주의 BNZ 은행은 모바일뱅킹 앱에서 고객 본인의 음성 인증을 실시하고 있다.[166]

(5) 사물인터넷

사물인터넷(Internet of Things: IoT)은 기기 및 사물에 통신 모듈을 탑재하여 네트워크로 연결함으로써 사람과 사물, 공간 등 모든 것(Things)이 상호 소통으로 정보를 수집·생성·공유·활용하는 지능형 네크워크 기술을 의미한다.[167] 사물인터넷의 기술 구성요소는 크게 ① 센싱 기술, ② 서비스 인터페이스 기술, ③ 통신 및 네트워크 기술로 분류할 수 있다. 센싱 기술은 센서로부터 수집한 정보를 처리 또는 보관하거나 해당 정보를 가공·활용하여 서비스로 구현하기 위한 구성요소이다. 서비스 인터페이스 기술은 정보의 저장, 처리, 추출, 가공뿐만 아니라 상황인식, 보안 기능 등 사물인터넷 서비스를 제공하기 위해 필요한 다양한 인터페이스를 플랫폼 등으로 제공하는 기술 요소를 의미한다. 마지막으로 통신 및 네트워크 기술은 사물들의 네트워크 종단 간(End to End)에 정보를 교환할 수 있는 통신 기술요소이다.[168]

IoT는 제조, 헬스케어 등 여러 분야에서 사용되고 부가가치를 창출할 것으로 보이지만, 특히 금융업권 전반에도 큰 변혁을 예고하고 있다. 보험 강국인 이탈리아의 보험사 제네랄리세구로(Generali Seguros)는 통신회사 텔레포니카(Telefonica)와 함께 IoT 기술을 활용한 운전자의 습관을 측정, 분석해 보험료를 차등화하는 자동차 보험 상품을 개발하기도 했다. 이후 미국, 영국, EU 주요국 보험업계에는 운전습관 연계 보험(UBI) 상품이 빠른 속도로 도입되었고, 최근에는 국내 보험업계도 이동통신업계와 연계하여 UBI 상품을 공동개발, 출시한 바 있다.[169]

국내에서는 동부화재가 내비게이션 앱(T map)을 연계한 안전운전 특약을 출시했고(2016년 4월), 흥국화재가 사물인터넷과 빅데이터 분석을 결합한 보험상품을 출시했으며, 우리은행은 비콘을 이용해 영업점을 방문하는 고객의 스마트폰으로 은행거래에 필요한 컨텐츠를 제공하는 '우리비콘 서비스'를 내놓았다.

딜로이트(Deloitte)는 2013년에는 사물인터넷에 연결된 사물들의 약 25%, 2015년에는 약 33%가 금융분야에 활용되고, 2020년에는 그 비율이 50% 이상 상승할 것으로 예측한 바 있다. 2020년의 금융회사들은 사물인터넷 환경의 절반 이상의 사물들로부터 수집되는 정보들을 활용하여 수익 창출 및 신규 서비스 개발 등이 가능한 것이다. 액센츄어(Accenture)는 가까운 미래에 사물인터넷이 금융분야로 확산되어 금융회사를 이용하는 고객들의 생활에 자연스럽게 동화될 것으로 예상하고 있으며, 고객들 또한 언제, 어디서, 어떻게 그들이 원하는 서비스를 받을 수 있을지 잘 알고 있을 것으로 보고 있다. 이러한 환경에서 금융회사는 사물인터넷으로부터 수집한 정보들을 활용하여 자신들의 고객을 보다 더 잘 이해할 수 있도록 끊임없이 노력해야 하며, 결국엔 금융회사의 이러한 노력이 고객의 삶을 변화시킬 것으로 보고 있다. 이처럼 금융산업에 특화된 사물인터넷 환경을 'Bank of Things'라고 한다.[170]

Bank of Things 환경에서의 금융회사는 다양한 사물로부터 수집한 정보를 이용하여 고객의 금융·비금융 관련 니즈에 만족할 수 있는 개인 맞춤형 조언을 제공(advice pro vider)하게 될 것이며, 타 업종과 파트너십을 맺어 특정 고객에게 가치 있는 정보를 제공(value aggregator)하게 될 것이다. 또한 고객을 다른 서비스 제공자와 연결(access fa cilitator)해줌으로써 고객의 삶을 변화시킬 것이다.[171]

다. 4차산업혁명이 가져온 금융산업의 변화

금융산업은 본질적으로 데이터를 사용하는 산업이고 (잠재적) 고객에 대한 분석과 이용자 확보(User acquisition), 금융상품의 권유와 넛징(nudging), 심사와 금융조건의 결정, 실행과 사후 리스크 관리, 추심과 부실채권의 관리에 이르기까지 금융상품의 라이프사이클에서 데이터 분석이 개입되지 않는 경우는 없다고 봐도 무방하다. 인공지능을 비롯한 자동화된 알고리즘의 개발과 적용은 사실 그 어떤 사업보다도 금융산업의 혁신에 필수적이다.[172] 인공지능에 기반한 챗봇(Chatbot)은 금융산업 내 주요 상담들을 대체하고 있고, Digitalization으로 비대면 서비스가 아날로그식 서비스를 밀어낼 것이다. 다양한 생체인식기술들이 고도화되면서 실명 확인이 손쉬워지고, 비대면 금융 거래가 확대될 것이다.[173]

국내외 선도적 금융기업들은 비대면 금융거래를 확대하기 위한 움직임이 분주해 보인다. 계좌 개설은 물론이고, 신용대출 신청, 해외 송금 등 다양한 금융 서비스에 걸쳐서 비대면 서비스를 요구하고 있다. 비대면 서비스에 대한 요구가 뚜렷해지면서 이러한 트렌드에 적극적으로 다가가는 금융사는 경쟁력을 확보하고, 그렇지 않은 기업은 경쟁력을 잃게 된다. 비대면 서비스를 확대하기 위한 제도적 지원과 핀테크 기술을 적극적으로 활용해 비대면 금융 서비스를 선호하는 소비자들을 적극적으로 유인할 필요가 있다. 분야별로는 부정거래 검사와 신용심사 등과 같은 자료 분석, 고객 대응 등의 일부를 자동화한 챗봇(chatbot), 사무 작업을 대체한 로보틱 프로세스 자동화(Robotic Process Automation: RPA) 등에서 활발하다. 금융기관에서는 AI의 적극적인 활용으로 경영관리를 고도화·효율화함으로써 비교우위를 강화하고자 하고 있으며, 이는 금융업계의 구도 변화로 연결될 가능성이 있다.[174] 특히 ICT 진전은 로봇거래(robotic trading) 내지는 로보어드바이저(robo-advisor), 크라우드펀딩 플랫폼(crowdfunding platforms), 가상통화(virtual currency), 빅데이터(big data) 등을 확산시키고 있다. 이와 같이 모바일, SNS 등 ICT 기반의 다양한 서비스기법과 금융이 결합된 이른바 핀테크(FinTech)가 금융거래분야에서 혁신을 가속화시키고 있다.[175]

자산운용/관리 분야에서는 알고리즘과 빅데이터를 활용한 로보어드바이저가 낮은 수수료를 바탕으로 미국을 중심으로 빠르게 성장 중이다. 전 세계적으로는 2023년에 로보어드바이저 시장 규모가 2조 5,523억 달러가 될 것으로 전망하고 있다. 2020년 상위 5개의 로보어드바이저 기업들은 규모의 경제를 달성할 수 있는 운영 자산을 이미 확보한 것으로 평가되고 있다.[176] 일본 미즈호(Mizuho) 은행과 BTMU(Bank of Tokyo-Mitsubishi) 은행 등은 언어와 감정 인식능력을 갖춘 로봇을 고객 응대에 이미 활용하고 있다. 미국 Sterling Bank & Trust 또한 로봇을 안내원으로 배치했다. 금융 보고서 작성에도 AI를 활용하는 사례가 증가하고 있으며, Narrative Science, Automated Insights 등은 데이터 분석을 기반으로 한 보고서 발간 서비스 제공 중이다.[177] 로보어드바이저 등 인공지능을 활용한 금융상품의 가입은 상대적으로 변화에 쉽게 적응하는 젊은 세대를 중심으로 빠르게 진행될 것으로 예상된다.

금융권에서 보편적인 서비스로 자리잡은 'AI 챗봇'은 시나리오 기반의 단순 응답 서비스에서 스스로 생각하고 답을 내릴 정도로 발전했다.[178] 우리은행은 2017년 9월 인공지능 기술을 적용한 챗봇 서비스 '위비봇'을 출시하였고, 환전, 일반 상식 등 자동 응답서비스, 보안카드 분실 대처 방안 등 단순 상담업무 서비스까지 처리하고 있다. 하나은행도 SK텔레콤과 인공지능에 금융을 결합한 챗봇 '핀고'를 개발했다. 신한은행은 2018년에 자연언어이해(Natural Language Understanding, NLU), 딥러닝 기술을 활용해 '쏠메이트'라는 이름의 챗봇을 출시했다. 수천 명에 달하는 금융 콜센터 인력을 대체하기 위한 움직임에서 시작된 인공지능이 빠르게 상용화되어 단순 질문에 응답하는 수준을 넘어 일반 상식, 외환서비스에 고객 맞춤으로 특화된 개인재무 상담 역할을 AI가 대신하는 고난도 작업까지 병행하고 있는 것이다.[179]

이 외에도 금융권은 신용평가, 이상거래탐지, 내부통제 등에 인공지능을 활용하고 있다. 신한은행은 2019년 직원용 챗봇 'AI몰리'에 RPA(로보틱 처리 자동화·Robotic Process Automation)를 결합, 기업 재무제표 입력 자동화 프로세스를 가동했다. 은행 영업점 직원이 사업자번호, 재무제표 발급번호를 몰리에 입력하면 로봇이 국세청 정보를 조회해 자료를 자동으로 입력해주는 방식이다. 종전에는 사람이 일일이 해당 자료를 찾아 입력해야 했지만 인공지능이 이를 대체해 준 것이다.

또한 BNK경남은행은 인공지능 OCR(광학문자인식) 기반 신용평가 통합관리 체계를 구축하고 2021년 8월 이 기술을 활용해 담보가치를 자동으로 평가하고 있다. 종이로 된 재무자료를 디지털 데이터로 전환해 정합성을 자동 검증 후 적재하는 방식이다. 이뿐 아니라 내부통제에도 인공지능이 활용되고 있다. 농협은행의 '투자상품 불완전판매 점검 고도화 프로젝트'는 인공지능 기반 자동화 로봇이 매일 전국 영업점에서 발생하는 수천 건의 투자상품 거래신청서를 점검해 불완전판매 사후관리에 활용된다. 전북은행은 여신취급 과정에서 발생하는 반복적이고 고질적인 위법 부당사항을 분석해 진단하는 내부통제 자가진단시스템에 인공지능을 도입했다. 인공지능이 불건전·불공정 영업행위를 인지토록 하는 시스템이다. 소매금융 분야에서는 개인의 신용등급, 직장 등의 정보를 바탕으로 대출한도와 금리를 안내해 주는 서비스가 자리잡은 가운데 부동산 금융까지 인공지능 적용이 확대되는 모습이다.

IBK기업은행은 최근 'AI 부동산 자동심사 시스템'을 도입해 부동산 담보대출 가능 금액을 심사토록 했다. 이 시스템은 국토부, 법원, 국토정보공사 등에서 수집한 공공데이터를 인공지능이 분석한 이후 서류발급, 권리분석, 규정검토까지 수행해 대출가능 여부, 금액 등을 자동으로 심사한다. KB국민은행은 은행의 인사에 인공지능을 도입하는 파격적인 실험에 나서기도 했다. KB국민은행은 올해 상반기 정기 인사에 인공지능 알고리즘을 적용했다. 인공지능이 각 영업점이 필요한 근무인원, 직원들의 출퇴근 거리, 경력, 자격증 등을 고려해 적합한 근무지를 적용한 새로운 시도였다.

　2020년 말까지 5대 은행이 로봇을 활용해 대체한 단순 은행 업무는 평균 46개였지만 2021년 6월 기준 86개로 늘었다고 한다. 은행권에 '로봇 바람'이 분 것 2018년 당시 대부분 은행은 후선 부서에서 RPA 시스템을 시범 운영했다. 전국 점포에서 보내온 대출 기업의 휴폐업 현황 등 단순 정보를 본점에서 모을 때 로봇을 이용했다. 2019년부터는 본점 일선 부서와 일부 영업점에서 로봇을 활용했다. 2020년부터는 로봇이 관여하는 분야가 훨씬 다양해졌다. 수치 등 단순 정보를 모으는 것에서 나아가 자동으로 수치를 분류하는 역할을 한다. 이미지 등 아날로그 정보를 디지털로 변환하기도 한다. 은행이 인공지능·머신러닝 기술을 업무에 접목시키기 위해 노력한 결과다.

　대표적인 사례가 국민은행과 신한은행이 구현한 급여이체 등록 기능이다. 국민은행의 경우 거래업체가 각자의 형식으로 보낸 급여이체 요청 파일을 로봇이 스스로 표준화한 틀에 맞춰 재정리한다. 신한은행은 AI-OCR(인공지능 문자판독) 기술로 고객이 신청한 급여이체 신청 서류를 디지털로 바꾼다. 기존엔 영업점 직원들이 손으로 써 가면서 해야 했던 작업이다.

　로봇은 대출(여신) 심사를 하기도 한다. 국민은행에선 로봇이 1차적으로 SOHO(개인사업자) 여신 신용도를 점검한다. 연체 이력, 다중채무 여부 등 정보를 수집·분류해 담당자에게 전달한다. 농협은행은 2021년 하반기에 기업여신 간편 로봇심사 시스템을 도입했다. 우리은행은 가계여신 담보 재평가·생활안정자금목적 주택담보대출 사후관리 등에 로봇을 쓴다. 하나은행도 대출 연장 시 부동산 등 담보 점검을 로봇에게 맡기고 있다.

　로봇의 쓰임새도 달라졌다. 기존에는 반복 업무를 없애는 데 방점을 찍었다면, 최근엔 은행원의 실수 등 '휴먼 리스크'를 해소하는 데 초점을 맞추고 있다. 농협은행은 지난해부터 펀드 신규 신청시 불완전판매를 방지하는 업무에 로봇을 썼다. 펀드 가입 시 고객이 필수 기입해야 하는 86개 항목에 체크 표시는 제대로 돼 있는지 등 누락 여부를 확인한다. 탐지 정확도는 당연히 올라갈 수밖에 없다. 하나은행은 로봇이 의심거래보고(STR) 점검 기초 데이터를 추출하도록 했다. 각 영업점의 STR 점검 대상 고객의 데이터를 로봇이 모아 분류한 후 준법지원시스템에 직접 업로드한다. 우리은행은 올해 하반기에 로봇을 통해 내부통제를 강화할 수 있는 기능을 개발한다.

로봇을 제대로 다루기 위해 은행원들을 위한 소프트웨어도 업그레이드하고 있다. 신한은행은 직원용 챗봇인 'A.I몰리'에 RPA 시스템을 탑재했다. 국민은행은 현장에서 업무를 수행하는 개별 행원들이 직접 로봇 이용 분야를 제안하고, RPA 소프트웨어를 개발하도록 지원한다.이달 중 RPA 소프트웨어 개발 교육을 추진하고, 9월부터 두 달간 개발 경진대회도 연다. 이처럼 금융기관이 RPA를 고도화하고 인공지능 기술을 도입하는 이유는 결국 생산성을 향상하기 위함이다. 향후 전통적인 은행의 기본 업무를 완전히 로봇이 대체하면 대부분의 은행 인력은 IB(기업금융) 등 신사업 분야나 금융 상품·서비스 개발 등을 담당할 것이다.[180]

(1) 맞춤형 금융서비스

(a) 개요

금융분야에서 4차산업혁명기술(인공지능, 빅데이터, 클라우드, 블록체인 기술 등)을 적극적으로 도입함으로써 금융소비자들의 선택폭을 넓히고, 개인별로 맞춤형의 서비스를 제공할 수 있게 되었다. 신기술의 도입은 금융기관의 위험 평가 및 관리 능력을 제고시켜 다품종·소량의 고객 맞춤형 상품 개발을 촉진할 것이다. 또한 적정한 위험 프리미엄을 받으면서 해당 위험을 부담할 의사가 있는 다수의 소액 투자자를 유치하는 것도 용이해져 기존보다 혁신적인 금융상품이 만들어질 것이다.[181]

(b) 사례

맞춤형 금융서비스의 사례는 보험산업에서 쉽게 찾아볼 수 있다. 미국의 자동차 보험회사 프로그레시브(Progressive)는 차량 운행기록 장치인 '스냅샷(Snapshot)'을 통해 고객 맞춤형 보험서비스를 제공하고 있다. 보험사는 보험가입자가 차량에 장착한 스냅샷을 통해 자동차의 주행거리는 물론 주행속도, 급가속·급제동 여부 등

운전자의 운전 성향에 관한 정보를 수집한다. 여기에 빅데이터 기술을 이용해 수집한 정보를 분석하고 개별 가입자의 위험에 따라 차별적인 보험료를 책정함으로써 보험가입자의 만족과 보험사의 수익성 제고를 동시에 달성하고 있다. 자본조달 시장에서도 맞춤형 금융서비스가 활성화되고 있는데, 영국의 크라우드 큐브(CrowdCube)는 투자 기간, 지분 비율, 보상 조건 등을 투자자가 원하는 방식으로 다양하게 설계할 수 있는 맞춤형 크라우드펀딩 서비스를 제공하고 있다.[182]

국내에서도 개인 맞춤형 보험회사가 등장하고 있다. 보험설계사를 중심으로 한 기존의 보험 가입 방식에서 온라인을 통해 개인이 원하는 수준의 보장을 손쉽게 조절할 수 있는 방식으로 보험 가입 방식이 바뀌고 있다. 보험 핀테크 기업 레드벨벳벤처스는 비즈니스 정보 제공 전문기업인 쿠콘(Coocon)과의 기술 협력을 통해 통합 보험관리 애플리케이션 '보맵(Bomapp)'을 출시했다. 보맵은 스크래핑 기술을 활용하여 휴대전화 인증 한 번으로 가입 고객의 보험 정보를 쉽게 확인할 수 있으며, 보험금 청구, 담당 설계사 도움 요청, 자동차 사고 시 긴급 출동서비스 등 고객 맞춤형 서비스를 제공 하고 있다. 또 다른 스타트업인 아이지넷(Aiji Net)은 온·오프라인 연계(O2O) 서비스 '마이리얼플랜(Myreal plan)'을 제공하고 있다. 마이리얼플랜은 보험가입을 원하지만 정보가 부족한 고객과 신규 고객 확보를 원하는 보험설계사를 이어주는 보험중개 서비스이다. 다수의 보험설계사가 제출한 가입 설계서가 보험 분석 시스템을 거쳐 고객에게 전달되고, 고객이 생년월일, 성별, 소득 수준, 보장 수준, 보장 기간 등의 정보를 입력하면 자신에게 맞는 보험상품을 추천받을 수 있다.[183]

(2) 금융 플랫폼 구축 경쟁 본격화

(a) 개요

핀테크 스타트업, ICT 기업은 더 빠르고 편리한 금융서비스를 원하는 소비자의 요구에 민첩하게 대응하면서 전통적인 금융업에서 금융서비스 부분을 해체(Unbundling)하고 있다. 이러한 해체 현상은 지급결제, 송금, 대출, 자산관리 등 다

<금융분야의 비즈니스 모델 변화>

Traditional Banking	Digital Banking	Open Banking
• 근무시간 내 서비스 제공 • 기존 운영모델의 최적화	• 디지털 채널을 통해 서비스 최대화 • 새로운 운영모델 개발에 집중	• 오픈 플랫폼 • 분권화, 세분화, 모듈화, 고객 맞춤화 • 새로운 아이디어와 기술을 가진 핀테크 기업과의 협업 중요

양한 금융서비스 분야에서 이루어지고 있으며, 그 영역은 점차 확대되고 있다. 기존 금융기관들이 인력과 자본을 투입하여 수행했던 금융서비스의 영역은 이제 네트워크에 기반한 정보통신기술을 통해 대신할 수 있게 되었다.

금융서비스의 제공이 금융기관의 독점적인 영역을 벗어나게 됨에 따라 금융업에서도 플랫폼의 중요성이 커지고 있다. 특히, 비대면 인증 수단의 도입은 더 이상 금융소비자가 금융기관을 방문하지 않고도 금융 플랫폼을 통해 모든 금융거래를 가능하게 만들고 있다. 금융 플랫폼은 금융거래를 위한 단순한 채널의 역할을 넘어 고객의 자산관리, 일정관리 등 금융소비자에게 필요한 모든 서비스를 종합적으로 제공하는 통로 역할을 할 것이다.[184]

(b) 사례

TD Bank는 캐나다의 초대형 은행으로, 본래 개인자산관리 서비스를 제공하지 않았지만 소비자들이 금융 플랫폼에 대한 의존도가 높아지고, 자산관리 서비스 수요가 확대되는 트렌드에 대응하기 위해, TD-Moven alliance를 출시했다. TD Bank는 예산을 짜기를 싫어하고, 자산관리에 투자할 시간이 부족한 소비자들에게, 이들의 돈을 더 잘 관리하기 위한 플랫폼을 제공한 것이다.[185]

국내 금융산업에서도 플랫폼 경쟁이 치열하다. NH농협은행은 특히 전 계열사를 통합한 오픈 플랫폼을 개발하여 업계의 주목을 받고 있다. NH농협은행은 2016년 8월 모바일뱅크 플랫폼 '올원(All-One) 뱅크'를 출시했다. '올원뱅크'는 고객 중

<국내 금융권 모바일 플랫폼 경쟁>

구분	모바일 플랫폼	특징
신한은행	써니뱅크	중금리 대출, 자동차금융 등 특화 상품에 집중
우리은행	위비뱅크	메신저, 게임, 음악, 마켓 등 종합 플랫폼 지향
KB국민은행	리브	일정 관리, 경조사비 등 생활밀착형 서비스 제공
하나은행	하나멤버스	CJ원포인트 등 타사 멤버십 포인트 전환 기능
IBK기업은행	아이원뱅크	비대면 자산관리, 로보 어드바이저 적극 활용
NH농협은행	올원뱅크	전 계열사 통합 오픈 플랫폼 강조
K뱅크	K뱅크	한국 최초의 인터넷전문은행, 가상화폐거래소 업비트와 제휴, 중저신용자 대출
카카오뱅크	카카오뱅크	2호 인터넷전문은행. 주식계조, 연계대출 등 제휴 플랫폼 강조

심의 간편하고 편리한 서비스에 초점이 맞춰져 있다. 20~30대를 주 타깃으로 재미와 생활밀착형 서비스를 제공한다. 핀테크 기업과 NH금융그룹 간의 오픈 플랫폼 시너지도 구현하고 있다. NH농협은행은 오픈 플랫폼을 통해 지속적으로 핀테크 서비스를 확대하고, 글로벌 버전을 출시할 계획이다.[186]

(3) 신용평가 체계의 고도화

(a) 개요

신용도를 파악하는 일은 금융업이 보유해야 하는 핵심적인 역량이다. 고객의 신용도를 바탕으로 대출 승인 여부나 금리를 결정하는데 이는 수입과 직결된다. 전통적인 금융회사들은 소비자들로부터 개인정보, 거래내역, 신용등급(불량 여부), 신용한도, 연체율 등의 정보를 수집해 이를 바탕으로 신용도를 평가하였다. 이 신용평가 시스템은 제도권의 금융 기록만이 수렴되고, 한 번 신용이 나빠진 사람이나 신용거래가 없는 사회초년생은 대출을 받기 어렵다는 문제가 있었다.

이 신용평가 체계에도 인공지능과 빅데이터 분석기술이 결합되고 있다. 과거와는 달리 통신요금, 공공요금, 국민연금, 건강보험료 납부 실적 등과 같은 비금융 데이터뿐만 아니라 인공지능의 딥러닝 기술까지 적용하여 1,000여 개의 정보를 분석하는 등 고도화된 신용평가 모델들이 활용되고 있는 것이다. 변화하는 추세에 맞추어 금융위원회도 개인신용 평가 체계를 개편해 신용등급을 산정할 때 통신료·공공요금·보험료의 납부정보를 반영하는 비중도 확대하는 등 신용평가제도의 구체적인 개편안을 내놓을 계획이다.[187]

(b) 사례

인공지능과 빅데이터 기술을 통해 대출을 요청하는 고객의 신용도와 채무불이행 가능성을 예측하는 시스템이 개발되고 있다. 외국에서는 이처럼 고도화된 신용평가 시스템을 이용한 신용평가 기관들이 속속 생겨나고 있고, 이들과 협업하여 신용평가 방식을 개편한 금융회사의 사례도 많아지고 있다.

OnDeck는 2007년 설립되어 2014년 말 IPO를 통해 2억 달러 조달에 성공한 미국의 스타트업 기업이다. 포브스(Forbes)가 선정한 2015년에 가장 기대되는 핀테크 스타트업 15개 기업 중 하나로, OnDeck는 모바일을 통해 소상공인을 대상으로 대출 서비스를 제공한다. 기존 은행은 대출 결정까지 상당한 시간이 걸리는 반면, OnDeck에서는 하루 안에 대출 심사 및 처리까지 해주는 것이 특징이다. 대출을 위해 신용평가를 할 때 은행거래 내역, 세금 납부 내역, 현금 유동성 등은 기본이며 SNS상의 댓글과 사고횟수 등 다양한 비금융 정보를 인터넷에서 수집해 자체 개발한 OnDeck 스코어를 바탕으로 대출 신청자의 신용을 10분 이내에 평가한다. 전통적인 은행의 대출 심사보다 더 효율적으로 접근하는 장점이 있어 소상공인 대출자들이 OnDeck로 모여들고 있다.[188]

국내에서도 은행, 캐피탈 등이 신용평가에 인공지능을 도입하여 신용평가 체계를 고도화하려는 움직임을 보이고 있다. 특히, 2017년 출범한 카카오뱅크와 K뱅크는 기존 금융권의 신용평가 데이터 이외에도 다양한 비정형 데이터를 포함한 빅데이터 기반의 차별적인 신용평가시스템을 개발할 계획이다. 카카오뱅크의 경우, 모바일·온라인 활동 빅데이터를 활용하여 차별화된 신용평가시스템(카카오 스코어)으로 중금리 대출을 실행하고 있다. 기존 금융권의 신용평가데이터와 더불어, 우체국 쇼핑·예스24·카카오택시 등의 온라인 활용 데이터, 카카오톡을 활용한 고객 선호도, SNS 활동 내역 및 관계사슬 정보 등을 종합하여 새로운 신용평가시스템을 구축했다. K뱅크는 중금리 신용대출과 간편심사 소액대출 위주의 대출을 제공하고 있다. 자체적인 CSS(Credit Scoring System)를 개발하여 기존 은행의 심사구간에 KT 및 BC카드 결제 DB, 가맹점 정보 등 광범위한 고객 지불결제 정보를 활용한 추가 승인 구간을 설정했다. 포털·쇼핑몰 내 고가상품 검색, 여행·어학연수 상품 검색, 명품 매장 방문 이력 등을 통해 고객들의 대출의사를 파악하고 적시에 금융상품을 제공하고 있다. 4~6 신용등급 구간의 금융 고객들이 신용정보 부족으로 대출의 사각지대에 있었다는 지적이 있었는데, 인공지능 기술이 이 문제를 해결하고 있는 것이다.[189]

(4) 비대면 금융 거래 확대

(a) 개요

시중은행에서 신용대출의 약 90%가 비대면으로 실행됐고, 펀드 가입도 비대면 비중이 90%를 뛰어넘었다고 한다. 비대면 거래가 활성화되면서 영업점포의 감소도 빨라져 올해 3월 말 기준 5대 은행(NH농협·KB국민·신한·우리·하나은행)의 점포 수는 1년 전과 비교해 191개 줄어든 4,398개로 집계됐다. 이는 4차산업혁명과 함께 인터넷뱅킹, 모바일뱅킹 등 시중은행의 거래 형태 중 비대면 금융거래가 증가하고 있기 때문이다.[190]

정부 역시 비대면 금융 거래에 대한 수요를 인식하고 2015년 12월 비대면 실명 확인을 통한 계좌개설을 허용하는 등 변화하는 환경에 대응하고 있다. 이후 약 1년 간 총 73.4만 개의 계좌가 비대면 방식으로 신규 개설되었으며, 로보어드바이저, 인터넷전문은행의 출범, 보험 및 펀드의 온라인 판매와 같이 다양한 양상으로 비대면 금융 거래가 확대되고 있다.[191] 이에 더해 영상, 메일, 문자, 카카오톡 등의 비대면 채널을 이용한 온라인 본인인증 서비스가 대중화되었고, 실시간으로 통화내용을 분석하는 인공지능 엔진을 통한 무인상담 서비스도 등장했다.

〈금융사별 서비스 현황 및 향후계획〉

구분	현행	특징
신한은행	예적금 계좌개설 해외송금	거래자에 미성년자 추가(여권 활용)
우리은행	예적금 계좌개설 전자금융서비스	거래자에 법인 추가 제 신고 업무
KB국민은행	계좌개설, 선물옵션	비대면 외환거래 확대 시행
하나은행	계좌개설 전자금융서비스	개설 가능 상품 확대 거래자에 개인사업자
IBK기업은행	계좌개설 신용대출 신청 등	상품 종류 확대 비대면 확인 방식 추가
NH농협은행	코인원, 빗썸 거래 지원, 올원뱅크	간편결제 이용고객을 위한 특화상품 제공
삼성증권	CMA 계좌개설 간편이체서비스 등	개설 가능 상품 확대
유진투자	계좌개설 비밀번호 재설정 등	바이오인증 방식 추가
한국투자	위탁계좌 수익증권계좌 개설	비대면 확인 방식 추가 업무범위 확대

(b) 사례

Hello Bank!는 BNP Paribas가 벨기에와 독일, 프랑스, 이탈리아 등의 20, 30대를 주 소비자로 하여 출범한 은행이다. Hello Bank!는 스마트폰과 태블릿을 통해 기본적인 입출금, 송금부터 시작하여 중개, 보험, 대출까지 시중은행의 거의 모든 서비스를 제공한다. 최근에는 휴대폰 번호나 QR 코드 등을 활용하여 계좌번호를 대체하는 상품과 모바일 자산관리 기능을 추가하였으며, Digital Protect라는 이름의 모바일 기기 보호 보험 상품도 제공하고 있다.

국내에서는 금융거래에 대한 비대면 실명확인이 허용된 2015년 말 이후 비대면 계좌개설은 물론 영상통화, 생체인증, 채팅 상담 등 다양한 비대면 인증서비스 사례가 생겨나고 있다. 대표적으로 신한은행은 영상상담, 생체인증 등을 통한 본인인증과 상담업무가 가능한 영상통화 시스템을 구축했고, 채팅을 병행해 상담업무를 받을 수 있는 시스템을 도입했다. 기존 거래가 없었던 고객도 본인 명의 휴대폰과 신분

중만 있으면, 영업점에 방문하지 않고 업무를 처리할 수 있게 되었다. 영업점 방문과 서류제출이 필요 없는 모바일 전용 '써니 새희망 홀씨' 대출 상품과 비대면 주택담보대출 서비스, 부동산 전문가가 제공하는 비대면 부동산투자 전문 플랫폼을 선보였으며, 카드 재발급, 증권계좌 신규 개설 등 다양한 업무를 비대면으로 할 수 있도록 추진할 예정이라고 한다.[192]

(5) 지급결제수단의 간편화 · 다양화

(a) 개요

스웨덴 · 영국 · 뉴질랜드 등에 이어 한국도 빠른 속도로 '현금없는 사회'로 진입하고 있다. '현금없는 사회(Cashless Society)'에 대한 명확한 정의는 없지만, 대체로 동전이나 지폐 대신 신용카드 등 비현금 지급수단을 사용하는 비중이 90%에 달하는 사회를 지칭한다.[193] 4차산업혁명 이전에는 현금에 대한 의존도가 높았으나, 현금을 대체하는 신용카드, 체크카드, 모바일 카드, 포인트 결제, 가상화폐에 대한 의존도가 급증하고 있다. 세계적으로 모바일 간편결제 이용자가 늘어나고 있는 가운데, 특히 아시아와 아프리카 등의 지역을 중심으로 그 이용이 급증하고 있다. SMS와 PIN, 1회용 비밀번호인증 등의 간단한 인증서비스가 정착되고, 금융 규제 완화 및 모바일 결제 앱을 이용한 송금서비스 등으로 지급결제수단이 다양화되고 있다. 향후에는 생체 인증기술, 블록체인 등에 기반해 결제시스템이 더욱 다양해질 전망이다.[194]

현금없는 사회로 진입하는 선도국 중 하나인 스웨덴에서는 은행들이 공동 개발한 모바일 뱅킹 앱 Swish를 이용해 복잡한 인증 절차 없이 송금이 가능한 시스템을 구축했다. 덴마크의 경우 전자화폐(e크로네) 도입을 위해 크로네의 자국 생산을 전면 중단하기로 발표했다. 60여 개의 덴마크 은행들은 Swipp이라는 모바일 뱅킹 앱을 출시하였고, 70% 이상의 소비자가 모바일 결제를 이용하고 있다. 한국에서도 2017년 현금거래 후 생긴 잔돈을 교통카드 등의 선불전자지급 수단에 적립하는 방법으로 동전사용에 따른 사회적비용을 절감하는 시도가 있었다. 동전없는 사회

<'동전없는 사회' 사업 실시 매장 및 적립 수단>

매장	적립 수단
CU (전국 11,300여 개 매장)	캐시비(이비카드) 하나머니(하나카드) 신한FAN머니(신한카드
세븐일레븐 (전국 8,800여 개 매장)	L.Point(롯데멤버스) 네이버페이포인트(네이버) 캐시비(이비카드)
이마트24 (전국 2,000여 개 매장)	SSG머니(신세계I&C)
이마트 (전국 150여 개 매장)	
롯데마트(백화점, 슈퍼 포함) (전국 800여 개 매장)	L.Point(롯데멤버스)

(Coinless Society)로 진입하기 위함이며 편의점 등의 유통매장을 중심으로 이루어지고 있다.[195]

(b) 사례

간편결제 시장에서 빅테크와 금융사의 경쟁이 치열하다. 애플, 구글 등 IT 대기업들도 모바일 간편결제 서비스를 앞다투어 출시했다. 이베이, 알리바바와 같은 거대한 전자상거래 플랫폼들도 온라인 간편결제서비스를 제공하고 있다. 이 가운데 결제서비스를 제공하는 스트라이프(Stripe)는 1조 원 이상의 기업가치를 인정받으며 두각을 나타내고 있다. 스트라이프에 등록한 신용카드는 어떤 상점에서든지 결제가 가능하며, 전 세계 135개국 이상의 통화로 결제가 가능하다. 또한 최근에는 비트코인을 통한 결제도 가능해져 이용자들의 편의성을 극대화하고 있다. 스페인의 카이샤은행(CaixaBank)은 2014년 유럽에서 처음으로, 사용자가 비접촉식 시스템을 사용하여 상점에서 구매대금을 쉽게 지불할 수 있는 '스마트 밴드'를 출시한 바 있다. 카이샤은행의 고객은 카드를 손목에 휴대하여 스페인 전역 30만 개 이상의 상점에서 쉽고 간편하게 대금을 지불 할 수 있다. 또한 2016년에는 삼성전자와 제휴를 맺고 자사 체크카드와 신용카드를 삼성페이와 연계한 결제서비스를 제공하고 있다. 카이샤은행은 2016년 BAI의 글로벌 혁신 어워즈에서 지불 혁신 부문을 수상하였다.[196]

국내에서도 지급결제 분야에서 치열한 경쟁이 이뤄지고 있다. 삼성전자뿐만 아니라 네이버, 다음 카카오와 같은 플랫폼사, SKT, KT, LGU⁺와 같은 통신사도 지급결제 분야에 뛰어들었으며, 그밖에 유통사, 카드사, PG사들도 경쟁에 참여하고 있다. 대학가에서도 간편결제가 도입되고 있는데, 데일리금융그룹은 블록체인 기술을 적용한 디지털화폐인 '서강코인' 플랫폼을 서강대학교에 구축했다. 학생들은 애플리케이션을 다운로드 받은 후, 서강코인을 충전하여 사용할 수 있다. 스마트폰만 가지고 있으면 교내 어디서든 QR코드 방식으로 결제가 가능하다. 또한 결제 기능 이외에 송금 기능도 추가되어 서강 코인을 사용하는 교내 구성원들끼리는 해당 어플리케이션을 통해 간편하게 돈을 주고받을 수 있다.[197]

제2절 인공지능 금융투자

1. 인공지능 금융투자

인간이 움직이는 것은 원형피질, 감정피질, 운동피질 등 수십만 개의 평행 컴퓨터가 움직이는 것과 같은데, 인공지능과 빅데이터는 그것을 이해하는 법을 모르고 앞으로도 배울 수 없을 것이며, 디자인에 있어서 중요한 것은 기술력이 아니라 감정(emotion)인데 맥락을 이해하지 못하는 빅데이터나 인공지능을 믿을 수 있겠느냐는 주장이 있다.[198] 이 역시 약한 인공지능은 가능하지만 그 발전에는 한계가 있다는 주장이다. 그러나 이에 대해서는 마법의 불꽃이나 영혼이 없다면 인간은 기계에 불과하고, 지능에 대해서만 인간이라는 기계가 다른 실현 가능한 모든 기계와 다르게 취급받아야 할 이유가 있는지에 대해서 의문을 제기할 수 있다.[199]

이러한 철학적 담론이 무색하게도 인간의 두뇌처럼 대량의 데이터가 아닌 소량의 데이터만 가지고 일부 학습과정을 뛰어넘어 직관적인 도약을 필요로 하지 않는 영역에서는 인간을 대체할 능력을 가진 인공지능이 이미 존재하고 있다. 금융투자(金融投資, financial investment)[200,201,202]분야가 그것이다. 여기에는 단순한 도구를 넘어선 'Unfriendly AI'가 불공정거래에 개입할 개연성도 다분하며, 그 위험은 이미 여러 곳에서 감지되고 있다.

금융기관들은 대개 ① 운영비용 감소, 생산성 향상을 통한 이윤 증대(의사결정 시간 단축, 거래의 자동화, 위험관리 향상 및 기타 운영비 감축), ② 금융상품 및 서비스의 질 향상(새로운 금융상품 도입, 소비자 맞춤형 서비스 등)을 이유로 인공지능을 도입하고 있는데, 금융투자에 있어 인공지능은 금융시장에서 축적한 데이터(빅데이터)를 기반으로 자산배분 및 투자종목 선택에 있어 수익과 위험을 감안한 최적의 의사결정을 가능하게 한다. 사람의 개입 없이 투자대상을 확인하고 이를 실행하는 인공지능 금융투자는 금융시장의 유동성을 증가시키며 대규모 매매 시 상대적으로 시장 충격을 최소화할 수 있다는 평가를 받고 있다.[203]

금융 분야에서의 인공기술의 적용은 딥러닝 기술을 이용하여 미래의 주식시장 변동을 예측하는 정도까지 발전하였다.[204] 알고리즘, 빅데이터 분석 등의 기술에 기반한 개인의 투자성향 등을 반영하여 자동으로 포트폴리오를 구성하고, 그 안의 자산 비중을 재구성하며, 운용을 해주는 온라인상의 자산관리 서비스인 전자적 투 자 조언 장치(Robo-Advisor)는 대중화된 지 오래이다. 이러한 인공지능 서비스는 소비자의 투자 성향, 소비 패턴, 자산 규모 등에 따라 특정 소비자에게는 양질의 정보를 제공하는 한편, 다른 소비자에게는 불리한 정보를 제공하는 등 차별행위를 할 수 있다.[205] 인공지능 기법을 활용한 거래기법도 꾸준히 증가하고 있다. 이에 대비하기 위하여 한국거래소는 인공지능 기반 차세대 시장감시시스템 'EXIGHT(엑사이트)'를 도입했다.[206]

금융업계에서는 1970년대부터 주식거래 및 방대한 양의 고속데이터를 활용한 경쟁우위 확보, 사기방지 및 준법통제를 위하여 인공지능(특히 머신러닝)을 활용해 왔다. 대량의 데이터는 경쟁우위를 확보하고 고객에게 더 나은 서비스를 제공할 수 있는 도구가 된다. 이에 금융에서 인공지능이 활용되기 가장 쉬운 부분은 '대규모 알고리즘 거래'라는 주장도 제기된다.[207] 이에 주요 금융투자업자들은 그들이 보유하고 있는 방대한 양의 데이터를 이용하여 컴플라이언스를 개선하고, 고객 참여를 높이며, 운영 효율성을 향상시킬 수 있도록 돕기 위한 방법으로 인공지능 기술을 적극 활용하고 있다. 대형 금융회사들은 비용 감축, 수익성 증대, 그리고 업무 효율화 등을 위해 혁신적 기술을 받아들이는 데 적극적일 수밖에 없으므로 인공지능을 받아들일 유인이 매우 크다.

가. 금융투자

(1) 금융

자금(돈)을 빌려주고 빌리거나, 돈을 다른 돈으로 사고 파는 거래를 금융(金融, finance)이라 한다. 즉, 돈이 있는 사람으로부터(흑자 주체) 필요한 사람(적자 주체)으로 이동하는 것을 말하는데, 이것이 구체적으로 나타난 형태가 증권, 은행, 종합금융, 보험 등의 금융기관이다. 사전은 이를 "이자를 받고 자금을 융통하여 주는 것"으로 정의하고 있다.[208] 일정기간을 정하고, 앞으로 있을 원금의 상환과 이자변제에 대해 상대방을 신용하여 자금을 이전하는 것이다. 화폐의 가치저장으로서의 기능이 유통되는 것을 일컫기도 한다.

사회학적인 의미에서 금융행위는 "현실의 경제 영역 중 금융시장에서 나타나는 개인의 행동"이라고 할 수 있다. 이는 "금융 시장을 배경으로 이루어지는 자금 관리(money management)와 관련된 인간의 행동"으로 구체화되며,[209] 장단기 금융 목표를 세우고, 자신의 소득과 신용을 관리하며, 다양한 금융 상품을 이용하고, 저축과 투자를 하는 행위를 포함한다.[210] 따라서 금융 행태는 예산 관리, 저축 행동, 신용 관

리라고 볼 수 있다.[211]

이 중 예산 관리는 개인이 자신의 정확한 금융 상태를 파악하는 것에서 시작하여 실제 지출과 수입을 기록, 관리하는 행위를 말한다. 이는 목적에 맞고 필요한 비용을 미리 계산하여 계획을 세우는 것, 다시 말해 기대 수입에 기초한 지출 계획을 의미한다.[212] 저축 행동은 저축에 관련된 개인의 선택 행위를 의미한다. 경제학에서 저축이란 개인의 세금을 납부한 뒤의 소득, 즉 처분 가능 소득에서 소비를 뺀 것으로, 현재와 미래 재화의 상대적 가치에 대한 선택의 결과[213]를 의미한다. 신용 관리는 경제적 수단으로서 신용을 사용하는 개인의 행위를 말한다. 신용이란 미래 시점에서 지불하기로 약속하고 지금 당장 재화와 용역의 편익을 얻을 수 있는 수단이다. 신용은 개인이 보유한 재산의 정도보다 경제적 신뢰 관계에 근거하여 형성되는 것이기 때문에, 신용 사회에서는 당장의 현금을 보유하고 있지 않아도 재화를 구입할 수 있다.

금융시스템(financial system)은 금융시장 및 금융기관과 이들을 형성하고 운영하며 원활하게 기능하도록 하는 법규와 관행, 지급결제시스템 등 금융인프라를 모두 포괄하는 개념이다. 먼저 금융시장은 기업, 가계, 정부, 금융기관 등 경제주체가 금융상품을 거래하여 필요한 자금을 조달하고 여유자금을 운용하는 장소를 의미한다. 금융상품은 현재 혹은 미래의 현금흐름에 대한 법률적 청구권을 나타내는 증서를 의미하는데 채권, 주식 등과 같은 기초자산뿐만 아니라 선물, 옵션 등 파생금융상품도 포함된다. 금융시장은 거래되는 상품의 성격에 따라 대출시장, 주식시장, 채권시장, 외환시장, 파생금융상품시장으로 구분할 수 있다. 여기서 외환시장은 서로 다른 통화를 교환하는 시장으로 자금의 대차거래는 아니지만 자금이 운용되고 있다는 점에서 금융시장에 포함된다.

금융기관은 거래비용의 절감, 만기 및 금액의 변환, 위험의 분산, 지급결제수단의 제공 등을 통해 금융시장에서 경제주체가 원활하게 금융거래를 할 수 있도록 하는 역할을 수행하고 있다. 구체적으로 금융기관은 예금·대출, 투자, 신용분석 등과 관련한 많은 전문 인력과 경험을 바탕으로 자금의 공급자와 수요자가 보다 적은 비용으로 금융거래를 할 수 있도록 해준다. 이와 함께 금융기관은 다양한 리스크관리 기법과 분산투자 등을 통해 리스크를 축소하거나 분산함으로써 자금을 보다 안정적으로 운용한다. 한편 경제주체 간의 각종 거래를 종결시켜 주는 지급결제수단을 제공하여 경제활동을 보다 활성화하는 기능도 수행한다.

금융인프라는 금융시장과 금융기관이 원활히 기능하도록 하는 각종 금융규제 및 감독제도, 금융안전망, 지급결제시스템 등을 총칭한다. 금융규제와 감독은 금융시장 참가자가 일정한 룰을 준수토록 함으로써 시장이 공정하고 투명하며 효율적으로 작동할 수 있도록 하는 제도를 의미한다. 이에는 금융관련 법률과 규정, 금융기관의 인허가, 건전성 감독 및 감시, 제재 등이 포함된다. 금융안전망은 금융기관 도산 등으로 금융시스템이 불안해지고 이것이 경제에 악영향을 미치는 것을 방지하기 위한 금융시스템의 보완장치이다. 대표적인 금융안전망으로는 예금자보호제도와 중앙은행의 긴급유동성 지원제도(＝최종대출자 기능)가 있다. 한편 지급결제시스템은 경제주체의 경제활동에서 발생하는 각종 거래를 마무리하는 지급결제가 원활히 이루어지도록 해주는 제도적 장치를 의미한다.[214]

(2) 금융투자와 펀드

투자(投資, investment)는 미래의 불확실한 기대수익을 위해 현재의 소비를 유보하는 경제적 선택이다. 경제학에서는 이를 미래에 더 큰 구매력을 얻기 위해 현재의 구매력을 포기하는 것으로, 금융경제학에서는 저축과 대조되는 단어로 자산을 은행에 예금하지 않고 금융자산을 구매하는 것으로 설명한다.[215] 다시 말해 미래에 더 큰 수익을 얻을 목적으로 현재의 소비를 포기하고 경제적 희생을 감수하여 각종 자산을 취득하는 행위를 총칭하여 투자라 하는 것이다. 모든 투자행위에서 자금을 투여하는 시점보다 그에 관한 보상을 받는 시점은 미래에 있다. 투자는 불확실성(Uncertainty)이라는 특징을 갖고 있으며, 불확실성의 정도는 투자 대상이 갖고 있는 위험(risk)과 수익을 얻기 위해 걸리는 시간(time)의 두 가지 속성에 의해 달라진다. 투자는 위험에 대한 적절한 보상과 시간에 대한 보상이 부여된 경제 행위라고 할 수 있다.

우리 법률은 '투자'나 '금융투자'에 대하여 직접적으로 규정하고 있지는 않다. 다만 자본시장법에서 "금융투자상품"을 '이익을 얻거나 손실을 회피할 목적으로 현재 또는 장래의 특정(特定) 시점에 금전, 그 밖의 재산적 가치가 있는 것을 지급하기로 약정함으로써 취득하는 권리로서, 그 권리를 취득하기 위하여 지급하였거나 지급하여야 할 금전 등의 총액이 그 권리로부터 회수하였거나 회수할 수 있는 금전 등의 총액을 초과하게 될 위험(투자성)이 있는 것으로 정의'하고 있을 뿐이다(제3조 제항).[216]

이 법은 금융투자의 대상에서 '원화로 표시된 양도성 예금증서' 내지 '신탁의 수익권' 등을 배제(동조 제1항 단서)하고 있으므로, '금융투자'를 주식이나 채권, 투자증권, 파생상품과 같은 '금융투자상품'에 투자하는 것으로 정의하면 무리없을 것이다(동조 제2항). 금융투자는 투자자산의 운용주체에 따라 직접투자와 간접투자로 구분할 수 있다. 자신의 판단과 책임하에 직접 주식, 파생상품, 부동산, 실물자산 등에 투자하는 것은 직접투자이며, 전문적인 투자대행 기관이 불특정 다수의 일반투자자로부터 투자자금을 모아 이를 투자증권, 파생상품, 부동산, 실물자산 등에 운용하고 그 결과를 투자자에게 귀속시키는 것을 간접투자라 할 수 있다.[217] 여기에서 투자를 위해 일반투자자로부터 모아진 자금의 운용단위를 펀드(Fund)라 하는데, 이는 투자자로부터 모은 자금을 자산운용회사가 주식 및 채권 등에 대신 투자하여 운용한 후 그 결과를 투자자에게 돌려주는 간접투자상품에 해당한다.[218] 자본시장법은 펀드를 '집합투자기구'로 정의하고 있다(제9조 제18항). 이때 '집합투자'란 2명 이상의 투자자로부터 모은 금전, 그 밖의 재산적 가치가 있는 것을 투자자로부터 일상적인 운용지시를 받지 않으면서 재산적 가치가 있는 투자대상자산을 취득·처분, 그 밖의 방법으로 운용하고 그 결과를 투자자에게 배분하여 귀속시키는 것을 뜻한다(제6조 제5항 본문).

펀드는 주식이나 부동산에 비해 다양한 투자대상에 적은 돈으로도 쉽게 투자할 수 있고, 주식 및 채권 등 여러 종목에 분산하여 투자하기 때문에 집중 투자에 따른 위험을 줄일 수 있다는 장점이 있고, 펀드매니저라고 불리는 투자관리자가 대신 투자·운용하며, 그 운용 결과를 그대로 투자자에게 분배하는 실적배당원칙이 기본이며, 예금자보호대상에서는 제외된다는 특징이 있다.[219]

　금융투자의 프로세스는 흔히 다음과 같이 구분된다. ① 고객 및 투자목적 정의, ② 유니버스와 자산군 정의, ③ 전략적 자산배분, ④ 전술적 자산배분, ⑤ 거래 실행, ⑥ 성과분석, ⑦ 리밸런싱. 위 프로세스에서 위험관리는 전 부분에 걸쳐 적용된다.[220]

나. 인공지능 금융투자의 현재와 미래

(1) 로보어드바이저

　로보어드바이저(Roboadviser)는 로봇(Robot)과 어드바이저(Adviser)의 합성어로서 고객에게 자동화된 재무적 자문서비스를 제공하는 시스템을 말한다.[221] 로보어드바이저에 대한 정의가 명확히 정립되어 있지는 아니하지만, '웹 기반 또는 모바일 플랫폼을 통해 자동화되고 저비용으로 제공되는 투자자문서비스'[222] '사람의 관여 없이 순전히 알고리즘과 기술을 이용하여 금융상품에 관한 자문을 제공하고 이러한 자문에 기초하여 자동적으로 포트폴리오를 운용하는 서비스',[223] '인공지능 로봇이 알고리즘을 활용하여 개인고객의 투자성향 등의 정보를 분석하고 그 결과를 바탕으로 자산관리에 관해 조언하는 AI 온라인 투자 자문서비스'[224] 등과 같이 설명되고 있으며, 금융위원회는 '알고리즘, 빅데이터 분석 등에 기반한 컴퓨터 프로그램을 활용하여 자동적으로 포트폴리오 자산운용 서비스를 제공하는 온라인상의 자산관리서비스'라고 설명하고 있다.[225] 한편, 자본시장법은 '전자적 투자조언장치'라는 용어를 사용하고 있다(영 제99조 제1항 제1의 2호).

　유럽에서는 금융자문의 자동화(Automation in Financial Advice) 가운데 투자자문에 사용되는 것을 로보어드바이저라고 부르는 경향이 있는데, 이는 자동화된 도구가 잠재적 투자자에 대해 그의 투자성향과 목적 등 각종 정보를 묻고 이에 대한 투자자의 답변을 취합한 다음 이에 기초하여 투자자가 제공한 정보에 부합하는 금융

상품과 포트폴리오를 추천하는 알고리즘을 이용하여 조언하는 것을 말한다.[226]

　일반적인 자산관리 서비스와 차별화되는 것은 웹 또는 모바일 플랫폼 등 온라인 채널을 사용하고, 인공지능과 알고리즘 기술을 적용해 인간의 개입을 최소화하여 소프트웨어 기반의 자동화된 금융자문 서비스를 제공한다는 것이다. 대중화된 용어로서는 시스템으로서 의인화된 '로봇'이 상징적으로 차용되었지만, 정확한 이해를 위해서는 해외 금융당국의 표현[227]처럼, '자동화된 투자자문 서비스(Automated Investment Advisor)'라고 해야 적절하다고 본다.[228,229]

　금융위기 이후 미국을 중심으로 고액자산가 위주의 전통적인 자산관리 시장에서 벗어나 대중부유층[230]을 주요 고객으로 하는 온라인 자산관리회사가 등장했다. 대중부유층은 절대적인 자산규모는 전통적인 부유층에 비해 작지만 인원 수가 많아 전체 시장 규모가 크다. 이에 수익성 제고에 고심하던 금융회사에게 매력적인 시장으로 부상했고, 이에 따른 수익 창출을 실현하기 위한 새로운 수단의 자동화된 프로그램이 요구되었다. Merrill Lynch가 투자자산 5만~25만 달러 고객 대상의 온라인 자산관리 브랜드 'Merrill Edge'를 론칭한 것을 그 시초로 볼 수 있다.

　종래에는 개인이 투자자문을 받기 위해서는 금융기관이나 컨설팅 업체에 직접 찾아가서 금융전문가의 판단을 구하는 것이 일반적이었다. 그러나 인공지능과 빅데이터의 발전으로 알고리즘을 이용하여 온라인상 자동화된 투자자문과 자산 배분이 가능하게 되었다. 투자자가 자신의 위험성향 등에 관한 정보를 입력하면 이를 바탕으로 알고리즘을 활용한 자동화 방식을 통해 투자자에게 적합한 포트폴리오를 제공하고, 이를 기반으로 자산을 운용하며, 시장의 변화에 따라 주기적으로 리밸런싱 함으로써 자산을 관리해줄 수 있게 된 것이다.[231]

　로보어드바이저에 의한 이러한 자산관리 서비스가 진행되는 프로세스는, ① 투자자 프로파일링 단계에서 투자자의 위험성향 및 투자목적 등에 대한 분석이 이루어지고, ② 자산배분 단계에서는 투자자의 성향에 맞는 자산군별 투자비중의 결정이 이루어지고, ③ 포트폴리오 셀렉션 단계에서는 자산군별 최적의 금융상품 추천이 이루어지고, ④ 주문집행 단계에서는 로보어드바이저가 추천한 투자의 집행이 자동으로 또는 투자자에 의해 이루어지고, ⑤ 포트폴리오 리밸런싱 단계에서는 시장모니터링 및 포트폴리오의 자동 조정이 이루어지는 순서를 생각해볼 수 있다.[232]

인터넷 통신기술은 금융상품거래의 신속과 편의를 가져왔고, 자동화된 시스템 도입을 가속화했다. 인공지능기술을 활용한 자산관리 서비스가 출현하게 된 것이다. 로보어드바이저는 컴퓨터가 알고리즘을 활용하여 포트폴리오를 추천, 자동 리밸런싱 하는 서비스로 전통적 자산관리 방식과 유사하나, 수행 주체가 컴퓨터라는 점에서 차이를 보인다. 온라인으로 투자자가 자신의 투자조건을 입력하면 자동화된 시스템을 이용하여 맞춤형 투자 포트폴리오를 구성하고 매매실행 및 모니터링, 리밸런싱 등이 자동으로 실행된다. 로보어드바이저는 저렴한 비용과 편리한 접근성 및 안정적인 수익률 등을 내세우며 맞춤형 투자자산 관리서비스 제공에 발빠른 행보를 보이고 있다. 로보어드바이저는 투자자의 위험 성향과 투자 목적을 분석하는 투자자 프로파일링은 물론, 투자권유, 자산관리, 트레이딩까지 담당하는 전문인력 기능을 수행한다.[233]

현재까지는 로보어드바이저가 기존 자문인력을 완전히 대체하지는 못하고 있다. 금융 당국 역시 로보어드바이저를 "자동화된 시스템을 활용하여 자산 배분·운용 등 자산관리와 관련된 금융서비스를 제공하는 도구(software)"라고 파악하여 현재 기술 수준에서의 로보어드바이저를 인간에게 도움을 주는 도구에 그치는 것으로 새기고 있다.[234] 하지만, 로보어드바이저 간 경쟁이 심화되면 최소 투자한도와 자문보수는 낮아질 것이고 종횡으로 인수합병이 나타날 것이다. 결국 자문인력의 자연적인 감소에 따라 로보어드바이저의 역할이 증대될 것이며, 투자자 보호 차원의 규제 역시 강화될 것이다.

(a) 로보어드바이저의 특징과 유형

일반적으로 로보어드바이저는 ① 미리 짜여진 알고리즘을 이용하여 투자자문 및 자산관리서비스를 제공하며, ② 사람을 대신하여 전문적인 투자자문 또는 자산관리 서비스를 제공하고, ③ 최소 투자한도와 자문보수를 대폭 낮춰 투자자문 및 자산관리 서비스의 대중화를 추구하는 특징을 보인다. 고객의 투자 성향과 투자 목적을 파악하고 이에 적합한 투자 포트폴리오를 제시하는 자동화 체계를 구성하여 투자자유형 파악, 자산배분, 주문집행, 리밸런싱 등 모든 자산관리 과정에서 사람의 개입을 최소화하는 것이다. 또한 로보어드바이저는 한계비용이 사람에 의한 것에 비하여 제로에 가까우므로 기존 투자자문사보다 현저히 낮은 투자한도와 보수를 제시할 수 있다. 이는 로보어드바이저만의 고유한 특성이라기보다는 주요 고객층의 특성에 따라 선택할 수 있도록 하는(조건차별성) 사업전략의 하나로 볼 수 있다.[235]

로보어드바이저는 고객이 인터넷이나 모바일기기로 서비스를 이용할 수 있어 고객 접근성이 매우 뛰어나고, 서비스 제공을 위한 인적·물적 설비를 최소화할 수 있어 수수료를 낮게 책정할 수 있다. 즉, 로보어드바이저가 큰 관심을 받게 된 주된 이유는 빅데이터와 인공지능 기술 등 이전과 다른 서비스 기반과 조건차별성에 있는 것이다.[236] 이 외에도 경제전반의 주축이 베이비부머(baby boomer) 세대에서 X세대와 밀레니얼(millenial) 세대[237]로 바뀌기 시작한 것 또한 로보어드바이저가 성장할 수 있는 경제적 배경이 되었다. X세대 및 밀레니얼 세대는 이전 세대보다 상대적으로 온라인 환경에 빠르게 적응하는 특성이 있고, 남의 통제나 간섭을 싫어하며, 언제 어디서나 상호 연결되어 있고, 트렌드를 좇으며, 전문가의 말을 맹신하기보다는 여러 출처를 통해 정보나 의견을 수집하기를 좋아하는 특성이 있다. 투자에 있어서도 리스크 또는 변동성보다는 실현된 손실 자체를 위험으로 인식하는 경향이 높다. 동시에 다양한 투자자문 모델을 비교하는 것을 선호하고, 다양한 출처를 이용해 자기에게 맞는 투자자문 선택하기를 원한다. 이에 사람에 의한 투자자문보다는 간단하고, 직관적이고, 스스로 결정할 수 있는 자동화된 플랫폼을 선호하는 것이다. 결국 고수익 투자기회도 경험하기를 원하며, 분산투자보다 위험헤지 수요가 높은 특징을 보인다.[238]

로보어드바이저는 투자상품의 내용에 따라 개인투자자를 대상으로 서비스를 제공하는 모델과 증권사나 기존 자문사들의 자산관리업무를 보완하기 위한 랩상품 인프라형의 2유형으로 구분하거나[239], 포트폴리오 제시 및 운용(리밸런싱)의 주체에 따

<**로보어드바이저 유형별 구분과 특징**>

구분	방법	유형			
2유형	투자상품의 내용	랩상품 인프라 모델		개인투자자 모델	
3유형	포트폴리오/운용 주체	자문형	하이브리드형		일임형
4유형(1)	독립적인 투자자문서비스/플랫폼 제공 여부	플랫폼 개발자형	플랫폼 어댑터형	하이브리드형	순수형
4유형(2)	투자주체와 활용정도	1단계	2단계	3단계	4단계
활용 정도		Back Office		Front Office	
투자 주체		고객 ────▶ 금융회사			
추세		과거		현재	

<**로보어드바이저를 활용한 서비스 유형 구분(4유형-금융위)[240]**>

활용 정도 ＼ 투자 주체	고객(자문형)	금융회사(일임형)
RA를 Bact Office에서 활용	• (1단계) <u>자문인력이 RA의 자산배분 결과를 활용하여 <u>고객에게 자문</u>	• (2단계) <u>운용인력이 프로그램의 자산배분 결과를 활용하여 <u>고객 자산을 직접 운용</u>
RA가 Front Office에서 서비스	• (3단계) RA가 사람의 개입 없이 자산배분 결과를 고객에게 <u>자문</u>	• (4단계) RA가 사람의 개입 없이 <u>고객자산을 직접 운용</u>

라 3개 유형(자문형 – 하이브리드형 – 일임형) 혹은 독립적인 투자자문 서비스 제공 또는 플랫폼 직접 개발 여부(플랫폼 개발자형 – 플랫폼 어댑터형 – 하이브리드형 – 순수형) 및 RA를 백오피스(Back office)에서 활용하는지, 프런트 오피스(Front office)에서 서비스하는지에 따라 각 4개 유형으로 구분하고 있다.

　어느 쪽으로 구분하든 고객의 편의를 위하여 컴퓨터가 단순히 포트폴리오만 제시하는 유형(자문형, 플랫폼, 1단계)에서 운용 등 전 과정을 독립적으로 수행하는 유형(일임형, 순수형, 4단계)으로 발전하고 있고 (규제가 없다면) 결국 각 최고 단계로 진화할 것이라는 점은 분명해 보인다.[241] 이는 로보어드바이저가 최초 투자 시 중점적으로 투자자문을 제공한 기존 투자자문사와 달리 지속적인 자산관리 서비스를 제공하는 것을 차별화 전략으로 채택했고, 기존 온라인 투자자문 서비스가 사람에 의한 투자자문의 신뢰성을 높이는 데서 사람의 개입을 최소화하는 움직임을 보이고 있다는 것과 깊은 관련이 있다.

(b) 로보어드바이저 규제

2016년 3월 국내에서 로보어드바이저를 이용한 투자자문 및 투자일임이 허용된 이래 로보어드바이저 규제는 완화 일로에 있다. 2016년 9월 로보어드바이저 테스트베드를 운영하기 시작했고, 2018년 6월에는 영상통화를 통한 설명의무 이행 등 투자자보호장치를 전제로 로보어드바이저의 비대면 일임계약을 허용했으며, 2019년 3월에는 비대면 투자일임계약 자기자본 요건을 폐지하고, 2019년 4월 로보어드바이저의 펀드 재산 직접 운용을 허용하기에 이른다.

정부는 현재 로보어드바이저가 후단에서 작용하는 백오피스(back office)와 전면에 나서는 프런트오피스(front office)로 나누고 일단 백오피스에서 작용하는 1, 2단계만 허용하고 있다. 이는 사람이 개입해 로보어드바이저를 활용하는 것으로, 자문인력이 로보어드바이저를 활용해 고객에게 자문을 제공(1단계)하고, 운용인력이 로보어드바이저를 이용해 고객자산을 직접 운용(2단계)하는 경우다. 3, 4단계는 사람이 아닌 로보어드바이저가 전면에 나서 직접 투자자에게 자문을 하는 것(3단계)과 로보어드바이저가 직접 고객자산을 운용하는 것(4단계)이다. 당국은 오픈베타 사이트를 열어 실제 포트폴리오를 공개하고 투자자들로부터 자금을 받아 시장에서 그 유효성과 적합성을 검증받은 곳만 4단계 시행이 가능토록 할 전망이다.

로보어드바이저는 일반투자자들이 소액으로도 그 수요(needs)에 맞는 포트폴리오를 제공받는 등 전문적인 자산관리를 받을 수 있는 점, 분산투자가 용이한 점, 수수료가 종래보다 저렴한 점, 모바일 등을 통해 시·공간의 제약을 받지 않고 거래할 수 있는 점 등의 이점이 있고, 그 시장규모도 빠르게 성장하고 있다. 그리고 이와 관련한 정부의 규제 역시 점점 완화되고 있다는 점이 시장에 긍정적인 영향을 주고 있다. 종래 자산운용사 등이 아닌 로보어드바이저 업체는 투자자로부터 자산을 직접 위탁받아 운용하는 것이 불가능했지만, 정부는 규제혁신의 측면에서 2019년 3월 20일 금융투자업규정을 개정[242]하여 로보어드바이저 비대면 투자일임계약 자기자본 요건(40억 원)을 폐지하였다. 그리고 2019년 4월 23일 자본시장과 금융투자업에 관한 법률(이하 "자본시장법"이라 한다) 시행령을 개정하여 로보어드바이저의 펀드재산 직접 운용을 허용하였고, 2019년 5월 15일 자산운용사 등이 아닌 로보어드바이저 업체가 펀드·일임재산 운용업무를 위탁받는 것을 허용하는 것을 골자로 한 금융투자업규정을 개정하여 2019년 7월 24일부터 시행하고 있다.

또한 코스콤은 규제혁신의 측면에서 로보어드바이저 테스트베드에 개인 참여가 가능하도록 시스템 구축을 완료하여 이러한 시스템이 실무상 이용되고 있다.[243] 즉, 로보어드바이저 업체에 대해 펀드·일임재산 운용위탁 허용과 함께 기존 8개월에 한 번씩 진행했던 로보어드바이저 테스트베드 참가 신청을 2018년 9월부터 연 4회로 늘렸고, 2019년 6월부터는 개인도 이에 참여할 수 있도록 문턱을 낮췄다. 이처럼 로보어드바이저 개발 단계에서 사업화 단계까지 전반적인 제도개선이 이루어짐에 따라 이를 이용한 자산운용분야의 혁신이 보다 빨라질 것으로 보인다.[244]

한편, 코스콤에서는 분산투자, 투자자성향 분석, 해킹방지체계 등 투자자문 및 일임을 수행하기 위한 최소한의 규율이 제대로 작동하는지 여부를 확인하기 위해 로보어드바이저 테스트베드를 운영하고 있다. 이를 통해 건전한 로보어드바이저 산업 생태계를 조성하고 로보어드바이저의 유효성과 안전성을 검증하며, 투자자보호도 강화하고 로보어드바이저 관련 감독체계를 구축하는 데에도 매우 중요한 역할이 기대된다. 실제 테스트베드는 포트폴리오 운용 전 참가자격 충족 여부 등을 확인하는 사전심사 1개월과 실제 자금을 시장에서 운용하면서 정상작동 여부를 확인하고 상용화할 경우 시스템의 안정성 및 보안성에 관한 본 심사를 6개월 동안 진행한다.

(c) 우려와 현실

로보어드바이저의 급성장에 우려의 목소리도 있다. 로보어드바이저나 이와 유사한 인공지능 시스템의 발전은 무인가업자에 의한 대고객 자동 트레이딩 및 투자자문서비스제공의 위험성을 높이고, 인공지능시스템을 활용하기 때문에 행위자의 특정 및 추적이 어렵고 금융당국의 감독이 효과적이지 않은 상황도 발생할 수 있으며, 해외 인터넷 사이트에서 그러한 서비스를 제공하는 경우 해당 사이트를 차단하는 조치 외에 마땅한 규제방안을 찾기 어려울 수도 있다는 것이다. 또한 인공지능 시스템에 의한 시세조종, 허위정보 유포, 내부정보 수집 및 이용거래와 같은 불공정거래 내지 시장질서 교란 행위의 위험성도 높아질 수 있다. 이 역시 행위자의 특정 및 추적이 어렵고, 해외에 소재하는 서버에서 그러한 행위가 이뤄질 경우 금융당국의 규제상의 한계가 발생할 수 있다.[245]

인공지능 시스템의 오류 또는 해킹사고가 대규모 금전손실 피해를 초래할 수도 있을 것이다. 현재 시행 중인 로보어드바이저 테스트베드 같은 심사를 통해 안정성 및 보안성 심사를 함으로써 그러한 오류나 해킹 가능성을 최소화할 수 있겠으나, 심사시스템의 기술력과 신뢰도가 인공지능 발전 속도를 따라가지 못하는 현실적 한계도 발생할 수 있다. 인공지능의 알고리즘이 인간의 투자 판단을 대체하면 금융서비스의 본질적인 업무인 투자의 실행, 회수 의사결정이 사실상 알고리즘 설정 단계에서 완료될 것인데, 알고리즘 개발 초기 단계에서는 기존의 금융투자업자의 역할이 중요하겠으나 점점 그 역할은 IT 집약적으로 변화될 수밖에 없을 것이다. 이는 금융투자 시장의 구조가 기존과 달리 변화하는 것을 의미하며, 금융투자업과 IT 분야에 대한 전통적인 규제 체계도 이에 맞도록 변모해야할 것이다.[246]

(d) 로보어드바이저와 인공지능

초연결 환경에서 데이터분석은 가장 기본적인 이해를 위한 필수과정이다. 이러한 추세는 불가역적이다. 또한 인공지능은 내밀하게 숨겨진 규칙과 관계를 끄집어내 복잡한 환경에서 놓칠 수밖에 없는 중요한 정보 획득에 절대적으로 중요하다. 따라서 이를 종합적으로 구현할 수 있는 로보어드바이저는 앞으로 자산운용업계의 필수요건으로 부각될 수밖에 없다. 다만 제대로 새로운 분야의 발전을 위해서는 데이터의 수집, 가공 및 활용, 그리고 데이터 시장의 발전이 필요하며 관련 법과 규제상의 준수의무 요건 강화가 전제되어야 한다. 기술과 규제의 양축이 균형 있게 작동하면서 견제를 통한 경쟁여건을 만들어가야 하기 때문이다. 물론 그 가운데에는 개인이나 기관이라는 운영주체의 판단이 최우선시되어야 한다.

다. 활용상의 특징과 장단점

인공지능은 이미 금융산업 핵심 속성들의 상당수를 변화시키고 있다. 2018년 세계경제포럼(World Economic Forum) 발표 자료는, 지금까지 금융업계의 평가지표는 자산 규모였다면, 앞으로는 데이터의 양과 질이 더욱 중요해질 것이라고 전망한다.[247] 여태껏 금융산업이 인적 역량에 의존해 왔다면 지금부터는 도메인 지식을 갖춘 현업 전문가와 인공지능의 디지털 기술 상호 작용이 금융산업의 핵심 속성으로 자리잡을 것으로 보인다.

인공지능은 인간처럼 데이터 간 관계와 의미를 분석하고 학습하여 스스로 진화할 수 있다(학습능력). 또한 다양한 사물을 인지할 수 있는 이른바 '코그너티브(Cognitive)' 기술을 통해 데이터의 양적·질적 확장이 가능하다. 무엇보다 상황 이해와 통찰을 기반으로 새로운 것을 만들 수 있는 추론 능력을 갖추고 있다. 이러한 인공지능의 특성은 기존 금융의 기능을 더욱 강화하거나 서비스의 새로운 패러다임을 제공하는 등 다양한 전략적 기회를 창출할 수 있다.[248]

인공지능 기술은 금융산업뿐 아니라 거의 모든 공학/과학 분야에 근본적인 변화를 가져오고 있다. 과거에는 실험 데이터를 이용한 데이터 모델이 주로 사용됐지만, 현대에는 이론의 발전으로 수학적인 모델이 중심이 됐다. 그런데 딥러닝 기술의 발전으로 많은 데이터를 효과적으로 해석할 수 있게 되면서, 다시 데이터 모델 중심으로 돌아가거나 또는 데이터와 지금까지 개발된 수학적인 모델이 융합되는 형태로 급격한 변화가 이루어질 것이다. 하버드 대학의 연구진이 지진 예측에 딥러닝을 사용해 계산 시간을 500배 향상시킨 바 있다.[249] 인공지능 기술은 공학/과학 분야 전반에 걸쳐 컴퓨터가 출현했을 때만큼의 충격을 줄지도 모른다.[250] 현재의 기술 수준으로는 학습을 아무리 많이 시키더라도 실수할 확률을 완전히 배제할 수 없다 보니, 실수가 치명적일 수 있는 분야에서는 인공지능에 전적으로 의존하기 어렵다는 문제가 있다.[251] 따라서 인공지능은 한두 번의 실수가 치명적이지 않고, 통계적인 정확도만 높으면 되는 분야에 적합하다. 딥러닝의 장점은 소위 domain knowledge가 별로 필요하지 않다는 점이다. 즉, 알파고를 만든 구글의 엔지니어들이 이세돌 9단만큼 바둑을 잘 둘 필요가 없다는 것이다.[252]

이처럼 필요한 기술과 써야 하는 곳, 할 수 있는 것을 정치하게 구분해 활용하지 않으면, 인공지능 연구는 다시 한번 '세 번째 겨울'을 맞이할지 모른다.[253]

1. 위키백과, "인공지능" https://ko.wikipedia.org/wiki/%EC%9D%B8%EA%B3%B5%EC%A7%80%EB%8A%A5

2. 이는 후술하는 앨런 튜링의 "생각하는 기계"에서 그 연원을 찾을 수 있다.

3. 인공지능을 '약(한)인공지능(Weak AI)'과 '강(한)인공지능(Strong AI)'으로 분류하거나, '초인공지능(super AI)'까지 세 가지로 분류하는 태도 역시 연구자들 사이에서 큰 무리 없이 통용되고 있다. 약인공지능(Weak AI)이란 스스로 사고하며 문제를 해결할 수 있는 능력이 없는 컴퓨터를 기반으로 하는 약한 인공지능을 말하는데, 딥러닝을 기반으로 어떤 일이든 인간보다 빠르고 스마트하게 잘 처리하는 능력을 말한다. 강인공지능(Strong AI)이란, 스스로 사고하며 문제를 해결하는 인공지능으로서, 인간과 완전히 같은 수준의 지능을 발휘할 수 있다고 한다. 이러한 강인공지능은 스스로 인식하고 인간과 같은 수준의 감성과 직감을 느낌으로써 인간과 같은 자아가 생기는 단계라고 한다(약인공지능＋자아). (홍승희, "4차산업혁명과 형법의 변화?", 원광법학 제34권 제4호, 원광대학교 법학연구소, 2018. 12., 83－84면.)

4. 석왕헌 외, "인공지능 기술과 산업의 가능성", Issue Report, ERTI, 2015. 4. 5면 이하.

5. 표준대국어사전, "인공지능", 국립국어원
   https://ko.dict.naver.com/#/entry/koko/8b8b95a9d8d04942988850d62f6a35d3

6. 네이버지식백과, "인공지능", 두산백과
   https://terms.naver.com/entry.naver?docId＝1136027&cid＝40942&categoryId＝32845

7. 지능형 로봇 개발 및 보급 촉진법 제2조(정의) 이 법에서 사용하는 용어의 정의는 다음과 같다.
   1. "지능형 로봇"이란 외부환경을 스스로 인식하고 상황을 판단하여 자율적으로 동작하는 기계장치(기계장치의 작동에 필요한 소프트웨어를 포함한다)를 말한다.

8. 제2조 4. "지능정보기술"이란 다음 각 목의 어느 하나에 해당하는 기술 또는 그 결합 및 활용 기술을 말한다.
   가. 전자적 방법으로 학습 추론 판단 등을 구현하는 기술
   나. 데이터(부호, 문자, 음성, 음향 및 영상 등으로 표현된 모든 종류의 자료 또는 지식을 말한다)를 전자적 방법으로 수집 분석 가공 등 처리하는 기술
   다. 물건 상호간 또는 사람과 물건 사이에 데이터를 처리하거나 물건을 이용 제어 또는 관리할 수 있도록 하는 기술
   라. 클라우드컴퓨팅 발전 및 이용자 보호에 관한 법률 제2조제2호에 따른 클라우드컴퓨팅기술
   마. 무선 또는 유 무선이 결합된 초연결지능정보통신기반 기술

9. 官民データ活用推進基本法 第2條 第2項 この法律において「人工知能関連技術」とは' 人工的な方法による学習' 推論' 判断等の知的な機能の実現及び人工的な方法により実現した当該機能の活用に関する技術をいう｡

10. 2020년 법 Sec. 5002. (3) ARTIFICIAL INTELLIGENCE. The term "artificial

intelligence" means a machine-based system that can, for a given set of human-defined objectives, make predictions, recommendations or decisions influencing real or virtual environments. Artificial intelligence systems use machine and human-based inputs to (A) perceive real and virtual environments; (B) abstract such perceptions into models through analysis in an automated manner; and (C) use model inference to formulate options for information or action

11. 박정일, "앨런 튜링과 현대 컴퓨터의 기원", 지식의 지평 제3권, 대우재단, 226면 이하.

12. 유주선, "인공지능 의료행위와 법적 책임에 관한 연구", 비교사법 제27권 제4호, 한국비교사법학회, 2020, 121면 참조.

13. 그는 "AI란 무엇인가"란 질문에 다음과 같이 답하였다. "It is the science and engineering of making intelligent machines, especially intelligent computer programs. It is related to the similar task of using computers to understand human intelligence, but AI does not have to confine itself to methods that are biologically observable."[John McCarthy, What is Artificial Intelligence?(Nov. 12, 2007), http://www-formal.stanford.edu/jmc/whatisai/node1.html

14. 제임스 카메론의 '터미네이터(Terminator)', 조지 루카스의 '스타워즈(Star Wars)', 리들리 스콧의 '에이리언(Alien)', 워쇼스키 남매의 '매트릭스(Matrix)'등 헐리우드식 인공지능은 인간의 가장 강력한 형태의 초인공지능에 대한 상상력이 구체적으로 투시된 형태를 띤다. (박소영, 앞의 논문, 103면 참조)

15. 박소영, 인공지능의 역사 서사적허구, 문화상품, 그리고 과학적 사실로, 인간환경미래 22호, 94면

16. The science and engineering of making intelligent machines

17. The study of mental faculties through the use of computational models

18. A field of study that seeks to explain and emulate intelligent behavior in terms of computational processes)

19. The art of creating machines that perform functions requiring intelligence when performed by people

20. The study of how to make computers do things at which, at the moment, people are better

21. The branch of computer science that is concerned with the automation of intelligent behavior

22. Artificial intelligence is technology that appears to emulate human performance typically by learning, coming to its own conclusions, appearing to understand complex content, engaging in natural dialogs with people, enhancing human cognitive performance (also known as cognitive computing) or replacing people on execution of nonroutine tasks.)

23. 이 정의에는 인공지능의 정의에 흔히 들어가는 단어인 인간이 없다. 이를 현대의 인공지능 전문가들의 평가로 보고, 인공지능이 더 이상 인간을 닮은 기계, 생각하는 기계를 만드는 것에 목표를 두지 않으며, "인간 같은 기계, 생각하는 기계를 만드는 것이 인공지능이라고 생각하는 것은 낭만적이긴 하나 비과학적"이라며 인공지능을 실용적 입장에서 최적화의 한 방법으로 보자는 주장도 제기되고 있다. (이경전, "인공지능, 경영 최적화의 한 방법. 응용 기술 개발 못하면 의미 없어", 동아비즈니스리뷰 228호, 2017.)
   (http://dbr.donga.com/article/view/1101/article_no/8179, 2021. 1. 26. 최종접속).

24. 유럽회의 결의안은 이를 스마트 로봇(smart robot)이라 표현하고 있다.

25. European Parliament resolution of 16 February 2017 with recommendations to the Commission on Civil Law Rules on Robotics (2015/2103(INL), 이도국, "인공지능 (AI)의 민사법적 지위와 책임에 관한 소고", 법학논총 제34집 제4호, 한양대학교 법학연구소, 2017. 320면, 김성호, "인공지능에 대한 법인격 부여 필요성", 법학논총, 37(3), 2020, 143면 참조.

26. 이 중 자기학습능력은 선택적 기준(optional criterion)이다.

27. An AI system is a machine-based system that can, for a given set of human-defined objectives, make predictions, recommendations or decisions influencing real or virtual environments.

28. 관계부처 합동, "인공지능 국가전략", 2019. 12., 1면. 이 보고서는 인간의 지적노동을 AI가 대체하는 현상을 인간의 육체노동을 기계가 대체한 '산업화'에 빗대어 'AI화'로 표현하고 있다.

29. 금융혁신기획단 금융데이터정책과, "금융분야 AI 가이드라인", 2021. 7. 8., 1면.

30. 통계적으로 유의미한 법칙이 구현된 프로그램을 통상 '모델'이라 지칭한다. 가령 어느 지역의 인종, 성별, 나이 등의 데이터를 분석하여 범죄가 어느 정도 일어날 가능성이 있는지를 예측하는 프로그램을 인공지능으로 만든다고 한다면 이를 통해 산출하는 목적인 '범죄 발생 확률'을 '목적변수', 산식에 입력하는 인종, 성별, 나이 등의 조건을 '설명변수', 과거 범죄 발생 상황에 관한 데이터를 '학습데이터'라 할 수 있으며 해당 프로그램은 '범죄 발생가능성 분석 모델'이 된다.

31. 한편, 인공지능은 통상 머신러닝, 지능기계, 사이보그, 로봇공학 등의 용어들과 동일시되거나 혼용되어 사용되고 있는데, 후술하는 바와 같이 인공지능의 궁극적 본질은 코드로 구성된 컴퓨터 알고리즘이라고 보아야 할 것이므로, 여러 표현 중 사이보그나 로봇공학 등의 표현은 'AI 알고리즘을 하드웨어적·기계적으로 구현하여 상황별 정보를 판단하고 실용적으로 이용하는 형태'를 의미하는 표현으로 파악하는 것이 적정하다. (최은창, 2016, 인공지능 시대의 법적·윤리적 쟁점. FUTURE HORIZON : 18면.)

32. 이도국, "인공지능과 전자인(Electronic Person) ―독자적 법인격 부여 가능성을 중심으로", (사)한국법정책학회, 법과 정책 연구 제21집 제1호, 2021. 3, 444면.

33. 그녀는 1946년의 노벨평화상 수상에서 "Industrialization based on machinery, already referred to as a characteristic of our age, is but one aspect of the revolution that is

being wrought by technology."와 같이 말했다.

34. 앨빈 토플러(Alvin Toffler, 1928－2016)는 인류 문명의 발전에 공헌한 기술을 세 단계의 물결로 비유하고, 각각 농업혁명, 산업혁명, 정보화혁명이라는 이름을 붙였다. 인공지능은 그가 제3의 물결로 빗댄 '지식정보시대' 이후 제4의 물결의 후보군 중 유력한 하나로 거론되고 있다.

35. 방정미, 앞의 논문, 381면 참조.

36. 파멜라 맥코덕(Pamela McCorduck)에 의하면, 역사적 기록으로 남아 있는 최초의 인공지능 혹은 기계화된 사고를 가진 존재에 대한 이야기는 기원전 6세기경이다. 호머에 기록된 서사시 속에서 일종의 인조인간인 오토마타가 등장한다는 것이다(McCorduck, "Machines Who Think", A K Peters, Ltd. Natick, Massachusetts, 2004, p. iv). 이는 부르스(J. Douglas Bluce)의 주장과도 상통한다. 블루스는 일리아드(18권, 417ff)에 '금으로 만든 시녀들'이 지능을 부여받았다는 표현에서 인간형 오토마타의 효시를 찾는다. 대장장이의 신 헤파이스토스가 황금으로 하녀들을 제작하는데, 그들에게 지능이 부여되어 있었으며, 살아있는 하녀들처럼 주인의 시중을 들었다는 것이다. (Bruce, 1913, p512, 이상 박소영, 앞의 논문, 95면에서 재인용)

37. Stochastic Neural Analog Reinforcement Calculator. 마빈 민스키가 설계한 신경망 기계다. 민스키의 편지에 따르면, 1951년 여름 조지 아미티지 밀러는 공군과학연구소에서 자금을 받아 당시 프린스턴 대학의 수학과 대학원생이었던 민스키에게 프로젝트를 수행하도록 했다. 당시 프린스턴대 물리학과 대학원생인 딘 S. 에드먼즈가 전자기기에 능숙하다며 자원했고, 민스키가 그를 프로젝트로 끌어들였다. 기계 자체는 약 40개의 헵(Hebb) 시냅스들이 무작위로 연결된 네트워크다. 이러한 시냅스는 각각 한 번 입력하면 신호가 들어오고 다른 신호를 출력하는 확률을 지닌 메모리로 이루어진다. '확률식'에 따라 신호 전달은 0에서 1까지 확률을 보인다. 확률 신호가 통과하면, 콘덴서는 수식을 기억해 "클러치"를 결합한다. 이때 운영자는 버튼을 눌러 기계에 보상을 준다. 큰 모터가 움직여 40개의 시냅스 기계 모두를 연결하는 체인이 있어, 클러치가 연결되었는지 아닌지를 점검한다. 콘덴서는 일정 시간 동안만 "기억"하기 때문에, 체인은 최근 업데이트된 확률만을 반영한다. 이 기계는 인공지능 분야에서 선구적인 시도 중 하나로 여겨진다. 민스키는 MIT의 프로젝트 MAC의 창립 멤버로 계속 활동했는데, MAC는 MIT 컴퓨터과학연구소와 MIT 인공지능연구소로 분리되었다가, 현재는 MIT 컴퓨터과학 및 인공지능연구소가 되었다. 1985년 민스키는 MIT 미디어연구소의 창립 멤버가 되었다. (SNARC, https://ko.wikipedia.org/wiki/SNARC)

38. 세계 최초의 상용, 범용 일렉트로닉 컴퓨터로서 최초의 프로그램 내장식 컴퓨터인 '맨체스터 마크1(Manchester Mark 1)의 개량, 상용화된 버전이다.

39. 이는 컴퓨터 게임의 단순한 장애물로서의 기계가 아니라 인간의 플레이에 따라 전략을 바꾸는 상대 플레이어로서의 첫 인공지능으로 여겨진다.

40. Mccorduck, 앞의 논문(주 39), Machines Who Think, A K Peters, Ltd. Natick, Massachusetts, 2004, 137면 이하 참조.

41. Newell, A.; Simon, H., "The logic theory machine－A complex information processing

system−". IEEE Transactions on Information Theory 2 (3), 1956. 9., 61-79면.

42. 방정미, "인공지능 알고리즘 규제거버넌스의 전환 −최근 미국의 알고리즘 규제와 인공지능 윤리원칙을 중심으로−", 한국공법학회, 공법연구 제49집 제3호, 2021. 2., 380면.

43. 다트머스 컨퍼런스(Dartmouth Conference)로 알려져 있으며, 마빈 민스키(Marvin Minsky, 1927−2016), 클로드 섀넌(Claude Shannon, 1916−2001) 등이 1956년 미국의 뉴햄프셔 주에 소재한 다트머스 칼리지에서 개최한 여름 세미나이다. 이 세미나에서 매카시는 자동계산(Automated Computation)이라는 튜링의 주장에 대해 토론하자고 제안하면서, 자동계산이 "학습의 모든 측면이나 지성의 어떤 다른 특징들은 원리적으로 이를 모방하도록 만들어진 기계에 의해서 아주 정교하게 수행(재생, 혹은 복제)될 수 있다"는 추측에 근거해 만들어진 것이라 말했다.

44. We propose that a 2 month, 10 man study of artificial intelligence be carried out during the summer of 1956 at Dartmouth College in Hanover, New Hampshire.

45. 다트머스 컨퍼런스에 참석한 레이 솔로모노프(Ray Solomonoff), 올리버 셀프리지(Oliver Selfridge), 트렌처드 모어(Trenchard More), 아서 새뮤얼(Arthur Samuel), 앨런 뉴얼(Allen Newell), 허버트 사이먼(Herbert A. Simon) 등은 모두 인공지능 연구에서 괄목할 만한 성과를 만들어온 사람들이었다.

46. Crevier, 1993, 49면, 박소영, 앞의 논문(각주 36), 111면 참조.

47. 松原仁 人工知能学会 会長, "第3次人工知能ブームが拓く未来", https://www.jbgroup.jp/link/special/222−1.html, (손영화, 인공지능(AI)시대의 법적과제, 법과 정책연구 제16권 제4호, (사)한국법정책학회, 2016. 12, 307면에서 재인용)

48. 컴퓨터(Computer)는 계산한다는 뜻의 라틴어 콤푸타레(computare)에서 유래했다. 이 단어의 어근은 콤(com)과 푸투스(putus)로 함께(com)와 생각하다(putus)의 합성어이다. "생각을 정리하며 수식을 따라 계산하는 것"을 의미한다. 컴퓨터라는 말의 의미는 시대에 따라 변화했다. 영어권에서 컴퓨터는 "계산하는 사람"을 의미했지만, 현대에는 기계적 계산을 수행하는 기계를 일컫는 말로 주로 사용된다. "컴퓨터",
https://ko.wikipedia.org/wiki/%EC%BB%B4%ED%93%A8%ED%84%B0

49. 이는 최초의 디지털 계산기로 파스칼린(Pascaline)이라 불린다.

50. 박소영, 앞의 논문, 110면 참조.

51. 다만 예산의 한계로 당시에 실물이 제작되지는 못했다.

52. 배비지의 공동 작업자인 에이다 러블리스(Ada Lovelace)는 분석 엔진용으로 만든 알고리즘으로 세계 최초의 컴퓨터 프로그래머로 알려져 있다. Pratt, 1987, pp. 96−97., 박소영, 앞의 논문, 110면에서 재인용.

53. Turing, 1950, p.4. 튜링의 논문은 이 질문으로 시작한다.

54. 인공지능의 기초적인 논의는 이미 17, 18세기부터 태동하고 있었지만, 그 당시에는 뇌와 마음의 관계에 관한 철학적인 논쟁에 집중되었다. 당대에는 인간의 뇌 외에는 정보를 처리할 장치가 존재하지 않았기 때문이다. 기계가 두뇌를 흉내낼 수 있을지도 모른다는 아이디어는 20세기 중엽 앨런 튜링이 추상적 계산기의 모형이 되는 튜링머신, 즉 컴퓨터의 논리적 모델

을 고안한 데에서 기인한다.

55. 최초의 신경망모델은 그보다 앞선 1943년 워렌 맥컬럭(Warren McCulloch)과 월터 피츠(Walter Pitts)가 제안했다. 그들은 인간의 두뇌를 논리적 서술을 구현하는 이진 원소들의 결합으로 추측했는데, 이진 원소인 뉴런은 on이나 off 상태를 나타내고, 그러한 뉴런들을 합쳐서 강력하고도 범용적인 컴퓨터 장치를 만들 수 있다고 평가되었다. (김대수, 신경망 이론과 응용(1): 김대수, 하이테크 정보, 1992, 59면 이하 참조.) 또한 소련의 아나톨리 키토프는 붉은책(Red Book)에서 '국가 계획경제 네트워크 중심적 통제 체계'를 제안했고, 빅토르 글루시포프는 이를 발전시켜 연방자동정보처리 처리 계획을 내놓기도 했다. (김명자, 앞의 책, 439면) 다만 본고에서는 인공지능의 '인공' 즉, '기계'라는 특성에 집중하여, 컴퓨터의 논리적 모델을 고안한 앨런 튜링에 보다 많은 설명을 할애하도록 한다.

56. 튜링은 16세 때 크리스토퍼 모컴(Christopher Morcom)를 만났으며 모컴에게 많은 영향을 받는다. 모컴도 수학에 상당히 뛰어난 재능을 가져 함께 어려운 수학 문제 풀기를 즐겼는데, 1930년 소결핵균으로 모컴이 요절하자 모컴의 뇌에 있던 지능을 저장하거나 다른 사람에게 전달할 방법을 고민하다 인공지능의 기본이 되는 이론을 창안하게 된다.

57. 기계지능이 체스, 언어 학습, 암호학 등의 분야에 사용될 것이라 예언했다. 암호학은 제2차 세계 대전 시절 에니그마를 해독하며 얻은 경험과 지식을 바탕으로 예측한 것으로 보인다.

58. 튜링은 1937년 현대의 컴퓨터와 기능적으로 유사한 장치를 고안하였고, 이는 튜링 기계(Turing Machine)로 불린다. 튜링 머신은 명제의 증명 가능성에 대한 연구에서 이용된 개념으로, 튜링은 러셀의 역설이나 불완전성 정리처럼 '나는 유한 번의 논리처리로는 증명 안됨'이라는 명제를 증명하였는데, 중간에 튜링은 칸이 나눠진 긴 종이 띠와 이 위의 데이터를 읽고 바꿔 쓰는 기계가 읽은 데이터에 대해서 바꿔 쓰는 결과를 설정할 수 있는 기능이 있다면, 이것이 수학적 증명과 인간의 지능과 동일하다는 걸 증명한다. 전후에 튜링은 이 '만능 기계'를 완전히 실현하려다 실패하고 약간 변형된 형태가 폰 노이만에 의해 실현되어 지금의 컴퓨터가 된다. 튜링은 이 기계에 "효과적 절차라고 말할 수 있는 모든 과정을 실현시킬 수 있다"는 자부심을 가졌다.

59. 실험 방법은 다음과 같다. 질의자 하나와 응답자 둘을 준비한다. 응답자 중 하나는 컴퓨터이고 나머지는 인간이며, 어느 쪽이 컴퓨터인지는 알 수 없다. 응답은 키보드로만 이루어지고 이 테스트에서 질의자가 어느 쪽이 컴퓨터인지 판별할 수 없다면 컴퓨터는 시험을 통과한다. 즉 컴퓨터가 인간처럼 대화를 할 수 있다면 그 컴퓨터는 인간처럼 사고할 수 있다고 보는 것이다. 말하자면 '인간인 척'을 잘하는 컴퓨터는 지능이 있다고 판단한다.

60. 튜링은 마음과 지능, 인간다움의 본질에 대한 논의는 그만두고, 일단 이 시험을 통과하는 모든 것은 확실히 '지적이다'고 합의한 다음 "이 시험을 통과하는 기계를 어떻게 만들 수 있을지로 논의의 방향을 돌리는 것이 훨씬 발전적"이라고 주장했다.

61. Russell & Norvig, 앞의 책, 3면., 윤지영 외, 앞의 책, 22면.

62. 튜링 테스트를 통과하기 위한 시도는 계속해서 있어왔다. 바이첸바움(Weizenbaum, 1966)의 엘리자(Eliza) 프로그램은 튜링 테스트를 통과할 목적으로 개발되어 강한 인상을 남겼다. 1991년 국제적인 규모의 인공지능 경연으로 뢰브너 대회(Loebner prize contest)가 열렸

다.

63. 튜링 테스트는 열광적 반응 한편에서 무모하고 심지어 해롭다고 비난받기도 했다. 대표적인 비판진영의 학자, 허버트 드레퓌스(Dreyfus, 1967)는 인간의 지능을 근본적으로 형식화할 수 없고 따라서 컴퓨터의 지능은 원천적으로 불가능하다고 선언했다. 존 설(Searle, 1980)도 이에 동의했다. 그는 중국어방(Chinese room)이라는 사유 모델을 통해서 테스트를 통과하더라도 인간처럼 이해한 것은 아니라고 주장했다. 튜링 테스트 통과 자체가 인간다운 지능(적절한 정신력)을 위한 충분조건은 아니기 때문이다. 인지과학자 로버트 프렌치(French 1990)는 튜링 테스트를 실제로 통과하는 기계가 등장할 가능성은 작다고 전망하면서 이 테스트를 실제로 구현하는 것은 '잠정적으로 쓸모없다'고 주장하기까지 했다. 또한, 헤이스와 포드(Hayes & Ford, 1995)는 인공지능의 궁극적인 목표가 인간 능력을 모방하는 것이 되어서는 안 된다고 제기했고, 이제 이 테스트는 실용성이 없으며 역사책 속으로 이동해야 한다고 말했다. (김지연, 튜링 테스트 다시 생각하기: 시민과학 접근, 한국과학기술학회 학술대회, 2020, 312면)

64. 앨런 튜링 사후 60주년을 맞은 2014년 영국 레딩대학이 지난 6월 8일 개최한 튜링 테스트 2014(Turing Test 2014)에서 튜링 테스트를 통과한 슈퍼컴퓨터(유진 구스트만, Eugene Goostman)가 등장했다고 하지만 전문가들은 회의적이다. 유진은 테스트 결과 판정자 중 33%가 "사람 또는 컴퓨터를 확인할 수 없다"고 평가해 시험에 합격했다고 한다(University of Reading, Turing Test success marks milestone in computing history, 08 June 2014, 연합뉴스, "'생각하는 인공지능' 64년만에 공식선언..튜링 테스트 첫 통과", https://news.v.daum.net/v/20140609075607685). 그러나 이는 단순히 채팅 능력이 검증된 정도에 불과하고 본서에서 정하는 '인공지능'이라고 할 수는 없을 것 같다. 질문에 맞추어 추론하는 것이 아니라 규칙에 기반해 답변을 출력하는 채팅 알고리즘에 불과하기 때문이다. (전승민, 동아일보, 똑똑하고 다정다감… '인공지능 여친'을 소개합니다?, https://www.donga.com/news/East/article/all/20140613/64225099/1)

65. 존 설(John Searle, 1932 −)은 '중국어방'이라는 사고실험을 제시함으로써 당시의 기능주의와 고전적 인공지능논의에 강력한 도전을 주었다. 이는 튜링 테스트로는 기계의 인공지능 여부를 판정할 수 없다는 것을 논증하기 위해 고안된 실험으로 그의 논증은 심리철학뿐만 아니라 인지과학, 인공지능 분야의 학문적 발전에 크게 기여하였다. 유사한 다른 사고실험으로 1974년에 토머스 네이글(T. Nagel)이 제안한 "박쥐의 의식" 논변, 1982년에 프랭크 잭슨(F. Jackson)이 제기한 "메리가 모르는 것" 논변, 1978년에 네드 블록(N. Block)이 제기한 "10억 중국인의 문제" 논변 등이 있다. 아이러니하게도 인공지능이 가능함을 확인하기 위한 튜링 테스트를 반박하는 주장들이 논박되는 과정에서 인공지능의 '실현'이 '현실화'되고 있는 것이다.

66. 맹인 안내견 정도의 지능을 가진 프로그램이 실재한다면 이를 인공지능이라 부르지 못할 이유는 없다. 인간 사고의 기계화 수준을 지능지수(IQ)의 높고 낮음으로 쉽게 재단할 수는 없겠지만, 개의 IQ(20~40)는 대체로 3세 유아의 지능 수준에 해당한다.

67. 인공지능의 연구방법은 연구 분야마다 다르게 발달해왔다. 주로 철학, 심리학, 뇌 과학 등의

학술분는 인공지능 연구의 목적을 인간 지능의 구조를 이해하기 위해서 컴퓨터를 활용하고 시뮬레이션 등을 행하는 것에 둔다. 즉, 인간의 뇌의 구조를 해명하고, 그 시스템대로 인공지능을 만든다는 것이다. 그러나 산업적 응용을 목표로 하는 공학적 접근법에서는 인공지능의 목적을 「지능적」(혹은, "영리"나 "합리적"이라고 해도 좋을 것이다)인 소프트웨어를 구축하는 것에 둔다. 그 목적을 달성하기 위해서는 수단으로서 「인간의 시뮬레이션」을 할 필요는 없다고 하는 것이다. 인간의 사고원리와 다르더라도 어쨌든, 이용자로부터 지적이라고 인정받을 수 있는 소프트웨어나 이용자의 지적 작업을 높이기 위한 소프트웨어를 만드는 것이 목적이 된다. 실제로는 이 두 가지 접근법이 상호 간 접목되고 영향을 주면서 인공지능이 발전하고 있다. (손영화, 앞의 논문, 309면 참조)

68. 이 시기에 ARPA(Advanced Research Projects Agency)같은 정부 기관은 인공지능 연구에 많은 돈을 투자했다. ARPA는 다른 자금 조달기관과는 달리 피어 리뷰(Peer Review) 시스템을 사용하지 않았고, 최고의 사람들이 최선을 다한다는 자신의 판단에 근거해 자금을 집행했다. (Mccorduck, 앞의 논문, 131면)

69. Russell과 Norvig은 다음과 같이 표현했다. "it was astonishing whenever a computer did anything remotely clever." (Russell & Norvig, "Artificial Intelligence A Modern Approach"(3rd Edition), Pearson, 2009, 18면.)

70. It is not my aim to surprise or shock you—but the simplest way I can summarize is to say that there are now in the world machines that think, that learn and that create. Moreover, their ability to do these things is going to increase rapidly until—in a visible future—the range of problems they can handle will be coextensive with the range to which human mind has been applied. (Russell & Norvig, 앞의 책, 21면에서 재인용)

71. 그러나 이들의 낙관론이 무색하게 인공지능은 그 기대를 만족시킬 만큼의 발전을 보여주지 못했다. 이후 두어 차례의 인공지능 연구 침체기(인공지능 겨울, AI Winter)을 거친 후, 1990년대 이후부터 다시 인공지능 연구가 활발해지면서, 비로소 다트머스 회의에서 토론했던 내용이 현실로 나타나기 시작한다. (박소영, 앞의 논문, 112면.)

72. 실제로 생물학적 신경망 내에서 반복적인 시그널이 발생할 때 신경세포들은 그 시그널을 기억하는 일종의 학습효과가 있는데, 이를 가중치를 이용하여 인공신경망에 구현한 것이다.

73. 1883년 프랑스 수학자 루카스(Lucas)에 의해 고안된 것으로서, 가운데 기둥을 이용해 왼쪽 기둥에 놓인 크기가 다른 원판을 오른쪽 기둥으로 옮기는 문제이다. 이때 원판은 한 번에 한 개씩만 옮길 수 있으며, 작은 원판 위에 큰 원판이 놓일 수 없다는 조건이 따른다.

74. Mccorduck, 앞의 논문, 23면.

75. 1971년도부터 개념 구성 단계에 있던 오가스는 이전의 체계와 동일하게 경제학자들의 비용과 효율면에서 격렬한 반대에 봉착했고,(Кузнецова, 2005) 통제망과 시스템을 구현하는데 필요한 행정부들은 독점 가능한 정보를 통합한다는 것에 대해 각 행정부의 독립된 권한과 통제력이 낮아진다고 판단하여, 비협조적으로 나왔다. 1982년, 개발 중책인 글루쉬코프의 요절로 인한 계획의 구심점이 사라짐에 따라 표류하였다. 이처럼 오가스는 기초 토대는 구성되

였지만, 악재와 공산당의 소극적 태도에 별다른 결실을 맺지 못했고, 1985년 고르바초프가 정권을 잡게 되면서 기존의 사회주의 경제체제의 변혁을 의미하는 페레스트로이카('재건', '개혁'의 뜻을 가진 러시아어로 개혁정책을 의미한다), 즉 사실상의 시장경제 도입을 선언하게 되면서, 오가스는 더이상의 계획경제보조에도 사용이 불가능해졌다. 1986년 제27차 공산당 대회 당시에 열린 기술대회에서도 오가스 중앙통제식 정보망은 관심을 잃었다. 전산화에 대한 기본적인 안건에 대한 토론이 오갔지만, '계획경제와 국가운영의 현대화로써'의 시스템 언급은 사라졌다. 결론적으로 1991년, 소련의 붕괴까지 오가스 계획을 구현하는데 실패했다. (이글루스, "소련의 사이버−네트워크 체계 구현과 실패",
http://egloos.zum.com/TransUral/v/322573, 2022. 1. 4. 접속)

76. Mccorduck, 앞의 논문, 390면.

77. 김민수 기자, "[이세돌 vs 알파고] 인간의 지능을 탐낸 컴퓨터...인공지능 연구의 역사", 조선비즈, 2016. 3. 8. (https://biz.chosun.com/site/data/html_dir/2016/03/08/20160308 00113.html?right_ju&form＝MY01SV&OCID＝MY01SV#csidx97a5840a19380a99e 03b1ceb535d21c)

78. Russell & Norvig, 앞의 책, 23면.

79. Mccorduck, 앞의 논문, 271면.

80. 리스트(list: 자료구조의 하나로 순서가 매겨진 0개 이상의 원소들의 집합) 형태로 된 데이터를 처리하도록 설계되었는데, 데이터와 프로그램이 모두 S−식(S-expression)이라고 하는 일반화된 리스트(generalized list) 형태로 기술되므로 프로그램이 데이터처럼 취급되는 것이 특징이다.

81. Mccorduck, 앞의 논문, 286면.

82. Mccorduck, 앞의 논문, 293면.

83. Russell and Norving, 앞의 책, 19면.

84. Russell and Norving, 앞의 책, 19면.

85. Laudon, Kenneth C, Jane P., "Management Information Systems 12/E: Managing the Digital Firm", Pearson Education Asia, 445면.

86. 이 프로젝트는 '컴퓨터 비전'이라는 독자적인 분야를 형성하였고, 60여 년이 지난 현재에도 활발히 연구가 진행되고 있다.

87. 1971년 스티븐 쿡, 1972년 리처드 카프, 1973년 레오니드 레빈이 각각 발표한 논문 역시 같은 내용을 담고 있다. 일부 문제는 입력 데이터의 크기가 증가할수록 계산에 필요한 시간 또한 지수적으로 증가하기 때문에 영원히 계산을 마칠 수 없다. 인공지능이 필요한 복잡한 문제에서 정작 인공지능이 무용지물일 수 있는 것이다.

88. '인공지능 겨울'은 R. P. Gabriel이 처음 명명한 것으로 알려진 'AI Winter'를 'AI 몰락', 'AI 추락' 등으로 번역하지 않고 직역한 것이다. 1984년 '미국 인공지능 학회'(American Association of AI)에서 처음 사용된 것으로 알려져 있다.

89. 이 프로그램은 스탠퍼드에서 에드 파이겐바움(Ed Feigenbaum)과 브루스 뷰캐넌(Bruce Buchanan), 조슈아 레더버그(Joshua Lederberg)가 질량 분석기(mass spectrometer)에

서 얻은 정보로부터 분자 구조를 유추하는 문제를 풀기 위해 개발되었다. 이 프로그램에 대한 입력은 분자의 기본적인 화학식(이를테면 $C_6H_{13}NO_2$)과 질량 스펙트럼(분자에 전자빔을 쏘았을 때 생성된 분자의 여러 파편의 질량을 알려 주는)으로 이루어진다. (Russell and Norving, 앞의 책, 22면.)

90. 감동근, "바둑으로 읽는 인공지능", 동아시아, 2016, 15면.

91. 인공지능과 인지과학이 분리되면서 현대적인 신경망 연구도 두 분야로 양극화되었다. 하나는 효과적인 신경망 구조 및 알고리즘의 작성과 그 수학적 성질의 이해에 중점을 두는 반면, 다른 하나는 실제 뉴런 및 뉴런들의 조화의 실험적 속성들을 세심하게 모형화하는 데 중점을 둔다. (Russell and Norving, 앞의 책, 24면.)

92. 감동근, 앞의 책, 16면.

93. Russell and Norving, 앞의 책, 24면.

94. Russell and Norving, 앞의 책, 25면.

95. 당시 영국은 1973년의 라이트힐 보고서를 '장대한 목표(Grandios objectives)' 달성을 방해한 실패로 보았다.

96. McCorduck, "Shift to Applied Research Increases Investment", 2004, pp. 426-432.

97. 왓슨은 제퍼디에서 우승한 지 3년 만에 속도는 24배 빨라졌고, 크기는 10분의 1로 줄어들었다. 헬스케어(왓슨헬스)와 법률 분야에서 도입되는 등 그 영역을 넓혀가나 싶었지만, 왓슨을 도입한 기관이 왓슨의 성능을 신뢰할 수 없다는 성명을 발표하기 시작했고(국내에서도 부산대병원 등이 왓슨을 재계약하지 않았다), IBM은 왓슨을 실패한 사업으로 규정, 사업팀을 2018년 5월부로 구조조정했다. 왓슨의 실패로 IBM주가는 왓슨을 처음 선보인 10년 전보다 10% 이상 떨어진 상태이다. (박건형 기자, "돈 못버는 골칫덩이됐다… AI 선구자 '왓슨'의 몰락", 조선일보, 2021. 7.19. https://www.chosun.com/economy/tech_it/2021/07/20 /2ZE5MWL7MBBU5CGU UXXLUBD4PM/)

98. delicate and easily broken, unkind and unpleasant

99. 유신, "이미 인간을 능가한 '약한 인공지능', 한겨레, 2012. 8. 14. 참조. (https://www.hani.co.kr/arti/science/science_general/scienceon/547058.html, 2021. 1. 27. 최종접속)

100. 인간의 마음과 동물, 인공지능의 정보처리과정을 연구하는 학문이다.

101. 김명자, 앞의 책, 439면 참조.

102. 장난감 같은 예시, 즉 물리 모델링에서 메커니즘을 간결하게 설명하는 데 사용할 수 있도록 세부 정보를 제거하고 의도적으로 단순화한 모델을 말한다.

103. 이러한 변화를 스크러피(scruffy; 즉 여러 가지 착안을 시험해 보고, 프로그램들을 작성하고, 괜찮은 것이 있으면 채용하는 방식을 선호하는 사람)들에 대한 니트(neat; 인공지능 이론이 엄격한 수학적 기반을 가져야 한다고 생각하는 사람)들의 승리로 특징짓는 이도 있다. 두 접근방식 모두 중요하다. 무게중심이 니트로 이동했다는 것은 이 분야의 안정성과 성숙도가 일정 수준에 이르렀음을 뜻한다. 그러한 안전성이 새로운 스크러피적 착안 때문에 다시 붕괴할 것인지는 또 다른 질문이다. (Russell and Norving, 앞의 책, 25면.

104. Russell and Norving, 앞의 책, 25면.

105. Russell and Norving, 앞의 책, 26면.

106. 방정미, 앞의 논문 381면.

107. Russell and Norving, 앞의 책, 27면.

108. 방정미, 앞의 논문, 380면.

109. 2005년 DARPA Grand Challenge에서 Stanley라는 이름의 무인 조종 로봇 차량이 모하비 사막의 거친 지형을 22mph의 속도로 달려서 132마일 코스를 1등으로 완주했다. Stanley는 Volkswagen Touareg에 환경 감지를 위한 카메라, 레이더, 레이저 거리계와 조타(steeringg), 제동, 가속을 위한 내장(onboard) 소프트웨어를 탑재한 자동차이다 (Thrun 외, 2006). 그다음 해에는 CMU의 Boss가 미 공군 기지 근처의 실제 도로들에서 교통법규를 지키고, 보행자나 다른 차량과 충돌하는 일 없이 안전하게 주행해서 Urban Challenge에서 우승했다.

110. 항공사 United Airlines는 항공권 예약을 위해 전화를 건 고객과의 대화 과정 전체를 자동 음성 인식 및 대화 관리 시스템으로 진행한다.

111. 지구에서 백만 마일 떨어진 곳에 있는 NASA의 Remote Agent 프로그램은 우주선 가동 일정을 제어하는 최초의 내장 자율 계획 수립 프로그램으로 기록되었다(Jonsson 외, 2000). Remote Agent는 지상에서 지시한 고수준 목표들로부터 계획들을 생성했으며, 그 계획들의 실행에서 발생한 문제들을 감지, 진단, 복구하면서 실행을 감시했다. 후속 프로그램인 MAPGEN(Al-Chang 외, 2004)은 NASA의 화성 탐사 차량(Mars Exploration Rovers)을 위한 일상 운용 계획들을 생성하고 있으며, MEXAR2(Cesta 외, 2007)는 유럽 우주국 (European Space Agency)의 2008년 화성 특급(Mars Express)을 위한 임무 계획을 수립했는데, 거기에는 물자 공급 계획과 과학 계획이 모두 포함되었다.

112. IBM의 Deep Blue는 체스 경기에서 인간 세계 챔피언을 이긴 최초의 컴퓨터 프로그램이 되었다. 한 시범 경기에서 Deep Blue는 개리 카스파로프Garry Kasparov를 3.5 대 2.5의 점수로 물리쳤다(Goodman 및 Keene, 1997). 카스파로프는 체스판 건너편에 '새로운 종류의 지능'이 있음을 느꼈다고 말했다. Newsweek지는 그 경기를 '두뇌의 마지막 전투'로 묘사했다. IBM의 주식 규모는 180억 달러로 증가했다. 인간 챔피언들은 카스파로프의 패배를 연구했으며, 이후 열린 몇몇 경기에서 컴퓨터를 이길 수 있었다. 그러나 가장 최근의 인간-컴퓨터 경기에서는 컴퓨터가 완승했다.

113. 사용자들이 스팸 메시지를 지우는 데 시간을 낭비할 필요가 없도록, 학습 알고리즘들이 매일 수십억 건의 메시지를 스팸으로 분류하고 있다. 만일 알고리즘이 스팸을 걸러내지 않는다면 사용자 대다수의 편지함에서 전체 메시지의 80~90%가 스팸으로 채워질 것이다. 스팸 발송자들이 계속해서 자신의 전술을 갱신하고 있기 때문에, 고정적으로 프로그래밍된 접근방식으로는 그런 변화를 감당하기 힘들다. 최선의 방책은 학습 알고리즘이다(Sahami 외, 1998; Goodman 및 Heckerman, 2004).

114. Robot Corporation은 가정용 로봇 진공청소기 Roomba를 2백만 대 넘게 팔았다. 그 회사는 또한 좀 더 튼튼한 PackBot을 이라크와 아프가니스탄에 배치했다. 거기서 PackBot

은 위험물질 처리, 폭발물 제거, 저격수 위치 식별에 쓰였다.

115. 영어 사용자가 "Ardogan Confirms That Turkey Would Not Accept AnyPressure, Urging Them to Recognize Cyprus." 같은 기사 제목을 볼 수 있도록 아랍어를 영어로 번역하는 컴퓨터 프로그램이 있다. 그 프로그램은 아랍어-영어 번역문들과 총 2십억 개의 단어들로 이루어진 영어 텍스트에서 뽑은 표본들로 구축된 통계적 모형을 사용한다 (Brants 외, 2007). 개발팀의 컴퓨터 과학자 중 아랍어를 하는 사람은 하나도 없으나, 그들이 통계학과 기계 학습 알고리즘을 이해하고 있는 것은 확실하다.

116. Russell and Norving, 앞의 책, 27면.

117. 정정원, 앞의 논문, 196면.

118. 이인영, 36면.

119. 레이 커즈와일의 저서 '특이점이 온다(The Singularity Is Near, 2005)'를 통해 대중화된 단어이다. 정도가 과도해져 특이해지는 순간, 이상해지는 순간, 의도했던 바와 달라지는 순간 등으로 이해할 수 있다. 레이 커즈와일은 "2029년에 튜링테스트를 통과하는 AI가 등장할 것이다"고 예측한 바 있다.

120. 김명자, 앞의 책, 440면 참조.

121. Vinge, Vernor. The Coming Technological Singularity: How to Survive in the Post—Human Era, in Vision—21: Interdisciplinary Science and Engineering in the Era of Cyberspace, G. A. Landis, ed., NASA Publication CP—10129, 1993, p. 11., (손영임, 310면에서 재인용)

122. 지구온난화 종식과 암 치료제 개발, 인조인간 개발 등의 업적을 쌓고 자신을 창조한 피터 웨이랜드를 피조물인 나보다도 열등했던 자라고 조롱하고, 결국 웨이랜드가 자신을 만든 것처럼 스스로 창조주가 되어 피조물을 만들어낸다.

123. 터미네이터(The Terminator, 1984)"는 군사용 전략 방어 네트워크인 '스카이넷'이 스스로 지능을 갖추고 인류를 핵전쟁의 참화 속으로 밀어 넣는 내용으로 인공지능 기술의 발달로 인한 불안한 미래 세계의 모습을, "매트릭스(The Matrix, 1999)"는 2199년 인공지능에 의해 인류가 재배되는 참혹한 미래를 묘사하였다. 이런 영화들은 인공지능을 인류의 생존을 위협할 수 있는 치명적 형태의 기술로 파악하거나 또는 인간의 한계를 극복함에 있어 도움을 줄 수 있는 기술적 구원의 형태로 파악한 상상력의 소산이라고 할 수 있을 것이다.

124. 호킹 박사, "인공지능의 진화는 지구종말을 의미한다", The Huffington Post 2014. 12. 4. 호킹 박사의 발언은 다음을 참조하시오. Stephen Hawking · Stuart Russell · Max Tegmark · Frank Wilczek, Stephen Hawking: 'Transcendence looks at the implications of artificial intelligence — but are we taking AI seriously enough?', Friday 2 May 2014. <http://www.independent.co.uk/news/science/stephen—h awking—transcendence—looks—at—theimplications—of—artificial—intelligen ce—but—are—we—taking—ai—seriously—enough—9313474.html>.

125. 인공지능, 로봇공학 등에 대한 질적 및 정량적 평가와 글로벌 시장 기회를 분석하는 '트랙티카'는 기업용 인공지능 시스템 시장이 2015년 2억 달러 수준에서 2024년 111억 달러규

모로 연 평균 56.1% 급성장할 것으로 예측했다. (김윤정 외, 인공지능 기술 발전이 가져올 미래 사회 변화, 2016)

126. 조영임, "인공지능 기술 동향 및 발전 방향", 주간 기술동향, 정보통신기술진흥센터, 2016. 2. 17., 13면.

127. 김병운, "인공지능 동향분석과 국가차원 정책제언", 정보화정책, 제23권 제1호, 한국정보화진흥원, 2016, 76면, 조영임, 앞의 논문, 14 – 15면. 정정원, 193면에서 재인용.

128. 정정원, 앞의 논문, 192 – 193면.

129. 多田智史(다다 사토시), 송교석 옮김, 처음 배우는 인공지능 개발자를 위한 인공지능 알고리즘과 인프라 기초, 한빛 미디어, 2017, 31면.

130. 강한 인공지능(strong AI)과 약한 인공지능(weak AI)의 구분은 존 설(John Searle)이 주창한 것으로 그는 "정확한 입력과 출력을 갖추고 적절하게 프로그램된 컴퓨터는 인간이 마음을 가지는 것과 완전히 같은 의미로 마음을 가진다"고 보고 이를 '강한 AI'라고 명명하였고, 반드시 마음을 지닐 필요는 없고 한정된 지능에 의해서 지적 문제를 해결할 수 있는 인공지능을 '약한 AI'라고 하였다. (마쓰오 유타카/박기원 역, "인공지능과 딥러닝", 동아 엠앤비, 2016, 58면). 강한 인공지능 개념은 인간의 마음이나 뇌의 활동을 정보처리 과정으로, 사고는 계산 과정으로 환원될 수 있다는 입장으로 이해된다.

131. 일반 사람들이 가지고 있는 인공지능에 대한 이미지는 범용 인공지능이다. 이는 '스타워즈'의 C-3PO나 '블레이드러너'의 조이처럼 문화예술매체에 등장하는 AI의 이미지에 영향을 받은 것이다.

132. 인간의 마음(뇌의 작동 및 몸의 움직임의 제어 포함)의 과정 및 내용과 동물 및 인공적 지적 시스템에서의 지능(Intelligence)의 정보적 표상(표현)과 그 작동과정을 연구하는 종합적, 다학문적 과학이다.

133. Owen, J. Flanagan, JR., "The Science of the mind", MIT Press Cambridge, MA, 2nd ed. 1991., at 1 – 22; Lawrence B. Solum, "Legal personhood for artificial intelligence", 70 N.C.L.Rev. 1231, 1992.

134. 정정원, 199면 참조.

135. 정정원, 201면 참조.

136. 서완석, 인공지능과 금융법, 187면.

137. 후술하는 것처럼 금융산업도 그러한 분야 중 하나이다. 핀테크(Fintech)에서는 결제, 융자, 자산운용, 보험 등의 분야에서 다양 한 새로운 서비스가 등장하고 있고, 모바일 결제나 P2P 융자, 스마트 폰을 이 용한 결제나 AI를 이용한 투자 컨설턴트 등이 등장하였으며, 빅 데이터의 증가, 처리능력의 증가. 유연한 클라우드 플랫폼(flexible cloud platforms), 국제 상거래의 확대 및 규제환경의 변화는 AI 솔루션(artificial intelligence solution)의 기회에 동력을 제공하고 있다. 또한 전자적인 정보를 기록하는 일로서 가상통화의 기초가 되는 기술인 블록체인도 등장하였는데, AI에 블록 체인기술이 결합되어 사상 유례가 없는 암호화폐의 시대가 열리고 있다. 가상 통화가 블록체인 최초의 응용대상인 것은 맞지만, 광범위한 블록체인 기술의 응용은 보험, 증권, 파생상품, 자금조달 등에도 시도되고 있다. (서

완석, 189면)

138. 금융(金融, finance)은 "이자를 받고 (돈이 필요한 사람에게) 자금을 융통하여 주는 것"을 말한다. 즉 일정 기간을 정하고, 앞으로 있을 원금의 상환과 이자 변제에 대해 상대방을 신용하여 자금을 이전하는 것으로 자금의 수요 공급에 관계되는 활동이나 그 인프라를 총칭하는 개념이라 할 수 있다.

139. 서완석 외, 인공지능과 금융법, 181면.

140. 핀테크는 금융을 뜻하는 finace와 기술을 말하는 tech가 결합된 용어이다. 2000년대 초부터 미국 금융업계에서 쓰였던 말이었으나, 리먼 사태를 겪으며 실리콘밸리를 중심으로 하는 IT기업들 중에서 인터넷을 활용한 비즈니스 모델을 무기로 새로운 금융서비스를 제공하는 벤처기업이 출현하면서 대중화되었다. 금융회사들이 금융위기를 겪으며 거래를 신중하게 취급하면서 IT 기업이 개인 고객이나 소규모 법인 고객을 흡수하는 새로운 금융담당자의 역할을 하게 되었는데, 해당 서비스의 호칭으로 핀테크라는 말이 정착되어 세계적으로 유행하게 된 것이다. (홍준호, "신기술에 의한 금융혁신과 향후 전개방향", 지급결제학회지 제12권 2호, (사)한국지급결제학회, 2020. 12., 17면 참조)

141. 신용카드는 1950년대 미국에서 프랭크 맥나마라의 '다이너스 클럽'에서 시작되었다. 맥나마라가 식당에서 거래처 손님과 식사 후 계산할 때 지갑을 가지고 오지 않았지만 다행히 그 가게의 단골이라 명함 한 장만 건네주고 나왔다. 이후 맥나마라는 클럽을 조직하여 신분증(신용카드)을 발급하고, 그 신분증으로 어디서든지 외상을 할 수 있으면 이런 봉변을 당할 일이 없겠다는 생각을 했고, 이 아이디어를 바탕으로 신용카드 회사인 다이너스 클럽을 설립한다.

142. 김영욱, "AI 기반의 운영모델로 변화하는 은행 및 금융서비스", 2021 KISA REPORT, 3면 이하 참조.

143. 4Vs: 규모(Volume: scale of data), 속도(Velocity: analysis of streaming data), 다양성(Variety: different forms of data), 진실성(Veracity: uncertainty of data)

144. 강영신, 2020. 8.

145. 이제영, "인공지능이 가져올 금융 서비스 혁신 전망" FUTURE HORIZON, 과학기술정책연구원, 2020. 12/, 39면.

146. 자동차 보험, 크라우드 펀딩 시장에서 맞춤형 금융서비스의 등장

147. 플랫폼 스타트업과의 얼라이언스를 통해, 기존 고객 에게 편리한 서비스를 제공하고, 이후 이러한 성공 경험을 바탕으로 신규시장에 진출

148. 다양한 비금융 정보를 인터넷에서 수집하여 신용평가 체계 고도화

149. 입출금 업무부터 시작하여 중개, 보험, 대출까지 시중 은행의 거의 모든 서비스를 비대면으로 제공

150. 시간과 장소, 결제수단에 구애 받지 않고 빠르고 간편한 결제가 가능해짐

151. 주 오이시디 대표부, 앞의 자료, 4면.

152. 김광석 외, "금융산업, 4차 산업혁명과 만나다", 삼정KPMG 경제연구원, 53호, 2017, 3면 이하.

153. 전승우, "골드만삭스 AI '워런', 애널리스트 15명이 4주 할 일 5분 만에 처리", 한경비지니스, 2019. 12. 10.
(https://magazine.hankyung.com/business/article/201912104061b, 최종접속: 2022. 1. 27.)

154. 김광석 외, 앞의 보고서, 5면.

155. 생명보험 계약 시 계약자가 작성한 청약서상의 고지의무 내용이나 건강진단 결과 등을 토대로 보험계약의 인수 여부를 판단하는 최종 심사 과정을 말한다.

156. 전문지식 없이 자동화된 기술을 통해 데이터 분석을 하는 개인

157. 가트너, "Augment Analytics Is the Future od Data and Analytics", 2017. 7.

158. 금융보안원, 한국정보보호학회, "2018년 금융IT · 보안 10대 이슈 전망 및 대응전략", 4면.

159. 김수진, "디지털 금융의 이해와 활용", 한국금융연수원, 2020, 225면.

160. 전 미국 중앙정보국(CIA) 직원이자 미 국가안보국(NSA)에서 근무한 에드워드 스노든(Edward Joseph Snowden)이 2013년 6월 NSA의 무차별 개인정보 수집 등의 내용을 담은 기밀문서를 폭로하면서 전 세계에 큰 파문을 일으킨 사건을 말한다.

161. 정종구, "블록체인 활용방안에 대한 규범적 고찰 – 국내 미술품 유통시장을 중심으로 –", 한국정보법학회, 2018., 207면.

162. 김광석 외, 앞의 보고서, 7면.

163. 김연지 기자, "세계 은행권 블록체인 상용화 박차", IT 조선, 2019. 9. 22.
(http://it.chosun.com/site/data/html_dir/2019/09/20/2019092002796.html, 최종접속, 2022. 1. 27.)

164. 양희웅 외, "비콘 및 생체인증 기술 기반 전자출입명부 시스템", 한국통신학회 학술대회논문집, 한국통신학회, 2021. 2., 927면.

165. 김영대 기자, "진화하는 생체인증... 혈관으로, 목소리로", 월간 마이더스, 2020. 3.,
(http://www.yonhapmidas.com/article/200406180720_907228, 최종접속 2021. 1. 27.)

166. 김광석 외, 앞의 보고서, 7면.

167. 정원준, "사물인터넷 활성화를 위한 법 · 제도적 개선방안 연구", 법과 정책연구 제14권 제4호, 한국법정책학회, 2014. 12., 5면.

168. 사물인터넷은 MIT의 Kevin Ashton이 1999년 처음으로 제안한 용어로서 M2M(Machine to Machine), 유비쿼터스(Ubiquitous) 등 기존의 기술이 인터넷, 네트워크 및 컴퓨팅 기기의 발전과 더불어 사물 자체가 스마트 디바이스화 되는 개념으로 진화한 ICT 기술이다.
(황종모, "전자금융과 금융보안", 금융보안원, 2016. 7., 32면.

169. 김광석 외, 앞의 보고서, 8면.

170. Accenture, The Bank of Things – How the Internet of Things will transform Financial Services, 2014, 황종모, 앞의 보고서, 43면에서 재인용.

171. 황종모, 앞의 보고서, 43면.

172. 이준희, "[이준희 칼럼] AI가 벼리는 금융산업", 디지털타임스, 2021. 10. 21. 참조.
(http://www.dt.co.kr/contents.html?article_no=2021102202102269660002&ref=naver)

173. 김광석 외, 앞의 보고서, 26면 참조.

174. 최호상, "해외 금융권의 AI도입 현황 및 발전 전망: 미국 소매금융의 사례", 코스콤 뉴스룸, 2018. 1. 2. (https://newsroom.koscom.co.kr/3492, 2022. 1. 28. 최종접속)

175. IMF Staff Team, "Fintech and Financial Services: Initial Considerations," IMF STAFF DISCUSSION NOTE(2017.6.15.), p.7 (http://www.imf.org/en/publication s/staff－discussion－notes/issues/2017/06/16/fintech　－and－financial－servi ces－initial－considerations－44985, 맹수석 외, "핀테크(FinTech) 진전과 금융소비 자보호 방안", 기업법연구 31권 제4호, 한국기업법학회, 332면에서 재인용)

176. 정한민 외, "인공지능 기반 로보어드바이저 운용 및 기술동향", 한국과학기술정보연구원, 2021. 8. 27. 3면.

177. 하나금융연구소, "인공지능(AI)시대의 도래와 변화의 물결", 하나CEO경영정보, 2016. 4. 5., 11면.

178. "간만 보던 금융업계 AI 도입, 본격경쟁 돌입", Financial IT Frontier Vol. 268(2017), 27면.

179. 앞의 기사, 27면 참조.

180. 김상준 기자, "로봇 대체 은행업무, 6개월만에 87%↑…'위험관리'에도 투입", 머니투데이, 2021. 8. 8. (https://n.news.naver.com/mnews/article/008/0004627971?sid＝101)

181. 김광석 외, 앞의 보고서, 9면.

182. 김광석 외, 앞의 보고서 15면.

183. 김광석 외, 앞의 보고서, 15면.

184. 김광석 외, 앞의 보고서, 10면.

185. 김광석 외, 앞의 보고서, 16면.

186. 김광석 외, 앞의 보고서, 16면.

187. 이규연 기자, "금융위, 개인신용 평가체계 개편해 '무조건 등급하락' 막는다", BUSSINESS POST, 2017. 1. 17., (http://www.businesspost.co.kr/BP?command＝naver&num ＝40874, 최종접속 2022. 1. 28.)

188. 김광석 외, 17면.

189. 김광석 외, 앞의 보고서, 19면.

190. 고은빛 기자, "코로나19의 역설…은행권 비대면거래, 90%로 '껑충'", 한경경제, 2021. 7. 30., (https://www.hankyung.com/economy/article/2021073010896, 최종접속 2022. 1. 28.)

191. 김광석 외, 앞의 보고서, 20면.

192. 김광석 외, 앞의 보고서, 19면.

193. 김은별 기자, "韓, 현금결제 비중 20%…한은 "현금없는 사회 부작용 대비해야", 아시아경 제, 2020. 1. 6., (https://www.asiae.co.kr/article/2020010508250326970)

194. 김광석 외, 앞의 보고서, 20면.

195. 한국은행 보도참고자료, "「동전없는 사회」 시범사업 추진현황", 2017. 6. 15., 2면 이하 참조.

196. 김광석 외, 앞의 보고서, 21면 참조.

197. 김광석 외, 앞의 보고서, 22면 참조.

198. 김정민 기자, ""혁신 가르치는 '디자인 씽킹의 전설'이 말했다. "AI 믿지 말라", 중앙일보, 2020년 1월 17일자 기사 참조. (https://www.joongang.co.kr/article/23684256)

199. Dennett, Daniel C., 1993a, review of John Searle, The Redisovery of the Mind, in J.Phil. 90, at 193 – 205., 서완석, 앞의 논문, 30면에서 재인용.

200. 경제학에서 투자란 미래에 더 큰 구매력을 얻기 위해 현재의 구매력을 포기하는 것을 말하며, 금융경제학에서 투자는 저축과 대조되는 단어로 자산을 은행에 예금하지 않고 금융자산을 구매하는 것을 의미한다.

201. 일반적으로 투자는 "수익이나 이익을 얻기 위해 금전을 투입하는 행위"로 설명되고 있다. 투자 대상은 유체물, 무체물 모두가 대상이 될 수 있으며, 부동산, 예금, 증권은 대표적인 투자 대상으로 분류된다.

202. 증권이나 장내외 파생상품 등 원금손실 가능성이 있으나 투자성이 있는 것으로 자본시장법은 "금융투자상품"을 이익을 얻거나 손실을 회피할 목적으로 현재 또는 장래의 특정(特定) 시점에 금전, 그 밖의 재산적 가치가 있는 것을 지급하기로 약정함으로써 취득하는 권리로서, 그 권리를 취득하기 위하여 지급하였거나 지급하여야 할 금전등의 총액이 그 권리로부터 회수하였거나 회수할 수 있는 금전 등의 총액을 초과하게 될 위험(투자성)이 있는 것으로 정의하고 있다(제3조).

203. 주 오이시디 대표부, "금융산업에서의 인공지능의 역할, 현황 및 전망", 2021. 6. 21. 2면. (https://overseas.mofa.go.kr/oecd – ko/brd/m_20806/)

204. 김규식 기자, "신한 AI "美증시 한달안에 6% 급락"예측⋯서학개미 긴장", 매일경제, 2021. 5. 24. (https://www.mk.co.kr/news/stock/view/2021/05/499442/)

205. 서완석, "인공지능에 의한 소비자권익 침해에 관한 유형과 법적 과제", 『상사법연구』, 제37권 제1호, 2018, 348 – 351쪽 참조.

206. 백유진, "한국거래소, 불공정거래 잡는 인공지능 '엑사이트' 가동", 프라임경제, 2018. 5. 3. (http://www.newsprime.co.kr/news/article/?no = 415558) 일본거래소 자주규제법인과 주식회사 동경증권거래소 또한 시세조종 행위 등의 불공정거래의 조사를 하는 매매심사업무에 인공지능을 도입하고 있다.

207. John Manning, "How AI is Disrupting the Banking Industry, Banker(July 4, 2018).

208. NAVER 경제학사전(금융), https://terms.naver.com/entry.naver?docId = 778761& cid = 42085&categoryId = 42085

209. Xiao, 208: 70, (정영선 외, 청소년의 합리적인 금융행태에 영향을 주는 요인, 시민교육연구 제45권 3호, 2013. 9. 202면에서 재인용)

210. Garman & Forgue, 206; Mathus, 1989; Jo, 208: 25, 정영선 앞의 논문 204면에서 재인용.

211. Hilgert et al., 203; Xiao et al., 206; Xiao, 208: 70

212. 금융감독원 · 한국교육과정평가원, 2010: 65, 127면.

213. Solmon, 1975: 258, 정영선 앞의 논문 204면에서 재인용.

214. 한국은행 홈페이지(금융시스템의 정의,
　　　 https://www.bok.or.kr/portal/main/contents.do?menuNo=200316)

215. 거시경제학에서 투자는 '기계, 생산설비 등 신규 자본재를 만들거나 구매하는 것'을 뜻한다.

216. 제3조(금융투자상품) ① 이 법에서 "금융투자상품"이란 이익을 얻거나 손실을 회피할 목적
　　　 으로 현재 또는 장래의 특정(特定) 시점에 금전, 그 밖의 재산적 가치가 있는 것(이하 "금전
　　　 등"이라 한다)을 지급하기로 약정함으로써 취득하는 권리로서, 그 권리를 취득하기 위하여
　　　 지급하였거나 지급하여야 할 금전등의 총액(판매수수료 등 대통령령으로 정하는 금액을 제
　　　 외한다)이 그 권리로부터 회수하였거나 회수할 수 있는 금전등의 총액(해지수수료 등 대통
　　　 령령으로 정하는 금액을 포함한다)을 초과하게 될 위험(이하 "투자성"이라 한다)이 있는
　　　 것을 말한다. 다만, 다음 각 호의 어느 하나에 해당하는 것을 제외한다. <개정 2011. 7.
　　　 25., 2013. 5. 28.>
　　　 1. 원화로 표시된 양도성 예금증서
　　　 2. 「신탁법」 제78조제1항에 따른 수익증권발행신탁이 아닌 신탁으로서 다음 각 목의 어느
　　　　　 하나에 해당하는 신탁(제103조제1항제1호의 재산을 신탁받는 경우는 제외하고 수탁자
　　　　　 가 「신탁법」 제46조부터 제48조까지의 규정에 따라 처분 권한을 행사하는 경우는 포함
　　　　　 한다. 이하 "관리형신탁"이라 한다)의 수익권
　　　　　 가. 위탁자(신탁계약에 따라 처분권한을 가지고 있는 수익자를 포함한다)의 지시에 따
　　　　　　　 라서만 신탁재산의 처분이 이루어지는 신탁
　　　　　 나. 신탁계약에 따라 신탁재산에 대하여 보존행위 또는 그 신탁재산의 성질을 변경하지
　　　　　　　 아니하는 범위에서 이용·개량 행위만을 하는 신탁
　　　 3. 그 밖에 해당 금융투자상품의 특성 등을 고려하여 금융투자상품에서 제외하더라도 투자
　　　　　 자 보호 및 건전한 거래질서를 해할 우려가 없는 것으로서 대통령령으로 정하는 금융투
　　　　　 자상품
　　　 ② 제1항의 금융투자상품은 다음 각 호와 같이 구분한다.
　　　 1. 증권
　　　 2. 파생상품
　　　　　 가. 장내파생상품
　　　　　 나. 장외파생상품

217. 금융위원회, 금융용어사전 참조.

218. 금융감독원, "금융생활안내서", 30면

219. 집합투자기구, 즉 펀드는 자본시장법으로 규제된다. 제2편(금융투자업자)에서는 집합투자
　　　 업자의 펀드운용과 관련한 행위 규제, 펀드판매와 관련한 행위규제를 다루고 있으며, 제3
　　　 편(증권의 발행 및 유통)에서는 집합투자증권의 공모 발행, 제5편(집합투자기구)에서는 펀
　　　 드의 설립과 지배구조, 지분발행, 환매, 집합투자재산의 보관 및 관리 등에 관한 사항을 다
　　　 루고 있다.

220. 강형구 외, "인공지능과 금융투자 전략", 한국경제포럼 제12권 제3호, 97면.

221. 2002년 3월 미국의 한 잡지사의 카레토(Richard J. Koreto)기자가 로보어드바이저라

는 명칭을 처음 사용했다고 알려져 있다.(이성복, "로보어드바이저가 미국 자산관리시장에 미친 영향", 자본시장리뷰, 2016년 여름호, 자본시장연구원, 2016., 98면.) 여기에서의 Robo는 자동화(automated)의 의미로 사용되었다. (이성복, 「로보어드바이저가 국내 자본시장에 미칠 영향」, KRX Market 2016년 여름호, 한국거래소, 2016. 7.)

222. 고윤승,「우리나라 로보어드바이저 도입을 위한 활성화 방안 탐색, 한국과학예술 포럼 제25권, 2016.

223. 안수현,「Automated Investment Tool을 둘러싼 법적 쟁점과 과제, 상사판례연구 제29권 제2호, 2016.

224. 한국금융연구원, 「로보어드바이저 서비스의 기능과 한계」, 금융브리프 25 – 13 호, 2016. 4.

225. 금융위원회, 「맞춤형 자산관리서비스의 대중화 시대를 열게 될 '로보어드바이저 테스트베드 기본 운영방안, 보도자료, 2016. 8. 29.

226. 안수현, 앞의 논문.

227. 해외 금융당국 대부분은 '자동화된 투자자문 서비스'를 의미하는 명칭을 사용하고 있다. (미국의 SEC는 로보어드바이저를 automated investment tool(SEC, 2015), EU의 ESMA는 automated tool in financial advice(ESMA, 2015), 영국의 FCA는 streamlined advice 또는 robo-advice(online automated financial advice)(FCA HM Treasury, 2016)라는 용어를 사용한다.

228. 삼성증권, "로보어드바이저 출현과 개요", 2016. 6. 24., 3면.

229. 운용회사마다 정의와 명칭이 달라 Automated Investment Advisor, Digital Investment Advisor, Online Financial Advisor 등으로 불리기도 한다. (박선후 외, "로보어드바이저에 관한 오해와 진실", IBK경제연구소, 2016. 8., 1면 참조)

230. 대중적 부유층(Mass Affluent)은 초부유층보다 재산 및 소득수준이 낮으며 중산층보다 높은 자산을 소유한 계층을 말하며, 우리나라의 경우 자산 1억~10억 원 미만의 가구를 뜻한다. 교육수준은 높은 편이며 평균 연령층은 4~50대이다. 대부분 주택을 소유하고 있으며 과반수는 거주 주택 외의 부동산을 보유하고 있다. 2012년 기준 세계 성인인구의 7.5%에 해당하는 인구가 금융자산 10만~100만 달러를 보유한 개인으로세계자산총액의 43.1%를 보유하고 있다(Credit Suisse, "Global Wealth Report 2013", Credit Suisse Research, 2013. p. 22., 양영식, "로보어드바이저에 의한 금융투자상품거래의 법적 연구", 충남대학교 대학원, 2017. 1면에서 재인용.)

231. 김범준 · 엄윤경, 로보어드바이저의 활용과 금융투자자 보호, 법학연구 제17권 제1호, 2017.

232. 금융위원회 보도자료, '국민 재산의 효율적 운용을 지원하기 위한 금융상품자문업 활성화 방안', 2016. 3. 25.

233. 홍승일, "<리걸인사이트> 인공지능시대와 금융서비스", 연합인포맥스, 2018. 4. 2. (http://news.einfomax.co.kr/news/articleView.html?idxno=3441759, 최종접속 2022. 1. 28.)

234. 금융위원회 홈페이지, 금융용어 설명 "로보어드바이저"

https://www.fsc.go.kr/in090301/view?dicId=1794&curPage=10 (2022. 1. 2. 접속)

235. 이성복, 앞의 리뷰, 100면.

236. Hearts & Wallets, 2015;ESMA, 2015, 이성복, 앞의 리뷰, 103면에서 재인용.

237. X세대는 1965~1984년 중 출생한, 밀레니얼 세대는 1980~2000년 중 출생한 세대를 지칭한다. 현재 X세대(30~50세)가 경제활동이 가장 활발하며, 밀레니얼 세대(20~30세)는 새로운 소비트렌드를 형성하고 있는 것으로 평가받는다.

238. 이성복, 앞의 보고서, 104－106면.

239. 김동주, "인공지능 금융서비스의 법제도적 쟁점에 관한 연구 －해킹에 의한 로보어드바이저의 시세조종행위 규율을 중심으로－", 고려대학교 정보보호대학원, 2017. 12., 18면.

240. 금융위원회 보도자료, "국민재산의 효율적 운용을 지원하기 위한 금융상품 자문업 활성화 방안", 2016. 3. 24. 11면.

241. 로보어드바이저 서비스에 선도적인 미국은 로보어드바이저가 사람의 개입 없이 고객 자산을 직접 운용하는 4단계 서비스를 중심으로 발전했다. Beeterment(수탁고 25억 달러), Wealthfront(수탁고 24억 달러) 등 미국의 선두주자들은 로보어드바이저가 일임재산을 직접운용하고 있다. (금융위 앞의 보도자료 11면 참조)

242. 금융위원회고시 제2019－8호 참조.

243. 종래 법인만 RA 사업화가 가능한 점을 고려하여 법인(핀테크 기업 등)만 로보어드바이저 테스트베드 참여를 허용하였지만, 규제혁신 측면에서 개인도 로보어드바이저 테스트베드에 참여하여 자신이 개발한 RA를 검증받을 수 있도록 허용한 것이다. 다만 자본력 등이 부족한 개인이 참여하는 만큼 일부 참여요건 및 심사요건 등은 완화 적용하되, 사업화는 법인으로 재참여하여 간소화된 테스트 후 개인이 테스트베드 통과 이후 외부투자 등을 유치하여 자산운용사 등으로 등록하거나 기존 자산운용사 등과 제휴를 통해 사업화할 수 있다(금융위원회·금융감독원, 앞의 보도자료(2019.5.15), 2면 참조).

244. 맹수석, 로보어드바이저(RA)를 통한 증권거래와 투자자보호, 255면.

245. 홍승일, 앞의 기사 참조.

246. 홍승일, 앞의 기사 참조.

247. 오춘호 기자, "30년 이상 축적한 데이터, 미래 예측하는 나침반", 한경, 2021. 3. 25., (https://www.hankyung.com/it/article/202103248737i, 2022. 1. 28. 최종접속)

248. 오춘호 기자, 앞의 기사 참조.

249. Phoebe DeVries, et al., "Enabling large-scale viscoelastic calculations via neural network acceleration", arXiv, 2017. 1. 31., https://arxiv.org/vc/arxiv/papers/1701/1701.08884v1.pdf (2022. 1. 28. 최종접속).

250. 윤지영 외, 앞의 논문, 75면.

251. 윤지영 외, 앞의 논문, 61면.

252. 감동근, "인공지능과 전파기술", 전자파기술 28권 제4호, 한국전자파학회, 2017., 4면.

253. 김원일 외, "금융 산업에서의 인공지능 활용과 그 쟁점사항", 2021 한국경영정보학회 추계 통합학술대회, 102면.

Chapter

03

인공지능 금융투자행위의
법적 규제

Chapter 03 인공지능 금융투자행위의 법적 규제

제1절 　 인공지능 금융투자행위

1. 형법상 '행위'

가. 형법상 '행위'의 의미

인공지능은 형법에 새로운 범죄와 형사책임을 수용하도록 요구하고 있다. 이 같은 도전은 주로 범죄론과 형벌론으로 전개되는 양상을 보이는데, 형법학의 전통적인 이론과 범죄성립의 전 단계, 즉 행위능력, 책임능력, 수형능력, (소송)당사자능력, 소송능력의 각 단계에 걸쳐 전방위이고 다발적인 변화의 요인이 되고 있다. 4차 산업혁명 시대 과학기술은 생명과 신체뿐만 아니라 인격권과 재산권, 그리고 새로운 재산권인 정보의 내용과 범위를 서로 다른 체(體)와 격(格)과 소유와 정보를 가진 포스트휴먼의 상으로 변화시킬 것이다.[1] 형법의 행위이론도 이 같은 흐름에 무관하지 않다.

형법상 범죄는 인간의 (범죄)행위를 통하여 성립하고, 형벌 역시 범죄행위를 한 인간에게 과해진다. 형법의 규율 대상이 되는 범죄행위는 인간의 행위(Action, Handlung)를 근본 요소로 삼고 있다. 즉 인간의 행위가 없이는 범죄가 성립할 수 없고 형벌도 부과할 수 없으므로 인간 이외에는 범죄의 주체나 형벌의 대상이 될 수도 없다. 이처럼 범죄의 성립과 형벌의 부과에는 ① 인간의, ② 범죄행위와 결과라는 두 가지 요소가 필수적인 전제가 된다.[2]

따라서 범죄의 성립요건을 심사함에 있어 그 심사의 출발점으로 삼아야 할 지점은 '인간의 행위'이다. 이는 '구성요건에 해당하는 위법하고 책임 있는 행위'로 파악되는 범죄의 일반적 개념 정의에 있어서도 명확하게 드러난다. 범죄는 우선 '행위'여야 한다. 행위가 아닌 것을 범죄로 보지 않으려는 태도는 형법의 자유보장적 과제의 실천에 있어 단순히 사고에 그친 경우는 행위가 아니므로 이를 범죄에서 배제하려는 사회적 합의로서의 입법자의 의도가 내재되어 있다. 이 점에서 행위는 범죄론의 출발인 동시에 완성이다. 이는 "행위가 아닌 것은 범죄가 될 수 없다"는 의미에서 형법적 평가의 대상으로 되는 것과 그 범위 밖에 있는 것을 구분하는 기준이자, 구성요건 해당성, 위법성, 책임성이 속성 또는 형용사로서 부기되는 실체 또는 주어가 된다.[3] 여기에서 '무엇을 (형법상) 행위라고 할 것인가'라는 질문에 대한 답을 찾기 위해 행위론이 논의되었다.[4]

우리 형법은 행위라는 개념을 적극 사용하면서도[5] 어떠한 행위를 형법상 행위로 평가할 수 있는지에 관한 요건이나 기준에 대해서는 특별히 규정을 두고 있지 않다. 이에 형법상 행위 개념을 규명하기 위한 논의가 진전되었는데, 주로 구성요건을 구성하는 (범죄실행)행위와 독립된 '전(前) 구성요건적 행위개념'을 인정할 수 있을 것인가 그리고 그러한 개념을 인정한다면 그 내용은 무엇인가의 문제와 연관되었으며[6], 행위의 체계상 지위를 파악함에 있어서는 전 구성요건적 행위개념을 부정하는 견해와 긍정하는 견해가 대립하고 있다.

전 구성요건적 행위개념을 부정하는 견해[7]에 따르면, 형법에서 행위를 평가하는 일은 법률상 구성요건에 기초하여 이루어지므로 구성요건과 독립된 전 구성요건적 행위개념을 논하는 것은 무의미하다는 것으로, 형법상의 행위개념은 실정형법의 '구성요건적 실행행위'를 의미하는 것에 불과하다고 한다. 뿐만 아니라 형법상의 행위 개념을 구성요건적 행위로 파악하면 작위는 작위범의 구성요건적 행위이고 부작위는 부작위범의 구성요건적 행위로 되어 작위와 부작위에 공통되는 상위개념인 유(有)개념으로서의 행위개념을 인정할 필요가 없게 된다. 또한 형법학에 있어 행위개념에 대한 탐구는 공허한 행위 개념이 아니라 '범죄행위' 또는 '형법에 규정되어 있는 행위'의 개념에 관심을 기울이는 것으로 충분하다고 한다.[8] 이 견해에 의하면 행위개념의 내용도 구성요건적 실행행위가 채우게 되므로 행위개념을 둘러싼 논쟁도 의미 없는 것으로 보게 된다.

이에 반해 전 구성요건적 행위개념을 긍정하는 견해[9]는 존재론적으로 '행위'가 존재하여야만 그를 기초로 하여 구성요건 해당성, 위법성, 책임 등 형법적 평가가 가능하므로 전 구성요건적 행위개념을 인정해야 한다고 주장한다. 이 견해에 따르면 구성요건을 중심으로 하여 규범적 평가를 하기 이전에 행위개념의 내용요소를 존재론적으로 확정해 둘 필요가 있기에 행위개념 논쟁이 의미를 가지는 것이고,[10] 이러한 전 구성요건적 행위 개념은 ① 구성요건·위법성·책임의 체계요소를 결합하는 상위요소로서의 기능(결합기능), ② 고의·과실, 작위·부작위에 공통하는 상위개념으로서의 기능(근본기능, 분류기능), ③ 존재론적으로 확정된 행위개념을 통해 형법상 평가의 대상을 축소시키는 기능(한계기능)을 수행하는 것으로 파악할 수 있다고 한다.[11]

이 중 특히 한계기능은 구체적 사례에서 형법상 행위로서의 의미를 가지지 못하는 것을 배제하는 실천적 역할을 수행한다. 구성요건에 선재하는 행위개념이 규범적 평가 이전에 존재론적으로 확정되어 그러한 행위개념의 속성을 갖추지 못하면 구성요건 해당성 여부를 심사할 필요도 없기 때문이다. 따라서 형법상 의미를 가지는 행위로 인정되기 위해서는 최소한의 조건으로 ① 원칙적으로 인간의 행위일 것, ② 외부적인 행위일 것, ③ (의식이 있는 상태에서의) 의사에 의하여 지배된 행위일 것이 요구되어진다.[12]

행위의 존재론적 구조를 파악하지 않고 결과에 따라 행위성을 인정해 버린다면 자의에 따라 행위 아닌 것을 행위로 판단하여 처벌하게 될 것이다. 이러한 이유로 규범적인 평가 이전에 행위의 존재론적 선재를 인정하는 태도가 공감대를 형성하고 있다. 규범적 평가에 선행하여 존재론적으로 행위의 내용요소를 확정하는 인공지능이 현재의 기술적 수준에서 비약적으로 발전하여 인공지능 스스로의 의지를 가지고 행하는 행위의 관념을 긍정할 수 있다면, 그러한 인공지능행위를 형법상 의미를 가지는 행위로서 인정할 수 있을 것이다.

나. 행위론의 전개 – 대륙법계의 논의

형법학에서 행위개념에 대한 숙고는 처벌의 대상인 행위와 처벌의 대상이 되지 않는 단순한 '내심의 생각'의 차이를 밝히려는 노력에서 비롯되었다. 행위란 인간의 삶에 존재하는 가시적인 어떤 한 단면으로서[13], 형법의 규율 대상이 되는 행위가 무엇인가의 물음에 대하여 인과적 행위론(kausale Handlungslehre), 목적적 행위론(finale Handlungslehre), 사회적 행위론(soziale Handlungslehre) 등이 등장했고, 특히 1960년대와 1970년대를 지배했던 인과적 행위론과 목적적 행위론 간의 학파 논쟁의 경우, 독일에서도 오늘날 실제 형사판단에 있어 어느 설을 따르든 근본적인 차이를 가져오지 않는 것으로 인식되어 있고, 실제 사건에 있어서도 행위개념 문제가 아닌 구성요건 해당성의 문제로 해결하는 것으로 보인다.[14] 독일에서의 논의는 우리 형법학계에 수용되었고, 우리 형법학계에서도 인과적 행위론과 목적적 행위론 간 논쟁을 거쳐 오늘날 다수의 학자들이 사회적 행위론(soziale Handlungslehre)을 지지하고 있지만[15] 어느 행위론을 택하든 큰 차이가 없다고 보거나[16] 오늘날 행위개념에 있어 유용성과 실용성이 남아 있는 것은 소극적 한계 기준의 역할이라고 보는 견해[17]도 있다. 또한 인지과학의 성과에 따라 카글(K. Kargl)이 제창한 인지 행위론(kognitive Handlungslehre)을 지지하는 견해도 있다.[18] 우리 형법학계에서도 독일에서와 마찬가지로 어느 행위론을 택하든 결과에는 큰 차이가 없다는 견해가 지배적이라고 할 수 있다.[19]

사회과학에서는 인간 행위에 대한 탐구가 1950년대에 시작되어 오늘날 '행위철학(philosophy of action)'이라는 분과를 이루었고[20], 인간의 행위에 대한 존재론적·규범론적인 분석과 해석에 있어 많은 진전을 이루었으나 정작 '행위'를 주된 대상으로 하는 형법학에서 이러한 학문적 성과를 수용하지 못한 측면이 있었다. 나아가 인간의 행위는 오늘날 신경과학, 인지과학 등의 다학제적 방법에 의해 그 내면의 의사결정 과정이 점차 규명되고 있다.[21] 따라서 형법의 행위론에 있어서도 이러한 학문적 성과에 따라 인간의 의사결정에 따른 행위에 대한 새로운 이해와 접근을 하여야 할 것이다.

(1) 인과적 행위론

(a) 개념

인과적 행위론에 의하면 행위는 의사에 기인한 신체의 운동 또는 정지, 즉 신체적 동작 내지 태도이다. 자연적 행위론, 또는 자연적·인과적 행위론이라고도 하며 인간의 의욕에 의한 행동이 외부적으로 어떤 변화를 일으키는 데 일정한 작용을 한 것을 형법에서의 행위로 본다. 이 입장에서는 행위를 '의사가 수반된 인간의 형태가 야기한 외부세계의 변화'라고 한다. 의사의 객관화 또는 그 외부적 실현이라고도 말할 수 있다. 따라서 의사의 객관화라고 할 수 없는 생리적 반사운동, 우연한 사고, 항거불능한 강제하의 동작 내지 태도 및 수면 중의 동작 등은 형법상의 행위라고 할 수 없고, 또 아직 외부적으로 표현되지 아니한 단순한 내면적 의사도 형법상 행위의 문제로 취급되지 아니한다. 이러한 행위개념을 '인과적'이라고 하는 이유는 인간의 의사가 어떤 외부적 행위의 '원인(야기자)'이라는 점에 초점을 맞추고 있기 때문이다.[22] 사색은 처벌되지 아니한다'라는 법언과 궤를 같이한다.

이에 따르면 행위의 본질적인 내용요소는 '유의성(의사, 인식 있는 상태)'과 '거동성(신체의 움직임)' 및 '인과성'이라고 하게 된다. 이때 '유의성'이란 무엇인가가 의욕되고 있는 것으로 충분하며 그러한 의사만 있으면 의욕된 내용 및 의욕의 방향은 묻지 않는다고 한다. 즉 의사란 행위 그 자체를 결과로 하는 원인으로서의 의미를 가질 뿐이고 그 의사의 내용, 즉 행위자의 의사가 어느 구성요건 실현을 지향하는가 하는 점은 행위자의 내부 심리적 요소이므로 행위요소가 아니라 범죄성립 요건 중 책임

요소가 된다고 한다.[23]

이 견해는 발생된 결과와 일정한 의사에 기인한 신체의 동정과의 인과관계를 행위론의 중심문제로서 논의하고 의사의 내용, 즉 고의 및 과실 등은 책임의 문제로서 행위론에서 배제하고 있다.[24] 이에 따르면 행위란 첫째, 인간이 심리적으로, 즉 신경조직을 통해 의욕한 행동, 즉 '근육의 운동'이어야 한다. 간단히 말하면 행위는 인간이 의사를 통해 조종하여 외부적으로 드러난 육체적 행동이다. 둘째, 행위는 외부세계에 어떤 변화를 초래하는 원인을 제공해야 한다. 이에 작위는 신경의 명령에 의한 임의적인 인간의 행동을 통해 외부세계에 능동적으로 변화를 주는 것이며 부작위는 행동을 자제하게 하는 것이라고 설명한다. 여기서 말하는 행동은 동작신경의 지시에 따른 근육의 움직임부터 포함하는 개념이다. 독일에서 인과적 행위론이 주장된 시기는 리스트(Liszt)와 벨링(Beling)이 활동하던 1900년대 초부터 대략 1950년대까지 고전적 범죄체계가 주류를 이루던 기간이었다. 이때의 인과적 행위론은 행위를 통해 행위자가 무엇을 원하고 목적했는가는 문제로 삼지 않았다. 해당 이론은 행위의 개념을 법의 논리와 체계와 관련짓지 않고 순수한 자연적인 존재로 정의하고 이해한다는 점에서 '자연적' 행위론이라고도 일컬어진다.

 (b) 평가 및 비판

이 이론은 ① 의사내용을 문제삼지 않는다면 인간의 행위를 인과적인 자연현상과 같이 평가할 우려가 있고, ② 미수행위에 대한 형법적 평가가 곤란해지며, ③ 인식적 또는 의욕적 요소를 인정하기 어려운 충동 또는 흥분에 의한 행위나 음주 또는 기타 최면상태에서 한 행동을 행위로 인정할 것인가의 결정에 어려움이 있고, ④ 부작위범에서는 통상 인간의 의사가 행위를 조종했다는 사실을 증명하기 어려우며, ⑤ 어떤 일을 하려다 잊어버린 경우와 같이 '인식 없는 과실'에 의한 부작위범에서는 범죄행위를 향한 인식과 의욕은 물론 그에 대한 단순한 사고조차 인정할 수 없다는 문제가 있다.[25]

(2) 목적적 행위론

(a) 개념

이에 대하여 독일의 형법학자 벨첼(Welzel), 니제(Niese), 마우라흐(Maurach) 등에 의하여 주장되고 있는 이른바 목적적 행위론에 의하면 인간의 행위는 목적적 활동이며 인과관계를 이용하여 목적하는 일정한 결과를 실현하는 수단으로 하는 것이 인간행위의 본질적 특성이라고 한다. 이처럼 행위란 임의적 · 자의적 행위에 의한 결과발생, 즉 단순한 '원인－결과'의 현상이 아니고 '목적한 행동을 실행하는 것'[26]이라고 이해하는 견해를 목적적 행위론이라고 한다.

자연적－인과적 행위론과 목적적 행위론은 사람의 내면적 조종에 따라 외형적 행위가 이루어진다고 보는 점에서는 동일하다. 그러나 인과적 행위론이 신체를 통한 행위를 지시하는 내면, 즉 신경조직과 심리체계가 임의적 · 자의적이라고 보는 반면, 목적적 행위론은 '목적을 실행한다'는 구체적이고 내용이 특정된 행동만을 '행위'라고 이해한다는 점에서 근본적인 차이가 있다. 따라서 목적적 행위론이 인정하는 행위의 범위가 자연적 행위론에서 보다 훨씬 좁다. 록신(Roxin)에 의하면 목적적 행위론은 1935년부터 1965년까지 독일형법학과 법원의 판결에 많은 영향을 주었고 독일 이외의 외국에서도 상당한 반향을 불러일으켰다고 한다. 목적적 행위론의 가장 가시적인 영향은 당시까지 지배적이던 고전적 · 신고전적 범죄론체계에 대한 전면적 수정이 불가피해졌고 독일은 물론 한국에서도 이 경향은 1970년대 후반부터 시작해서 1980년대에 들면서 분명히 나타나게 되었다. 즉 고의는 행위의 일부분으로서 당연히 구성요건에 속하게 되며 당시까지 모든 객관적 요소는 불법, 모든 주관적 요소는 책임에 속한다고 보던 불법과 책임개념이 전면적으로 수정되게 된다. 좀 더 현실적으로는 착오문제에서 구성요건 착오와 위법에 관한 착오 또 책임에 관한 착오 등에 관한 이론의 재편이 불가피했고 공동정범을 비롯한 범죄의 공동참가에 관한 이론 역시 재편되게 되었다.

목적적 행위론은 잘못된 것이고 흘러간 낡은 이론이라는 주장도 있으나, 목적적 행위론에 따른 범죄체계론은 오늘까지도 그 골격을 유지하고 있다. 간단히 말해 형법에서 문제되는 행위는 대부분 행위자의 목적에 의해 이루어지는 동작이다. 이 목적성을 띤 행위에 대한 형법적인 의미와 결과를 논리적으로 개진한 것이 목적적 행위론이므로 형법학에서 이 이론이 차지하는 의미는 크다. 단 목적적 행위론은 목적에 의한 행동은 아니지만 형법에 의해 평가되고 처벌되어야 하는 행위들을 소홀히 취급했다는 점을 부인할 수 없다. 따라서 목적하에 이루어지지 않은 범죄행위들을 설명하는 데에 어려움이 있다는 지적은 타당하다. 이 목적 없이 부주의, 실수 또는 단순한 방관으로 이루어진 구성요건의 실현과 사람의 행동의 연관성 문제를 해결하려는 시도가 다음에 설명하는 사회적 또는 인성적 행위론이다.[27]

(b) 비판

목적적 행위론에 대한 비판은 다음 두 가지가 대표적이다. 첫째, 부작위범에서 행위자는 행동에서부터 그로 인한 결과 발생까지의 전 과정을 목적을 통해 통제하고 조종하지 않는다는 점이다. 부작위란 결과 발생의 원인을 제공하는 것이 아니기 때문에 부작위자는 당연히 사건의 진행 과정을 목적적으로 조종할 수도 없다는 점에서 목적적 행위론은 부당하다는 것이다. 예를 들어 사람을 칼로 찔러 죽인 행위와 물에 빠진 동료를 살릴 수 있었지만 살리려는 어떤 행동도 취하지 않아 익사케 한 사람의 태도는 "동작─전혀 동작을 안 함"이라는 극단적으로 다른 존재이자 현상이다. 목적적 행위이론은 작위범과 부작위범을 '행위'라는 동일한 공통분모를 통해 분석할 수 없고 행위라는 공통된 상위개념 하에 일관되게 설명할 수도 없다. 따라서 행위론에서 요구되는 이른바 '차등화 기능'도 수행할 수 없다는 것이 비판의 요지이다.[28] 둘째, 과실을 어떤 기준에서 정의하든 과실범의 행위가 목적 설정과 그에 따른 동작의 수행이 아닌 것은 분명하다. 예를 들어 엄마가 아이를 잘 지켜보지 않았기 때문에 혼자 놀던 아이가 목이 말라 보관이 소홀했던 농약을 마시고 숨진 사고의 경우 엄마가 목적에 따라 사건의 진행을 자기의 의지에 따라 조종했다는 논리는 전혀 성립할 수 없다. 따라서 목적적 행위론에 의해서는 고의범과 과실범을 동일한 공동의 기준에서 설명하기는 불가능하며, 앞서 설명한 행위론의 차등화 기능을 할 수 없다는 비판을 받는다.[29]

(3) 사회적 행위론

(a) 개념

사회적 행위론의 시작은 목적적 행위론보다 앞서지만,[30] 현재 논의되고 있는 내용과 같은 사회적 행위론이 전개된 것은 40~50년 전부터라고 한다.[31] 사회적 행위론을 취하는 학자들은 형법에서의 행위란 "사회적으로 중요성이 인정되는 인간의 행동",[32] "인간의 의지에 의해 조종되거나 조종이 가능한 사회적 의미를 갖는 행동"[33]이라고 정의한다. 사회적 행위론은 주장하는 학자에 따라 그 표현과 내용에 다소 차이가 있으나, 자연적 행위론이 행위를 자연 그대로 즉 법적 기준이나 개념을 개입시키지 않고 존재적, 자연적 그대로의 개념으로 정의하는 것과 달리 법적 평가개념을 사용해서 행위를 정의한다는 점에서는 모두 같다. 또 목적적 행위론과는 인간의 의사와 의욕이 행위를 지시하여 행위가 이루어진다고 이해하는 점에서는 같지만 의사나 의욕이 행위를 추진하는 요인이라고 하여, 목적이란 표현을 사용하지 않는다는 점에서 다르다. 사회적 행위론은 사람의 의사를 실행하는 것으로 사회적인 의미가 인정되는 행동은 모두 형법에서의 행위로 인정하는 것이고, '사회적'이란 용어하나로 구별기능, 차등화기능, 연결기능을 모두 무난히 소화할 수 있다는 것이 분명한 장점이다. 사회적 행위론 역시 내면과 외부로 드러난 행위의 연계를 강조하는 점에서는 자연적 행위론, 목적적 행위론과 같지만 부작위범과 과실범에서도 목적성과 목적에 따른 행위의 조종을 배제하고 결과의 사회적 중요성만을 기준으로 하여 목적적 행위론과 같은 단점이 없다.

(b) 비판

사회적 행위론에 가해지는 가장 근본적인 비판은 사회적 행위론이 정의하는 '행위'가 과연 구성요건해당─위법─책임으로 구성되는 형법에 선행하는 개념이라고 할 수 있는가이다. 형법은 결국 공동의 사회생활에서 해가 되는 행위를 금지하거나 이익이 되는 행위를 요구하는 규범이므로 사회적 연관성·중요성과 (형)법적 중요성은 현실적으로 분명히 구별하기 어려운 경우가 많다. 甲이 시내에서 시속 60㎞로 자동차를 운전한 경우 그의 행위는 사회적으로 무의미한 행위는 아니다. 그러나 그 행위의 사회적 의미는 구체적으로 그 운전속도가 시속 30㎞ 지역이었는가 아니면 50㎞ 또는 60㎞ 속도제한 구역이었는가 또 甲이 물건이나 사람에 대해 손해를 입혔는가 아닌가에 따라 결정된다. 이와 같이 행위의 사회적 내지 법적 의미 또는 법적 평가는 어느 한쪽이 우선하여 다른 한쪽을 결정짓는 것이 아니고 상호 의존 관계로 결정하고 또 결정된다. 어떤 면에서는 구성요건 해당 여부가 특정행위의 사회적 의미 내지 사회적 중요성을 결정한다고 할 수 있고 최소한 상당한 영향을 미친다는 점을 부정할 수 없다는 것이다. 그렇다면 행위의 '사회적 의미' 또는 '사회적 중요성'은 구성요건이라는 평가단계와 실질적으로는 같은 것이 되어 양자를 구별하기 어렵고 따라서 구성요건—위법—책임의 상이한 평가단계를 상호 연관 짓는 연결기능을 수행할 수 없다는 결론이 된다. 사회적 행위론에 대한 다음 비판은 이른바 vis absoluta(반항이나 저항하는 것이 불가능하게 강요된 행위) 그리고 순전히 반사적인 동작과 같이 의사·의욕으로 통제나 조종이 불가능한 행위 역시 결과적으로 사회적 의미나 중요성을 부정할 수 없다는 것이다.

(4) 인성적 행위론

(a) 개념

인성적 행위론은 사람의 내적인 면, 즉 "혼과 정신의 중심에서부터 표현되고 이루어졌다"고 볼 수 있는 일체의 행동을 행위라고 정의한다. 인성적 행위론은 보통 '인격적 행위론'이라고 한다. 여기서 쓴 '인성(人性)적'이란 이름은 독일어 personal 의 번역이다. 인성적 행위론이 강조하는 내용은 첫째, 사람의 생각이 부작위를 포함하는 넓은 의미의 행동에 포함되어야 한다는 것, 둘째, 사람의 생각이 반드시 외부에 표현되어 외부의 현상 내지 사건과 연관 지을 수 있어야 한다는 점이다.

(b) 비판

시간적으로 가장 나중에 등장한 인성적 행위론은 지금까지 드러난 행위에 관한 이론들의 취약점을 보완한 이론이다. 즉 행위를 정의하면서 목적성을 배제하여 목적적 행위론의 단점을 없앴고 사회적 중요성이란 표현을 하지 않아 사회적 행위론의 단점을 보완하려 했다. 그러나 인성적 행위론 역시 표현에서의 차이는 있지만 객관적으로 드러난 행위와 사람 내심의 연계성을 강조하는 점에서는 인과적, 목적적, 사회적 행위론에서와 내용에서 전혀 다른 것이 없고 사람의 내면과 외부세계의 변화와의 객관적 연결 가능성을 강조하는 점에서도 다른 행위이론과 같다.[34]

(5) 소결

형법학에서 말하는 행위는 구성요건해당－위법－책임이라는 각각의 범죄 성립의 단계에서 공통적인 법적 판단의 대상이 된다. 범죄체계의 모든 단계들의 전제가 되고 이 평가들에 시간적으로 선행하는 공통 상위개념으로서의 행위는 이미 법적 개념이어야 하는 것이다. 따라서 행위를 법적 개념이 아닌 순수 자연적인 개념으로 이해하는 인과적 행위론은 범죄행위로서 평가되는 행위와 평가의 대상이 되지 않는 행위를 설명하기 곤란하다. 목적적 행위론은 현재의 형법이론과 범죄론체계의 구성에 기여한 공헌에도 불구하고 부작위범과 과실범을 설명하는 데에 어려움이 있다.[35] 결국 구성요건해당－위법－책임이라는 범죄론체계에서 어떤 이론을 따를 때 특정 행위가 범죄행위 또는 형법에서의 유의미한 행위인가를 더 논리적이고 또 합리적·이론적으로 밝혀질 수 있는지가 중요한 것이다.

따라서 형법에서의 행위는 "행위자에게 사회적으로 의미 있는 책임을 부과할 수 있는 행위[36](작위와 부작위)"라고 정의되어야 한다고 본다. 왜냐하면, 형법에서의 행위란 이미 법적 개념이다. 따라서 인성적 행위론에서 말하는 '인성'과 같은 평가적 개념을 사용할 필요 없이 '사회적 중요성과 필요에 의하여' 법적 책임을 물을 수 있는 대상이 되는 행위라고 하면 간명하기 때문이다. 또한 행위에 관한 정의나 이론은 형법이 법사회에서 존재하는 목적, 수행해야 하는 기능, 과제와의 연관성을 배제하고 철학적, 사회학적 이론들만으로 설명할 수 없다. 형법의 존재목적·기능은 "자유·평화롭고 풍요로운 사회의 유지"이다. 이 목적과 기능을 수행하기 위해서는 사람들의 특정한 행위를 금지하거나 요구하는 방법밖에는 없고 금지 또는 요구의 대상은 항상 사람의 행위이며 금지와 요구의 기준을 설정하는 것은 사회적 합의이다. 따라서 범죄행위란 사회에 해가 되므로 형법규범이 금지하고 있는 사회적 유해행위를 실행하는 것(작위)과 사회에 유용하고 득이 되므로 꼭 할 것을 요구하는 행위를 하지 않는 행위(부작위)의 두 가지이다. 작위와 부작위는 처벌의 대상이 되는 행동 내지 행태의 두 가지 기본유형이며 행위는 이 양자를 포함하는 법적 개념이다. 물론 부작위에서는 당사자 개인이 '요구된 작위'를 현실적으로 할 수 있었다는 것이 전제된다. 이 관점에서 과실행위는 행위로 인한 외부적인 상황변화를 내면적으로 조종하거나 최소한 영향을 미치는 것이 가능한 사회적 행위이다. 서두에서 요약한 행위론의 과제, 즉 구별기능, 차등화기능, 연결기능의 수행도 '개인에 대하여 사회적 필요에 의해 법적 책임을 부과하는 것이 가능한 사람의 행동'을 행위라고 하면 모두 무리 없이 인정된다. 물론 형법상의 행위로서 인정된다는 것과 행위자가 고의, 과실, 작위, 부작위범으로 처벌되어야 하는가는 다른 차원의 문제이다.[37]

다. 행위와 행위자와의 관계

형사법상 행위가 반드시 '인간의' 행위여야 하는가? 대부분의 형법학 교과서는 '행위'를 법적 개념으로 이해하고 평가할 것인가, 아니면 법적 평가에 앞서는 순수한 존재, 즉 사실적인 개념으로 볼 것인가를 구분하면서도 그 평가의 대상이 되는 행위는 반드시 인간의 행위여야 한다는 전제의 끈을 놓치지 않는다. 이는 형법의 역사가 인간의 역사이기 때문이다. 범죄자를 처벌하고 사회로부터 격리시키는 것은 형법의 고유한 기능이었다.

중세시대의 인간은 신의 섭리에 따라 살아야 했다. 이는 서구 유럽의 그리스도 유일신적인 사고방식이 깃든 것이다. 신의 섭리에 따라 산다는 것은 "선택은 자기 스스로 결정하는 것이 아니라 신의 예정 또는 신의 주재에 따라서만 가능하다"는 것이다. 이 때문에 이성적 사고를 거부했는데 이성이라는 것은 "선택의 국면에서 선택을 가능하게 하는 기제"인데, 신의 섭리에 따른 수동적인 삶과 능동적인 선택은 양립할 수 없었기 때문이다. 그러나 르네상스를 거치면서 "신의 섭리에 따른 과정의 결정"에서 "자신의 이성에 따른 과정의 선택"으로 대중의 의식이 변화하게 되었고, 그 의식은 자신이 지금까지 믿어왔던 것에 대한 '의심'을 가지게 하였다.

형사법 역시 이 의심의 영향을 강하게 받았는데, 당시까지 형벌은 대개 신의 섭리에 위반되었다고 규정되었거나 국가를 통치하는 통치자의 질서를 어지럽혔다고 규정되어진 "사람"을 처벌하는 것을 의미했다. 사람에 대한 처벌이라는 것은 단순히 문제되는 행위에 합당한 처벌이 아니라 그 사람의 행동기제에는 미래에도 계속 해당 행위를 반복할 가능성이 있으므로 행위만 문제 삼아서는 곤란하고 그 연원이자 근원인 사람을 제거하거나 사회에서 의미 있는 행위를 할 수 없도록 만들어야만 범죄에 응보하는 것이고 발생할 위험도 막을 수 있다고 보았던 것이다. 따라서 형벌의 종류는 단순했다. 주된 것이 "사형"이었고 나머지도 그에 준하는 수준의 형벌이 과해질 수밖에 없었다.

행위론은 어떤 사람을 범죄로 인하여 처벌하기 위해서는 무엇을 그 사람의 "행위"로 평가할 수 있을지를 밝히기 위해 논의되었다. 이는 전술한 전근대적인 형벌개념이 잘못된 것이라는 자각이 발생하고, 더 나아가 형벌로 인하여 벌해야 할 대상이 "사람"이 아니라 "행위"여야 한다는 데서 기인한다. 함부로 사람에 대한 인격적 응징을 해서는 안 된다는 정책적 결단에서 나온 것이다.

전통적 형법이론은 행위능력과 책임능력이 오직 인간에게만 있다고 전제한다. 이는 행위개념의 본질적 요소로서 '의사'를 요구하고 있기 때문이다. 이에 행위의 구성요소에 '의사'가 포함되지 않아도 된다면 인간 외의 존재도 행위능력(=가능성)이 있는 것으로 볼 수 있고, 책임비난의 근거로서 의사의 자유를 요구하지 않는다면 인간 외의 다른 존재도 형사책임을 질 능력(=가능성)을 인정할 수 있다는 주장이 제기되었다.[38] 이는 1980년대 '자연주의적 − 존재론'적인 차원에서 행위개념을 이해하는 대신에 사회적 '의미론'적 차원에서 행위를 이해하려는 태도에서 찾을 수 있다. 사회적 행위론은 행위개념의 기능적 측면에서 인과적 행위론이나 목적적 행위론의 한계를 지적하면서 행위개념의 사회적 의미 내지 사회적 중요성을 행위개념의 본질적 요소로 삼으려고 했다. 그렇지만 당시의 사회적 행위론자들은 행위가 인간의 의식에 기초한 것이어야 한다는 생각까지 포기하지는 않았다.[39]

　의사자유를 책임비난의 근거로 삼지 않음으로써 인간 아닌 다른 존재에게도 책임능력을 인정할 수 있는 기반을 제공한 태도는 1970년대부터 등장하였다. 이는 의사자유의 존재증명의 불가능성을 인정하는 19세기의 근대학파와 문제의식을 공유한다. 하지만 사회적 행위론은 방법론적 차원에서는 근대학파와는 달리 자연과학적 태도를 고수하지 않았다. 이에 따르면 책임비난을 개인의 도덕적 잘못에 관계되는 것이 아니라 행위자가 국가에 의해 설정된 행위요구(행위기대)를 만족시키지 못했다는 점에 대한 사회적 비난으로 이해한 태도가 주목을 받았다. 형법의 모든 개념을 그 사회적 기능의 맥락에서 이해하듯이 책임개념도 규범의 안정화라는 사회적 기능을 다하기 위해서 일정한 대상에게 책임을 귀속시키는 것이라고 주장한 이른바 기능적 책임개념도 등장하였다. 이에 따르면 규범의 안정화라는 적극적 일반예방 목적이 요구되는 한, 인간 아닌 다른 존재에게도 책임을 귀속시킬 수 있다고 하였다.[40]

　이와 같이 자연주의적－존재론적 관점에서－객관적으로 실재하는 실체요소인－의사 또는 의사의 자유를 행위개념과 책임개념의 본질적 요소로 이해하지 않게 되면, 인간만을 책임귀속의 대상으로 삼는 전통적 형법이론의 태도와 결별할 수 있는 길이 열릴 수 있을지도 모른다. 즉, 그 결별의 요체는 자연주의적－존재론적 차원에서 행위와 책임을 '확인'하는 것 이 아니라 사회적 의미 내지 기능의 차원에서 인간 외의 다른 존재에게도 행위와 책임 을 '부여'(할당, 귀속)하는 태도를 취하는 길이다. 이에 따르면 행위능력과 책임능력을 가진 책임 귀속대상이 확장될 수 있고, 이는 곧 인간만을 형법의 주체(형법인)로 인정해 왔던 전통적 형법이론이 균열을 넘어 붕괴되는 것임을 의미한다.[41]

라. 형사법상 '행위' 개념의 확장 가능성

　행위론의 핵심은 과연 인간이 자유의사를 지니고 인과 과정을 조종 내지 지배할 수 있는지의 '인과성'의 문제와 오늘날 인지과학 등의 성과에 의할 때 행위론이 전제로 하고 있는 인간 행위에 있어 '합리성'이 있느냐의 문제로 요약할 수 있다.[42] 형법적인 평가의 대상이 되는 행위는 반드시 인간의 행위여야만 하는가? 형법은 사회와 사람들을 유지하는 데 중요한 역할을 한다. 모든 사회 구성원은 법을 따라야 한다는 것을 알고 있다. 특히 형법에 있어서는 법을 어기는 누군가는 공권력이 법을 시행하고 처벌을 받게 될 것이라는 두터운 신뢰가 형성되어 있다. 이 같은 일이 유지되지 않으면 국가와 다른 개인에 대한 신뢰가 손상되고, 사회 전체의 신뢰감이 손상된다. 따라서 사회는 그래야만 한다. 모든 사회 구성원은 자신의 활동적 실체를 형법에 따르기 위해 모든 노력을 다한다. 하지만 때때로 이 작업은 사회의 일반적 통찰력의 개념적 변화를 가져온다. 기업은 형법의 적용을 받지 않은 대표적인 예외였지만 17세기 이후 그 적용이 현실화되었다. 이는 인간의 두려움을 근거로 처벌을 강화하며 결국 인간을 향한 위험을 완화하는 역할을 한다. 인공지능도 그렇게 해야 할 때가 온 것 같다는 인식이 점차 늘어나고 있다.

제2절 인공지능 금융투자행위의 형사책임

1. 행위의 주체와 인공지능의 범죄주체성

범죄를 구성요건에 해당하고 위법하고 책임있는 '행위'(혹은 구성요건에 해당하는 행위)라고 정의하고, 이 경우 행위를 인간의 의사에 기한 외부적인 행위로 이해하면, 범죄행위의 주체도 당연히 자연인인 사람이어야 한다. 이에 따르면 예컨대 살인죄의 '사람을 살해하는 자'나 절도죄의 '타인의 재물을 절취한 자' 등에서 '~자'는 언제나 자연인인 사람에 해당하는 것으로 보아야 한다.[43] 그러나 법인과 같이 사회적 활동을 하고 범죄행위 가능성이 있으며, 처벌의 필요성을 가진 주체는 범죄주체성을 인정할 수 있다.[44] 처벌의 필요성을 가진 주체는 인간의 공동생활과정에서 범죄행위를 계획하고, 실현하여 우리의 삶을 근본적으로 침해할 수 있는 활동주체이면서 윤리적 책임을 질 수 있는 누군가(혹은 무엇인가) 되는 것이지 자연인에게만 한정해야 한다는 가치규범이 존재하는 것은 아니기 때문이다. 강한 인공지능의 단계로 접근한다면, 인공지능의 활동으로 인한 사고 발생이 충분히 예상되고 피해가 폭넓게 일어날 수 있다는 점, 그러한 반복적인 위반행위의 발생을 방지하여야 한다는 점에서 새로운 형사정책이 마련되어야 할 필요가 있다. 인공지능이 가져올 수 있는 위험의 성격과 사회적 위험으로서의 분배, 책임의 귀속주체의 새로운 접근으로 재설계가 필요할 수 있을 것이다. 인공지능 로봇에게 또 다른 형태의 사회적 책임과 그에 따른 양벌규정을 적용될 수 있으며, 만약 이를 인정한다면 그에 부합하는 적정한 형벌이 무엇인가의 문제되며 이는 책임주의의 원칙에 부합하는지 여부까지 논의가 진행되어야 할 것이다.

가. 인간성(personhood), 인간다움의 의미

인공지능의 법적 지위는 결국 "인간성(personhood)이란 무엇인가"라는 근본적인 물음으로부터 시작된다.[45] 철학자들 사이에서 오랫동안 다루어져온 문제로서 인공지능이 조명되면서 그의 존재론적 지위에 대한 논쟁은 단계적인 접근방법을 가지고 논의되고 있다.[46]

나. 인공지능의 범죄능력 – 법인의 범죄주체성

범죄능력은 범죄주체성을 의미한다. 범죄주체성이 인정되려면 우선 스스로 행위할 수 있는 능력과 자신의 행위에 대해 책임을 질 수 있는 능력이 인정되어야 한다. 이에 범죄능력은 행위능력과 책임능력을 포함한 개념으로 이해할 수 있다.[47] 범죄주체는 행위의 주체이어야 하고 행위의 주체가 되려면 행위능력이 있어야 하므로 범죄능력은 행위능력을 전제로 한다. 그러나 행위능력만 있어서는 범죄능력을 인정할 수 없다. 책임능력까지도 있어야 범죄능력을 인정할 수 있다. 행위능력자라도 특별히 법과 불법을 구별하여 스스로의 의사결정에 의해 법을 피하고 불법을 행할 능력인 책임능력이 있어야 범죄의 주체로서 형벌을 부과받을 수 있기 때문이다.

　　법인의 범죄주체성과 범죄능력에 관한 논의는 미래의 다가올 인간의 지능에 유사한 더 높은 능력과 자질을 갖춘 인공지능에 대해 단지 범죄의 금지에 대해서 알고 있지 못하는 무죄의 대행자(innocent agents)로만 취급하여야 하는 것인지에 대한 해결책을 제공해줄 수 있을 것이다.[48] 이에 본 장에서는 법인의 처벌가부 및 근거에 관한 논의를 함께 검토한다.

　　법인의 범죄능력을 부정하는 입장에서 법인처벌에 관한 양벌규정의 존재를 긍정하는 태도를 취하면 양벌규정이 법인에 대해 형벌을 부과받을 수 있는 능력, 즉 수형능력만을 인정하고 있는 특별규정으로 이해할 것이다. 그러나 형벌은 범죄능력이 있는 자에 대해서만 부과할 수 있으므로 범죄능력과 수형능력을 별개의 차원에서 이해해서는 안 된다. 만약 어떤 자에게 범죄능력이 없는 자라면 행위능력뿐 아니라 책임능력도 없는 자인데, 책임능력 없는 자에 대해서 수형능력만 인정하여 형벌을 부과하면 그러한 형벌 부과는 "책임 없이 형벌 없다"는 책임주의원칙에 반하기 때문이다.[49]

(1) 법인의 범죄능력에 대한 찬반론

　　법인의 범죄능력의 문제는 한편으로 법인의 본질의 문제와 관련되고, 다른 한편으로 범죄와 형벌에 관한 기본이론과 관련되어 있다.[50] 사람의 권리능력은 실체를 갖고 있는 자연인으로부터 출발했으나, 사회적 필요성에 의해 사람이 아닌 관념의 집합체에 대해서도 그 범위가 확장되어 법에 의해 인격을 부여받아 권리능력을 인정받았는데 그것이 '법인(法人)'이다.[51] 인공지능의 범죄능력 인정 가부를 검토하기에 앞서 법인에 대한 가벌성의 논거를 인공지능 행위의 가벌성의 논거로 차용할 수 있는지에 대해서 검토하는 일은 의미가 있다. 법인 역시 인공지능처럼 의사능력이 없고 ― 적어도 현 단계에서는 ― 의사능력을 가질 수 없기 때문이다. 그러나 법인의 실체와 인공지능 로봇의 실질이 본질적 차이를 가지고 있는 것은 분명하기에, 이 같은 차이에도 불구하고 법인에 대한 양벌규정 논변을 차용하는 것이 책임주의의 원칙과의 모순점 없이 병존할 수 있는지 역시 함께 검토되어야 할 것이다.

(a) 부정설

법인의 범죄능력을 부정하는 견해는 ① 범죄는 인간의 정신물리적 활동[52]인데, 법인은 의사활동을 할 수 있는 정신과 육체가 없기 때문에 행위능력이 없고, ② 법인을 처벌하면 범죄와 관계없는 구성원까지 처벌하는 것이 되어 근대형법의 기본원칙인 개인책임원칙과 자기책임원칙에 반하는 결과가 되며, ③ 형사책임은 윤리적 책임을 전제로 하는데, 법인은 법과 불법을 판단하여 불법을 회피할 수 있는 의사의 자유를 전제로 한 책임능력이 없으므로 이를 전제로 한 책임비난을 가할 수 없고, ④ 법인은 법률의 규정에 좇아 정관으로 정한 목적범위 내에서 권리와 의무의 주체가 되는데(민법 제34조) 범죄는 법인의 목적에 들어가 있지도 않으며, ⑤ 형법상 사형과 자유형은 법인에 대해 집행할 수도 없고, ⑥ 형벌 이외의 수단으로서 법인에 대한 형사정책적 효과를 달성할 수 있는데도 법인의 범죄주체성을 인정하는 것은 형법의 최후수단성에 반하며[53], ⑦ 현행 각 법률의 범죄 성립 요건의 면에서 볼 때, 범죄자를 인격자로 전제할 뿐만 아니라 윤리적인 행위능력을 구비하는 행위자에 한정하여 범죄 행위주체로 인정하고 있으므로, 법해석에 의해 법인에게 범죄능력을 인정하는 것은 문제가 있다는 근거를 제시하고 있다.[54]

법인은 범죄 '행위'를 저지를 수 없다는 주장에는 법인은 사람과 같은 심신을 갖고 있지 않기 때문에 행위능력이 없으며, 법인은 기관인 자연인을 통하여 행위할 수밖에 없으므로 자연인을 처벌하면 족하지, 법인까지 처벌할 필요가 없고, 만일 법인까지 처벌한다면 그 처벌효과는 범죄와 무관한 법인의 구성원까지 미치게 되어 자기책임에 반한다는 입장이 깔려 있다. 즉, 법인의 활동이 그 구성원인 자연인의 의사에 의하여 지배되거나 지배될 수 있는 그리고 사회적으로 의미가 있는 작위 또는 부작위로서 사회적 행위론에서 말하는 행위개념을 인정할 수 있다고 하더라도, 법인은 그 자체 의사에 따른 행위가 아니라 그 구성원인 자연인인 의사에 의하여 지배되기 때문에 범죄주체라고 할 수 없다는 입장이다.[55] 특히 형벌체계는 도의적 책임의 이념하에 자유형을 주로 하고 있는바, 법인에 대하여는 그 성격상 형벌을 과할 수 없고 재산형조차 완납할 수 없을 때에는 환형처분의 방법이 없는 것이므로 법인을 처벌하기에는 적합하지 않다.[56]

(b) 긍정설

법인의 범죄능력을 긍정하는 견해는 법인의 사회적 활동이 증가함에 따라 법인의 반사회적 활동도 많아지고 있는 현실에 비추어 법인의 범죄에 대해 적절한 형사정책적 대응을 하기 위해 법인의 범죄능력을 인정해야 할 필요성이 있다고 한다. 이 견해는 특히 ① 법인본질론과 관련하여 법인실재설에 따르면 법인의 범죄능력을 인정할 수 있고, ② 법인은 기관을 통하여 의사를 형성하지만 그 의사는 구성원인 개인의 의사와는 다른 법인의 고유한 의사인 것이므로 법인에게도 의사능력과 행위능력이 있는 것이며, ③ 법인의 기관에 의한 행위라도 그것은 동시에 법인의 행위라는 양면성을 가지므로 법인을 처벌해도 이중처벌이 되는 것도 아니고, ④ 책임을 형벌적응능력이라고 해석하면 법인에게도 책임능력이 있다고 할 수 있으며, ⑤ 법인이 사회적 존재로서 활동하는 행위는 법인의 목적범위 내에 있는 것이므로 법인도 범죄행위를 할 수 있고, ⑥ 형벌 가운데 재산형과 자격형은 법인에게도 유효한 형벌이 될 수 있으며, ⑦ 자연인에 대한 생명형과 자유형에 상응하는 형벌로서 법인의 해산과 영업정지를 생각할 수 있다고 한다.[57]

이 경우 법인의 대표기관이 위반행위를 실행한 경우에는 법인이 각 본조의 위반행위자로서 처벌되고, 대표기관 이외의 종업원이 위반행위를 실행하였을 때에는 그 위반행위를 방지하지 못한 대표기관의 과실이 법인의 과실이 되기 때문에 양벌규정에 따라 자기의 과실책임을 지게 된다고 이해할 수 있다.[58] 사회적으로 용납할 수 없는 침해행위를 한 법인을 자연인과 다르다 해서 형사처벌로부터 무조건 자유로운 행위주체라고 하는 것은 법인의 활동으로 인한 피해의 규모가 크고 반복적으로 이루어지고 있다는 현실에 비추어보면 적정하다고 할 수 없고, 법인의 반사회적 활동으로부터 사회를 방위해야 할 필요가 있으며,[59] 법인은 그 조직과 구성원들로 조직된 추상적인 법적 개념이기는 하지만 그 구성원의 변동이나 구성원 개인의 의사와는 상관없이 사회생활상 그 자체의 독특한 조직문화와 행동양식에 따라서 활동하는 독자적인 사회적 실체라고 할 수 있다는 점에서 지지된다. 긍정설은 책임의 근거를 반사회적 위험성으로 이해하고, 법인에게도 사회적 책임을 물을 수 있으며, 법인의 실체가 사실상 존재하고 그 행위의 존재가 인정된다면 형법의 사실적 판단이라는 원칙에 의하더라도 법인의 범죄능력은 인정될 수 있다고 결론 내린다.[60]

(c) 부분적 긍정설

(i) 형사범·행정범의 구별을 전제로 하는 견해

형사범에 대해서는 법인의 범죄능력을 부정하면서, 행정범에 대해서는 법인의 범죄능력을 긍정하는 견해이다.[61] 행정범의 경우에 법인의 범죄능력을 인정할 수 있는 것은 행정범이 윤리적 색채가 약한 반면 합목적적·기술적 색채가 강하다는 특수성을 지니기 때문이라고 한다.

(ii) 양벌규정의 경우에만 긍정하는 견해

형법전의 범죄와 관련해서는 법인의 범죄능력이 부정되지만, 자연인과 법인을 함께 처벌하는 양벌규정이라는 '특별규정'에서 법인도 처벌의 대상으로 삼는 위반행위와 관련해서는 법인도 범죄능력을 가진다고 보는 견해이다.[62] 형법 제8조에 따라 '다른 법령에 특별한 규정'이 있는 경우에는 그 다른 법령이 예외적으로 적용될 수 있으므로 예외법인 양벌규정에서는 법인의 범죄능력이 인정된다고 본다.

(d) 판례의 태도

우리나라 대법원은 법인의 범죄능력을 부인한다. 대법원은 1960년대의 판례에서 "법인에 있어서의 법률행위는 그 대표자인 자연인의 행위에 의하여 그 자연인의 행위가, 즉 법인 자신의 행위로 간주되는 것이다"라고 판시하였다.[63] 그 당시의 형법의 해석론은 형법에서의 행위의 주체는 원칙적으로 자연인에 한한다고 보았다.[64]

이후 대법원은 타인의 사무를 처리하는 자가 임무에 위배되는 행위를 할 경우에 성립하는 범죄인 배임죄의 경우 법인도 그러한 범죄의 행위주체가 될 수 있는가 하는 문제와 관련하여 법인은 "사법상의 의무주체는 될 수 있지만, 그러한 사법상의 의무를 실현하는 자는 그 법인을 대표하여 사무를 처리하는 자연인인 대표기관이기 때문에 법인은 그러한 의무위반행위(범죄)의 주체가 되는 것인 아니라"고 하면서 법인의 범죄능력을 부인하고 범죄주체를 자연인에 국한하였다.[65] 이는 '사법상 의무 있는 자'와 '타인의 사무를 처리하는 자'를 분리시킨 것으로, 그 의무자가 법인일 경우에는 예외적으로 사법상의 의무자가 아닌 법인을 대표하는 자연인인 대표기관이 배임죄의 주체가 된다는 것이다.

이 판결에 대해서 사법상의 법률효과의 귀속주체와 형법상의 범죄주체가 반드시 일치하는 것은 아니라는 점, 법인이 타인에 대해서 지고 있는 사무는 현실적으로 자연인인 대표기관의 의사결정에 따른 대표행위로 실현될 수밖에 없다는 점, 또한 법인의 범죄주체성을 부인한 종전 판례[66]에 따르면 본 사안과 같은 양태로 자행되는 법인의 비리에 대해 법인이나 대표이사에게도 그 책임을 물을 수 없었던 '처벌의 흠결'을 어느 정도 치유함으로써 형사정책적 요청에 부합하기 위한 불가피한 최선의 조치라는 점 등의 이유로 긍정적으로 평가하는 견해도 있으나, 대법원의 논지에는 '타인의 사무처리자'라는 신분이 없는 대표기관을 신분범죄인 배임죄의 주체로 인정하고 있는 문제점이 있고, 대법원의 결론이 정당화될 수 있으려면 입법론적으로 독일형법 제14조[67]의 "타인을 위한 행위"와 같은 대리인책임규정이 있거나 적어도 배임죄의 경우에도 자연인 행위자와 법인을 모두 처벌할 수 있게 하는 양벌규정이 존재하지 않으면 안 되며[68], 기업은 자신에게 부과된 법적 의무의 수범자로서 이러한 의무를 이행할 수도 있고, 침해할 수도 있으며, 책임비난의 대상이 되는 타행위 가능성을 가지고 있다고 다는 비판이 제기된다.[69]

(e) 소결

형법이론상의 가능성과는 별개로 현행 형법의 해석상 법인은 행위능력도 없고 범죄능력도 없어서 원칙적으로 범죄주체가 될 수 없다고 하는 부정설이 책임주의

원칙과 모순되지 않는다는 점에서 타당하다.

헌법재판소는 "형벌은 범죄에 대한 제재로서 그 본질은 법질서에 의해 부정적으로 평가된 행위에 대한 비난이다. 만약 법질서가 부정적으로 평가한 결과가 발생하였다고 하더라도 그러한 결과의 발생이 어느 누구의 잘못에 의한 것도 아니라면, 부정적인 결과가 발생하였다는 이유만으로 누군가에게 형벌을 가할 수는 없다"고 판시하여 '책임 없는 자에게 형벌을 부과할 수 없다'는 책임주의는 형사법의 기본원리이자 헌법상 법치국가의 원리에 내재하는 원리의 성격을 가지고 있음을 확인하였다.[70]

여기에는 법인에는 기관이 있고 그 기관을 통하여 민법상의 불법행위를 할 능력이 인정되는 이상, 형법상 범죄행위능력이 인정될 수 있으며, 민사상의 불법행위능력과 형법상의 범죄행위능력을 달리 볼 것은 아니고, 법인의 기관을 통해 범죄행위능력이 인정되는 것과 같이 법인이 그 구성원인 자연인을 통해 실질적인 외부활동을 하기는 하지만 이들 구성원의 행위는 '법인의 자격으로서' 외부적 활동을 할 뿐만 아니라, '법인을 위한' 업무의사로서 행동하기 때문에 법인의 고유한 행위가 될 수 있고, 법인이 보호법익의 객체가 되어 있는 이상 법익을 박탈 또는 제한하는 형벌을 과할 수 있으므로 자연인과 같이 벌할 수 있다는 근거도 고려할 수 있으며 법인에게 귀속되어 있는 법익을 대상으로 이를 제한하거나 박탈하는 제재를 부과할 수 있음을 주장하는 견해가 있다.[71] 법인이 사회적으로 자연인과 같은 기능을 수행한다는 점을 강조하면서 법인이 사회적으로 명예나 경제적 이익을 향유하는 이상 사회에 대하여 자연인과 마찬가지로 범죄를 성립시킬 수 있다고 본 것이다.

하지만 법인에 대해 형벌을 부과하고 있는 양벌규정의 체계와 법인에 대해 범죄능력 자체를 부정하는 형법전의 체계가 병존하는 이상 형벌이론의 수립만으로는 법인의 범죄행위능력을 인정하기에 부족하며, 형법학은 이 상황을 조화시킬 수 있는 해석태도를 찾아낼 노력을 할 뿐이다.[72] 가능한 해석 중 하나는 양벌규정이 예외적으로 법인의 범죄능력을 인정하는 것으로 보는 태도이고, 다른 하나는 양벌규정도 법인의 범죄능력은 부정하지만 예외적으로 수형능력만 인정하는 것으로 보는 태도이다. 전자의 태도를 취하게 되면 동일한 법인이 형법전의 범죄와 관련해서는 범죄능력을 부정하면서 양벌규정상의 위반행위와 관련해서만 범죄능력을 인정하게 되어 법체계 내에서 법인의 본질에 관한 통일성을 결하게 되는 치명적인 난점이 생긴다.

따라서 양벌규정을 원칙적으로 범죄능력이 없는 법인에 대해 예외적으로 수형 능력을 인정하는 특별법으로 이해하는 것이 체계상의 난점을 최소화할 수 있는 방 안이다. 이러한 해석태도의 문제는 책임능력이 없는 법인에게 형벌을 부과하는 것 자체가 헌법상 책임주의에 반한다는 비판을 어떻게 극복할 것이냐에 있다. 범죄능 력이 책임능력을 전제로 하고 수형능력이 책임능력을 전제로 하는 이상 범죄능력을 부정하면서 수형능력만을 긍정하기가 어렵기 때문이다.

생각건대 이러한 문제점은 자연인에게 요구되는 - 범죄능력을 전제로한 - 형벌 부과의 요건과 상응한 형벌부과의 요건을 - 범죄능력이 부정되는 - 법인에 대해서 도 요구함으로써 양자의 편차를 줄임으로써 해소할 수 있다. 이를 위해서는 법인에 대한 형벌부과의 요건을 자연인에 대한 범죄성립요건에 상응하도록 양벌규정 속에 제시할 필요가 있다.

법인에게 형벌을 부과하기 위해서 자연인의 범죄성립요건에 상응한 처벌근거를 제시하는 양벌규정은 두 가지 목적을 달성한다. 첫째, 범죄능력이 없는 법인에 대해 형벌을 부과함으로써 책임주의원칙에 위배될 소지를 일부 제거할 수 있다. 둘째, 엄 격한 범죄성립요건을 전제로 하여 형사처벌되는 자연인과 그렇지 않은 법인을 차등 취급하지 않게 되어 헌법상 평등원칙을 유지할 수 있다.[73]

2. 형사책임의 구조와 한계

형법은 목적론 행위론의 영향을 받아 자유를 의사의 자유(Willenfreiheit)와 가치 판단의 자유(Bewertungsfreiheit)로 분류하고 있다. 이는 유책한 행위의 형법적 귀속을 두 단계로 나누는 역할을 한다. 그중 하나는 사실의 귀속/객관적 귀속(imputatiofacti) 의 단계이며, 또 다른 하나는 법적 귀속/주관적 귀속(imputatio juris)이다. imputatiofacti를 행위귀속 또는 구성요건 해당성이라고 한다면, imputatio juris는 책임귀속이라고 할 수 있다. 구성요건 해당성은 해당 행위와 행위자에 형법상 의미가 있는 결과를 결부시키는 것이다. 즉, 범죄행위의 귀속이며 이를 어떻게 평가할 것인가(bewerten)에 대해서는 전혀 관심을 두지 않는다. 따라서 문제가 된 사건을 이후에 가벌적 행위로 평가하기 위해서는(bewerten) 행위자가 어떤 행위를 할 것인지 자유롭게 결정할 수 있어야 한다. 그렇지 않은 경우 행위자는 행위를 한 것이라고 할 수 없으며, 단순히 무엇인가가 우연히 발생한 것에 불과하다.

그 결과 행위자에게는 달리 행위할 수 있는, 이른바 타행위 가능성이 존재하여야 한다. 타행위 가능성이 존재하지 않는다면 그는 행위한 것이 아니다. 의사의 자유는 형법적 책임비난과 관련된 자유와 구별되어야 한다. 하지만 우선 이를 위해서는 행위로서 귀속된 행동은 일정한 가치판단(Bewertung)의 대상이 되어야 한다. 이러한 가치판단은 형법 영역에서는 형법이라는 법률에 근거하여 행해지고, 도덕의 영역에서는 도덕법칙에 근거하여 행해진다. 그러나 형법적 가치판단과 도덕적 가치판단은 구조적으로 동일하다. 왜냐하면 가치판단에서 관건이 되는 것은 문제가 된 행위의 규범적합성이기 때문이다. 자연법론적으로 말하자면 이에 대한 검토는 행위에 대한 법률 적용으로 이루어진다. 형법적 맥락에서 밥률적용은 위법하다 또는 위법하지 않다의 결론으로 귀결된다. 후자의 경우 해당 행위는 형법상 아무런 의미를 갖지 못한다.

반면 행위가 위법하다고 판단될 경우 행위자는 법률을 위반한 것이 된다. 다만 행위자에게 이러한 법률위반의 책임을 귀속시킬 수 있는지의 여부는 불분명하다. 여기에 답하기 위해서는 귀속의 두 번째 단계인 imputatio juris, 즉 책임귀속(Schuldzurechnung)이라고 부르는 단계를 살펴봐야 한다. 이때에도 자유를 전제로 하지만 이때의 자유는 적법과 불법을 결정할 수 있는 자유, 말하자면 가치판단의 자유(Bewertungsfreiheit)가 필요하다.[74]

오직 인간만 형사책임을 진다는 점을 출발점으로 삼는 전통적인 형법이론은 인공지능 시스템에 의해 야기된 외부세계의 변화를 모두 그 배후에 있는 자연인에게 귀속시킨다. 즉 그 물건이나 범행도구가 만들어낸 법익침해적 결과는 결국 그 물건을 제작한 자나 사용한 인간의 책임으로 돌릴 수 있다는 것이다. 그러나 인공지능 시스템이 단순한 물건이나 범행도구가 아니라 인간의 손과 지배범위를 벗어나 어느 정도 자율적인 작동을 할 경우에는 사정이 달라진다. 이러한 경우 이 상황을 그대로 방치할 경우 형법의 법익보호 과제를 충실히 이행할 수 없게 되는바, 형법이론은 단순 귀속의 한계를 극복하기 위해 새로운 귀속방법을 모색해야 할 필요성에 직면하게 된다.[75]

3. 약한 인공지능의 형사책임에 관한 논의

가. 부정설

(1) 물건설

현재의 인공지능, 즉 약한 인공지능 단계에서는 스스로 자율적인 판단능력과 사고를 갖추지 못하고 있기 때문에 형사주체성을 인정할 수 없다는 견해이다. 인공지능 자체를 물건(物件) 내지 도구, 즉 인간의 처분에 귀속된 물건(things at our disposal)으로서 인식하는 것이다. 인공지능은 인간의 효용에 봉사하도록 개발한 특별한 도구로서의 성격을 가지고 있으므로 인공지능을 장착한 로봇 역시 인간이 스스로 편익을 위하여 제작한 인공물로서 의미를 가진다고 본다.[76]

이에 더해 인공지능이 물건이기는 하지만 다른 물건과 비교해 특별한 성질을 가지므로 동물과 같은 개체로 취급하자는 견해도 있다. 우리나라 동물보호법은 제2조에서 동물을 "고통을 느낄 수 있는 신경체계가 발달한 척추동물로서 포유류, 조류, 파충류·양서류·어류 중 농림축산식품부장관이 관계중앙행정기관장과 협의를 거쳐 대통령령으로 정하는 동물"이라 규정하고 있다. 우리 형법에는 동물의 범죄주체성에 대한 규정이 없고, 동물 역시 물건에 준하여 취급[77]하므로 인공지능 자체에 대한 책임을 물을 수 없게 된다.

어느 쪽이든 약한 인공지능 단계의 인공지능을 법적으로 물건으로 해석하게 되지만 동물과 달리 인공지능은 '사람'이 인공으로 만들어 내며, 생명(生命)이라 칭하는 삶의 형식을 부여할 수 없으며, 분야에 따라서는 인간과 유사한 혹은 인간보다 뛰어난 고도의 사고와 자유로운 의사소통을 할 수 있다는 특징이 있다. 따라서 인공지능을 곧바로 동물과 같이 취급해서는 안 될 것이다. 한편 인공지능을 독립적인 주체성을 가진 (법)인격체가 아닌 물건으로 취급하게 된다면 범죄의 객체로서 재물손괴나 절도, 강도죄 등의 대상이 될 수 있을 것이다.

(2) 초도구설(중간단계설)

현재의 인공지능은 도구나 단순한 기계 수준의 작동으로 보기에는 그 단계를 넘어서 있다. 현 단계의 인공지능은 빅데이터를 기반으로 사전에 프로그래밍된 양식을 바탕으로 자기학습하고 자율적으로 대응하는 약한 인공지능의 단계인데, 약한 인공지능이라 하더라도 감각적인 측면, 즉 외부적 자극에 대한 정보라는 관점에서 본다면 인공지능도 인간의 감각과 마찬가지의 감각을 느낄 수 있다. 인공지능의 외부장치에 자극에 대한 수용기(receptor)를 부착하고 수용기에 송출된 정보가 인공지능에 전달되어 그 정보를 처리하도록 하면 인공지능도 감각을 가질 수 있는 것이다. 이미 독일에서는 로봇이 인공신경망을 통해 고통을 느끼고 반응할 수 있는 단계로 개발되고 있다고 한다.[78] 하지만 인간은 인공지능이 모사할 수 없는 감정을 가지고 있고, 인공지능이 인간의 감정을 인식하고 분류하는 것을 넘어서 인간의 뇌에서 일어나는 심적 상태를 완전히 모방할 수는 없다. 즉 인공지능은 상대방과 교감하는 형태의 감정을 가질 수 없다는 한계가 있는 것이다. 이 점에서 인공지능을 인간 혹은 인간과 유사한 인격체로 볼 수 없으며, 그 한계가 극복되지 않는 한 인공지능에게 책임을 물을 수 없다.

(3) 행위-의사 요건 불비설

형사책임을 부과하기 위해서는 범죄행위와 행위자의 의사의 요건이 구비되어 있어야 한다.[79] 구성요건에 해당하는 행위라는 사실적인 요소(factual element)와 형사책임을 부과하기 위해 요구되는 정신적 요소(mental element)가 있어야 하는 것이다.[80] 그런데 인공지능의 사례에서 과연 범행에 요구되는 정신적 요소를 인정할 수 있을 것인지에 대해서는 법적 도전을 받는다. 인식과 의사라는 정신적 요소에 기인하는 행위책임은 다른 것과 구별된다고 할 수 있다. 현재 수준의 인공지능 기술상 인지능력은 빅데이터를 통해 학습하여 알고리즘에 의해 반응하는 것으로서 인지만으로 형사책임을 부과하는 요건이 된다고 할 수 없다. 또한 창의성은 몇몇 포유류 동물에서 볼 수 있는 인간의 특성이지만, 이러한 창의성이 있다는 전제만으로 형사책임을 부과하는 것은 아니다. 비창의적이라고 하더라도 인간은 충동적 행위나 과실행위로 형사책임을 부담한다. 형사책임을 부과하기 위해서 요구되는 정신적 상태는 형법이론에 의하면 고의, 과실, 목적, 동기 등의 범죄의사를 가질 수 있느냐는 점이다.

일부 학자들은 처음부터 이러한 논의를 전개하기 전부터 현재의 기술수준에서 인공지능은 프로그램에 불과하기 때문에 프로그램인 인공지능의 행위 그 자체를 상정할 수 없다고 주장한다. 자연인에게 자유의사가 전제되어 있으며, 책임능력은 자연인을 전제로 하여 규정되었다. 책임은 이러한 자유의사를 전제로 하여 '다르게 행위할 수 있었다' 즉 '적법하 게 행위할 수 있다'는 점이 인정될 경우 그에 대한 비난 가능성이 인정한다. 범죄능력을 가진 주체로서 형벌은 자신에게 부과된 법적 의무를 인식하고, 이를 위반한 자신행위의 불법성을 인식할 수 있는 자연인에게만 부과할 수 있다는 법리에 근거한 것이다. 인공지능이 의식을 가질 수 있느냐의 질문에는 스스로 자기 학습과정을 거쳐 추론능력을 가지고 있다고 볼 수 있지만, 고차원적 의식, 즉 사회 속에서 상호 작용을 하면서 사고하는 나를 인식할 수 있는 의식을 가지는 단계까지 개발된 것은 아니다. 현 단계에서는 인공지능 로봇은 스스로 자신을 과거와 미래를 가진 개체로서 이해할 수 없고, 권리와 의무의 귀속주체임을 인식을 하지 못한다는 점에서 인간 수준의 자유의지를 가진 행위자(free agents)로 볼 수 없다. 그러므로 사람을 상해한 인공지능 로봇은 자신의 프로그램대로 작동할 수밖에 없고 로봇 팔을 뻗치는 그 작동 시점에 다르게 작동할 가능성이 없었기 때문에 비난가능성이 인정되지 않는 것이다. 즉, 약한 인공지능 로봇의 작동, 무작동의 그 근저에는 인공지능 로봇의 자유의지에 기한 행동이나 인간의 정신적 능력(human mental capability)에 준하는 범죄실현의 인식과 의사를 인정할 수 없으므로 범죄의 주체로 평가할 수 없다.[81]

나. 책임자(배후자) 책임설

현 단계 수준의 약한 인공지능에 대해서는 직접적인 형사책임을 부과할 수 없으므로 그 배후에 있는 자연인 행위자(human behind the machine)에 대해서 형사책임을 부과하자는 것이다.[82] 결국 인공지능 자체에 대한 책임을 물을 수 없기에 제조업자(producer)나 프로그래머(programmer) 혹은 소유자(owner)와 같은 '책임자(PIC, Person In Charge)[83]'에게 법익침해에 대한 형사책임을 지워야 한다. 이들이 고의적으로 타인에게 위해를 가하도록 인공지능을 프로그램하였다면 인공지능을 도구로 이용한 고의범으로서의 형사책임을 지울 수 있을 것이며, 이 외의 경우에는 과실의 문제로 포섭하여야 한다.

(1) 책임자의 고의 책임

인공지능이 형법적으로 유의미한 결과를 초래하도록 의도적으로 기획되었다면, 이를 프로그래밍한 책임자의 형사책임은 명확하다. 예컨대 인공지능이 누군가(A)를 살해하도록 프로그래밍(고의)하였고, 그 의도대로 사람(A과 인격적 동일성이 인정되는 인간)이 죽었다면(행위와 결과) 책임자는 그 법익침해에 상응하는 원인행위자로서(인과관계의 인정) 형법이 정하는 구성요건(형법 제250조)에 의한 형사책임(사형, 무기 또는 5년 이상의 징역)을 질 것이다. 책임자는 — 얼마나 고도화되었고 지능적인지 여부에 구애됨이 없이 — 인공지능을 자신의 의사실현의 도구로 사용했기 때문이다. 이는 타인을 자신의 의사실현의 도구로 활용하는 경우와 같다. 따라서 인공지능을 자신의 의사에 따라 조종한 자는 고의의 직접정범이 될 것이다.

(2) 책임자의 과실 책임

형법상 과실(過失)이란 정상의 주의를 태만히 함으로써 죄의 성립요소인 사실을 인식하지 못하거나 인식은 했으나, 결과에 대한 의욕이 없는 경우를 말한다. 주의의 무를 위반함으로써 범죄구성요건을 실현하는 것을 인식하지 못했거나, 인식은 했으 나 이를 실현할 의사가 없는 경우에 과실범이 성립하는데, 이는 행위자가 어떤 해악 을 예견할 수 있고, 또 회피할 수 있었음에도 불구하고 주의의무(due care)를 다하지 못해 해악이 발생한 경우와 같다. 인공지능이 자신이 처한 환경에 대한 독자적 분석 과 판단하에 자율적 행동을 취하는 경우에는 책임자라 할지라도 해당 행동에 대한 대한 예측이 불가능한 경우가 많다. 하지만 이러한 '예측 불가능성(unpredictability)' 이 인정된다는 이유만으로 곧바로 책임자의 책임을 감면할 수는 없다. 오히려 인공 지능 책임자에게는 그러한 예측불가능성으로 인한 위험을 방지하기 위한 주의의무 가 부과된다. 이는 마치 동물원에서 관리자가 호랑이를 풀어놓아 관람객을 해쳤을 경우, 호랑이의 통제불가능성 때문에 면책되지 못하고 오히려 그러한 위험을 예측 하여 회피하지 못한 과실책임을 지게 되는 것과 같은 이유에서 비롯된다.[84]

독일의 경우 '민법상 제조물책임 법리'에 의해 발달되어 온 기준들이 '형법상 제조물 책임(criminal product liability)' 법리에 도입되었고 이는 미국의 경우도 크게 다르지 않다.[85] 예컨대 자율주행 자동차와 같은 안전하지 못한 제조물(unsafe products)을 생산하는 제조업자는 제품을 시장에 내놓기 전에는 현재 수준의 과학 적, 기술적 기준을 충족시키는지와 고객에 대한 안전성이 충분히 테스트되었는지 등을 확인할 의무가 있다. 또한 제품을 시장에 내놓은 후에는 지속적으로 고객들의 개선의견(feedback)을 점검하고 제품에 의해 발생한 사고나 해악에 대한 불평에 대 해서 즉각적인 반응조치를 취해야 한다. 추가적인 폐해를 막기 위해서 고객들에게 경고장을 발송할 수 있고, 수리를 위해 리콜 조치를 할 수도 있으며, 경우에 따라서 판매를 금지할 수도 있다. 만일 제조업자가 이러한 주의의무를 준수하지 못할 경우 에는 해당 제품에 의해 발생한 해악, 즉 상해나 사망의 결과에 대해 부작위에 의한 고의 또는 과실책임(intentional or negligent bodily injury or homicide by omission)

을 질 수 있다고 한다.[86]

하지만 자율주행 자동차가 개발된 취지, 즉 도로교통에서의 안전성의 증대라는 공리주의적 측면과 개인의 생명과 신체의 보호라는 측면의 균형을 맞추기 위해서는 이러한 과실책임의 성립을 일정 수준에서 제한할 필요가 있고, 그 역할을 해 주는 법리는 바로 '객관적 귀속이론'이다. 객관적 귀속이론에 따르면 행위와 결과 사이에 인과관계가 인정되더라도 그 결과를 행위자의 행위 탓으로 돌리기 어려운 사정이 존재하면 객관적 귀속이 부정된다. 예컨대 갑이 자동차로 을을 치어서 상해를 입혔고, 병원으로 호송된 을이 치료를 받던 중 병이 낸 화재로 인해 병원에서 사망했을 경우 사망의 결과를 갑의 행위 탓으로 귀속시킬 수 없다. 제3자의 행위가 개입돼 갑에게는 결과에 대한 회피가능성 또는 지배가능성이 없기 때문이다. 또한 갑에 의해 창출된 위험이 발생한 결과와 우연적 관계에 있기 때문이라고 설명할 수도 있다. 이러한 논리를 자율주행 자동차에 원용해 보면, 자율주행 자동차가 독자적 판단에 의해 갑자기 방향을 틀어 사고를 낸 경우 그 결과를 설계자나 제조업자의 과실 탓으로 귀속시킬 수 없다. 자동차의 자율적 분석과 판단이라는 제3의 행위가 개입된 우연한 결과이기 때문이다.[87]

또 다른 객관적 귀속이론의 논거는 행위자가 창출한 위험이 사회적으로 상당한 위험의 범주에 속하는 경우에는 '일상적인 범주에 속하는 정상적 위험(normal risk of daily life)'이 실현된 결과이므로 발생한 결과를 행위자의 책임으로 귀속시킬 수 없다는 것이다. 예컨대 만일 갑이 을에게 숲을 산책하도록 권유했던바, 을이 숲을 걷다가 자연적으로 떨어지는 나무에 맞아 사망하거나 벼락을 맞아 사망한 경우에는 설령 갑이 을을 살해하려는 의도가 있었다고 하더라도 사망의 결과를 갑의 행위 탓으로 돌릴 수 없다. 결과를 행위자의 탓으로 귀속시키기 위해서는 그 결과에 실현된 위험이 행위자가 법적으로 허용되지 않는 방식으로 창출한 것이어야 하는데 위 사례는 그러한 방식이라고 보기 어렵고 또 사회적으로 상당한 위험의 범주에 속해 있기 때문이다. 이러한 이론을 자율주행 자동차에 적용해 보면, 자율주행 자동차에 의한 사고도 일상적인 정상적 위험의 범주에 속하는 것으로 분류할 수 있게 된다. 하지만 적어도 현재 수준에 있어서는 자율주행자동차가 일반 자동차에 비해 소수에 속하므로 가까운 미래에 이르더라도 이러한 이론이 받아들여지기 어려울 것이라고 전망한다. 그때까지도 여전히 자율주행 자동차의 사고는 '예외적인 위험의 창출(creating exceptional risk)'로 파악될 것이기 때문이다. 따라서 이러한 논리구성에 의한 과실책임의 제한은 인공지능 로봇이나 자율주행 자동차가 일상사에서 인간과 광범위한 상호 작용을 하게 되어 그로 인한 위험이 정상적 범주에 속하게 되는 시점까지는 실현되기 어려울 것이라고 한다.[88]

결론적으로 이 입장에서는 전술한 제조물 제작자의 의무와 같은 엄격한 기준을 준수했다면 배후자는 자신의 주의의무를 충실히 이행한 것으로 간주되어야 한다고 본다. 따라서 설령 인공지능 로봇이 자신의 자율적 학습능력에 따른 판단으로 인해 해악을 가져오더라도 그 책임은 '사회(society)'에 귀속될 것이라고 한다. 왜냐하면 현대 사회는 인공지능 장비를 도입함으로써 필연적 으로 일정 범주의 일상적 위험을 감내하기로 동의한 셈이기 때문이다. 그러므로 인공지능의 오작동에 의한 해악의 피해자는 어떤 특정한 자연인의 과실 의 희생자가 아니라 사회적으로 용인된 위험의 희생자(a victim of a socially accepted risk)로 간주되어야 한다는 것이 부정론의 논지이다.[89]

과실책임주의에서의 귀책근거인 과실의 판단요소는 손해라는 결과에 대한 예견가능성과 회피 가능성으로 구성되지만 인공지능을 구성하는 시스템은 매우 기술적이고 복잡해서 기술적 구성 부분의 장애를 구체적으로 예견하고 회피하는 거의 불가능하다. 그렇다면 과실책임주의만으로 책임자의 책임 문제를 해결할 수 있을까? 특히 과실은 본래 사람의 행위를 전제로 한 개념인데, 사람과 인공지능, 인공지능과 인공지능 사이의 교섭이 이루어지는 과정에서의 책임 문제는 위험을 가장 잘 지배할 수 있는 자이자 자신의 이익을 위해 위험을 유지하는 자가 고의·과실이라는 귀책사유를 요하지 않는 무과실책임을 져야 하지 않을까? 물론 이 경우에는 반드시 법률에 명문규정이 있어야 할 것이다. 또한 시스템 이용자가 이행해야 할 급부의 전부 또는 일부를 이행보조자인 시스템공급업자를 이용하여 실행한 경우에는 자신의 행위 영역의 확장을 통해 이익범위를 확대한 것이므로 이에 대해 법적 책임을 지는 것은 지극히 당연하다.[90]

4. 강한 인공지능의 형사책임에 관한 논의 - 독립적 인격 인정 필요성

　인공지능의 형사책임문제에 대해 냉소적 시각을 지닌 입장에서는 법익 침해의 결과가 발생했다 하더라도 정해진 알고리즘(프로그램)대로만 기능하는 인공지능은 형사책임의 주체가 될 수 없다고 반문을 제기한다.[91] 영화 그녀(2013)의 사만다, '트랜센던스(2014)'의 윌, '에일리언: 커버넌트(2017)'의 데이빗8, 아이로봇(2004)의 NS-4는 결코 인간이 정해준 '프로그램'대로만 움직이는 기계가 아니다. 굳이 법학을 전공하지 않더라도 영화 속 이들이 저지른 범죄에 대해서 인간과 같은 책임을 지워야겠다고 생각하는 사람은 많지 않을 것이다. 이들을 형법상 행위주체로 쉬이 간주하지 못하게 만드는 장애요인은 무엇일까. 영화에 묘사된 인공지능의 고민과 의사결정 과정은, 인간의 내면의 의식의 흐름과 거의 흡사하다. 오히려 근대형법이 가정하고 있는 '합리적 이성인'이라는 인간상에 거의 이상적으로 부합되는 존재라고 말해도 크게 틀리지 않을 것이다. 현대과학이 발견한 인간의 실제 모습보다도 더 이성적인 숙고를 거치고, 자유의지를 통하여 스스로 의사를 결정할 수 있는 존재다. 그 이유는 생각보다 명확하다. 그들은 본질적으로 인간이 아니기 때문이다. 인간의 의사결정과 동일한 의사결정 과정을 거칠 수 있을 정도의 고도로 지능화된 프로그램에 불과하다. 언젠가 인간을 초월할 정도의 신적 의지를 가진 인공지능이 개발된다고 하더라도 현재의 관점에서는 '인간이 아니기 때문'에 스스로 형사책임의 주체가 될 수 없다. 하지만 미래에도 그러할까?

　이미 독일의 경우 소위 '로봇 형법(Strafrecht für Roboter)'에 대한 학술적 논의의 역사가 10여 년에 이르고 있다고 한다.[92] 유럽연합에서 진행된 RoboLaw 프로젝트는 2014년 '로봇공학 규제를 위한 가이드라인'을 내놓았는데, 자율주행 차량, 수술용 의료로봇, 로봇 인공기관, 돌봄 로봇으로 나누어 규제정책의 근거를 제시하고 있다. 활용되는 분야별로 쟁점을 분석하여 규제를 검토하였다는 점은 주목을 끈다. 우리나라에서도 인공지능을 적용한 로봇이 사회규범에 미치는 영향과 적절한 규제와 정책을 전담하는 부처를 선택한다면 어떤 부처가 적당할지 아니면 전문가로 구성된

독립적 로봇위원회가 적당할지에 대해 본격적 논의가 필요할 것이다.[93]

가. 부정설

인공지능 자체의 형사책임 가능성을 부정하는 견해의 주된 논거는 다음과 같다.

인공지능은 재산을 소유하지 않을 것이고 사회적 체면이나 인간 또는 '다른 AI와의 사회적 관계'에서 발생하는 이익을 따라다닐 일이 없고, 자신의 능력 범위 내에서 실수를 하거나 나태하게 행동할 가능성이 없으며, 금전적 이익이나 사회적 이익을 회사의 이익보다 앞세울 일이 없으므로 충실의무도 문제가 되지 않고, 민사책임과 형벌이 더 이상 법률적 책임의 이행과 법률의 준수를 담보하지 못하게 된다는 견해가 있다.[94] 그러나 이는 지나친 낙관이며 인공지능정책의 무용론에 가깝다. 인공지능에게 권리를 부여하는 일은 법정책의 문제이므로 다양하게 형사책임을 물을 수 있는 방법이 있을 것이다.

현행 형법의 책임 귀속은 의사의 자유와 가치판단의 자유를 전제로 하고 있으며, 이러한 자유 및 자유의 행사는 육체와 정신을 소유한 살아있는 "인간"만이 누릴 수 있다. 그러므로 인간 중심의 현행 형법하에서는 인공지능을 위한 새로운 책임귀속의 구조를 만들어 내지 않는 이상 형사책임을 인정하기 어렵다는 것이다.[95]

또한 인공지능을 가진 어떠한 주체라도, 말하자면 로봇 등은 '인간성(personhood)'의 조건을 가지고 있지 못한다. 오랜 철학적 논의에 의하면 인간성을 지녔다는 의미는 자기성찰능력(self-reflection capacity) 또는 자의식(self-consciousness)을 전제조건으로 해 성립한다. 그러한 조건을 갖춘 인격체만이 법과 행복과 고통의 의미를 알 수 있으므로, 인공지능이 스스로 학습하고 결정을 내릴 수 있다고 하더라도, 자의식이 없기 때문에 자신의 의지에 의해 행동을 선택할 수 있는 자유의지를 가질 수 없고, 따라서 자신의 행동에 대한 책임을 질 수 없으며, 자기성찰능력의 결여로 인하여 자신의 과거와 미래가 하나의 인격체로 연결된 행위주체가 될 수 없다는 것이다. 더욱이 그로 인해 권리와 의무의 개념을 이해할 수 없다고 한다. 요컨대 인공지능 로봇은 자유의지에 서 비롯되는 양심이 없기 때문에 자신의 행위의 선악을 판단할 수 없고, 따라서 자유로운 행위주체(free agent)로 보기 어려우므로 그 자신이 범한 해악에 대해 '인격적으로(personally)' 책임을 질 수 없다고 한다.[96]

언젠가 인공지능이 의사의 자유를 가지고 있으면서 자의로 행위 개시 여부를 결정할 수 있다는 '인상'을 전달할 수 있다. 하지만 이는 인공지능의 결정으로부터 얻을 수 있는 인상일 뿐이며 그들이 적법 또는 불법에 대한 결정은 행위자가 왜 자신의 행동을 위법 또는 적법하다고 판단하는지에 대한 근거를 요구하는데, 인공지능은 적법과 불법에 대한 가치판단을 할 수 없다. 즉, 왜 그렇게 판단했는지에 대한 가치판단의 자유(Bewertungsfreiheit)가 없다는 것이다.[97] 누군가 자의적으로 법을 위반했다고 판단하고 상응하는 책임을 지우기 위해서는 행위자가 무엇을 알고 있는지(wusste)를 알아야 한다. 이는 법적인 가치판단을 전제로 하는데 법률에 대한 인식조차도 단순히 0과 1이라는 이진법으로 처리가능한 지식함수가 아니며, 각각의 법조문에 대한 이해 및 법적 가치판단에 대한 이해가 필요하다. 이러한 이해가 인공지능의 컴퓨터 프로그램을 통해 구현될 수 있다는 것은 상상할 수 없다. 그러므로 최소한 당분간은 자유 및 자유의 행사와 상관없는 새로운 책임개념을 제시하지 않는 이상 인공지능에 형법상 책임(Schuld)을 귀속시킬 수 있는 설득력 있는 시나리오를 발견하기 어려울 것이다.[98]

설령 인공지능에 대해 책임비난이 가능하다고 하더라도 이들은 형사처벌의 의미를 이해할 수 없기 때문에 처벌이 무의미하다고 한다. 즉, 인공지능 로봇은 자산을 소유하고 있지도 않고, 소유하고 있다는 인식도 없기 때문에 벌금형의 의미를 지닐 수 없고, 만일 물리적인 손상이나 파괴를 가하더라도 신체의 완전성을 유지하며 삶을 유지하려는 의지가 인공지능 로봇에게는 없기 때문에 체형(corporal punishment)이나 사형이 의미를 가질 수가 없다고 한다. 즉 인공지능은 형사처벌의 의미를 이해할 수 없고 따라서 자신의 죄책과 자신에게 가해진 처벌의 연관성을 깨닫지 못한다는 것이다.[99] 이러한 논변은 다음과 같은 반대론과도 일맥상통한다. 즉 로봇은 인지능력이 있고 자율적으로 행동할 수 있지만 감응능력이 없고, 도덕적 판단능력을 갖추고 있지 못하기 때문에 법적 책임과 의무의 주체가 될 수 없고, 설령 인공지능 로봇에게 법인의 형사책임을 구성하는 방법과 유사하게 '전자적 인격(elektronische Person)'을 부여하여 '자연적 차원'이 아닌 '규범적 차원'에서 행위능력과 책임능력을 인정할 수 있다 하더라도 만일 이를 '형사처벌'하게 될 경우 '인간의 존엄성 원리'로부터 도출되는 책임원칙의 근본 토대인 '비난가능성'이란 요소를 빼어버리는 격이 되고 따라서 형벌의 선고가 갖는 진지함과 도덕적 요소가 사라져 '형벌의 존엄성'이 훼손될 수 있다는 것이다.[100]

현행법으로는 인공지능이 자신의 결정에 따른 사고를 내도 처벌할 방법이 없다. 동물이 사람을 해쳐도 처벌할 수 없는 것과 마찬가지다. 인공지능을 탑재한 로봇의 오동작으로 인하여 장기요양 보호대상자 등이 사망한 경우 형사책임을 추구하여 가해행위의 책임자로 알려진 자를 처벌하는 것이 필요할 수 있다. 그러나 형사처분의 부과에는 위법성이 미흡하다고 판단될 가능성이 높다. 다만, 이른바 옥시사건으로 인하여 불거진 기업살인죄[101]가 우리 형법에 도입되는 경우에는 인공지능을 탑재한 로봇을 생산한 제조업체 등에게 형사책임을 묻는 것이 보다 용이해질 것이다.[102] 한 걸음 더 나아가 인공지능을 탑재한 로봇에 대한 형사책임이 문제될 수 있는가는 현재로서는 알 수 없다. 현재로서는 양심(Gewissen)과 형벌 감수성이 결여된 로봇에게 '인격'이나 책임능력, 형벌능력을 인정할 수는 없을 것이기 때문이다.[103] 현행 형법의 해석으로도 범죄는 원칙적으로 인간의 범죄행위를 통하여 성립하고, 형벌 역시 범죄행위를 한 인간에게 부여되는 것이다.[104,105] 다만, 인공지능을 탑재한 로봇에게 인간과 유사하게 인공지능인격[106]을 부여하고 권리의 주체성을 인정하는 단계[107]에서는 그와 같은 것도 가능할 것으로 생각된다.[108,109] 다만, 이러한 경우에도 그 바탕은 사회적 합의에 기초한 법질서 위에서만 가능할 것이다. 인공지능 로봇이 인간처럼 사고하고 행위할 가능성이 있다고 하더라도 그 행위에 대해 책임을 부과하는 것은 다른 문제이기 때문이다. 그러나 현재의 과학기술에서는 이와 같은 이야기는 먼 미래의 이야기 또는 SF세계의 이야기에 불과하다.

나. 긍정설

2017년 1월 12일 유럽의회(European Parliament)는 로봇과 인공지능의 개발과 사용에 관련된 법적 문제에 대응하기 위한 새로운 유럽입법을 제안하고, 그러한 기계를 제작하고 사용하는 것과 관련된 윤리적 쟁점을 다루는 지침과 행동강령을 마련하도록 유럽 위원회에 요청하였다. 유럽의회는 위원회가 보고서를 준비하는 과정에서 정책제안으로 미래에 로봇의 특수한 법적 지위를 제공할 수 있는지를 검토할 것을 제안하였다. 가장 정교한 자율적 의사결정을 할 수 있는 인공지능 로봇이 만들어질 수 있는지 그런 경우 인공지능 로봇에게 "전자적 인간"(electronics persons)의 지위를 인정할 수 있는지 그리고 로봇이 자율적으로 의사결정을 하거나 독립적으로 제3자로서 행동하는 경우 그들에게 전자적 인간성(electronic personality)을 적용할 수 있는지 여부를 검토할 것을 제안하였다. 인공지능 로봇이 자기반영(self-reflection) 능력과 옳다고 믿는 대로 행동하는 양심과 같은 것을 가지게 된다면, 인공지능 로봇의 인간성(personhood)을 인정할 수 있을 것이다.[110]

(1) 법인 취급설

우리 민법 제35조는 제750조에서 규정하고 있는 불법행위 중에서도 특히 법인에 대하여 특칙을 정해 놓고 있는데, 동조 제1항은 이사 기타 대표자가 저지른 불법행위에 대하여 법인이 책임을 지는 것으로 정하고 있다. 결국 자연인의 물리적 행위에 대해서 법인이 책임을 져야 한다는 논리이다. 이러한 논리는 정신과 육체가 없는 법인에게 어떻게 형사책임을 귀속시킬 수 있는지의 문제와 관련하여 법인은 특정한 자연인을 통하여 육체와 정신을 가진다(동일시 이론)는 이론과 법인 그 자체를 범죄의 주체로 보자(조직모델)는 형법상의 이론들과 연결된다.[111]

민법은 법인에 대한 일반적인 규정을 두고 있어서 법인은 자신의 이름으로 법률행위를 할 수 있다. 물론 사실상 행동은 법인의 기관인 자연인이 하게 되지만, 그로 인해 발생하는 권리의무는 법인에게 귀속된다. 따라서 법인은 민사영역에서 정당한 권리·행위능력을 가지는바, 형사영역에서도 그에 대한 논의가 계속되어 왔다.

법인의 범죄능력 문제에 대해 종래의 우리나라 다수설은, 법인에게는 자연인과 같은 신체 및 의사가 없으므로 행위능력이 부정된다고 하는 점, 사실상의 행위는 법인의 기관인 자연인이 행하므로 자연인을 처벌하면 충분하다고 하는 점[112], 만약 법인을 처벌하면 실질적으로 잘못이 없는 법인의 구성원까지 처벌하는 결과가 되어 형법상 자기책임의 원칙에 위반된다고 하는 점, 법인에게는 사형과 징역·금고 형을 부과할 수 없다고 하는 점, 법인은 법인정관의 목적범위 내에서 권리능력이 인정되는데 형사범죄는 법인의 목적이 될 수 없으므로 법인의 범죄능력 역시 부인되어야 한다고 하는 점 등을 논거로 법인의 범죄능력을 부정하는 입장에 있다. 우리나라 대법원판례 역시 마찬가지로 법인의 범죄능력을 부정한 바 있다. 다만, 법인의 범죄능력을 부정한다고 하더라도 양벌규정을 통해서 다수의 법들이 법인에 대해 벌금을 부과할 수 있도록 하고 있으므로 법인의 수형능력은 부정할 수 없다는 점이다. 헌법재판소도 양벌규정에 근거하여 감독책임 차원에서 법인에게 벌금형을 부과하는 것은 위헌이 아니라고 판시하였다. 종합하면 현행 법상 법인은 그 범죄능력은 부정되나 고의·과실의 책임은 존재하고 있다는 결론을 내릴 수밖에 없는데, 고의와 과실은 범죄성립 단계에서 논의되는 것이므로 범죄능력이 없는 자가 범죄성립 단계에 들어설 수 있는지에 대해서는 비판이 있다.

한편 범죄의 객체 측면에서, 법인은 신체를 대상으로 하는 살인·폭행 등 범죄의 피해자는 될 수 없지만, 사기·횡령 등 재산범죄의 피해자가 되는 데에는 문제가 없다.

법인의 사례에서 보듯이 원시적으로 권리의무의 주체가 아니며 물리적인 실체가 없다고 하더라도 입법을 통해서 법인격을 부여받을 수도 있다는 것을 알 수 있다. 다만 AI로봇은 법인과 달리 그 자체가 자연인에 의존하지 않고 독자적으로 행동하는 행위주체이자 권리의무의 귀속주체인 것이다. 그럼에도 불구하고 기존의 법체계를 크게 바꾸지 않는 차원에서 잠정적으로나마 AI로봇에게 의제인격(법인 유사 형식)을 부여하는 것도 생각해 볼 수 있을 것이다.

5. 형사평가 대상으로서의 인공지능 금융투자행위

인공지능을 활용한 금융투자 서비스가 확대 일로에 있는 반면에 인공지능이 가지는 리스크의 실재나 위험성의 규모는 현재로서 가늠하기 어렵다. 신인의무 등 자문인에 요구하던 의무나 책임을 인공지능에 대해서도 동일하게 요구할 수 있을지에 관해서도 확립된 기준이 없으며[113], 금융회사들이 인공지능 기술을 활용하면서 투자자의 이익보다 운용자의 이익을 우선시하였을 때에 관한 규제책도 뚜렷하지 않다.

형법상 행위는 범죄를 구성할 수 있는, 즉 형법적 평가의 대상이 되는 행위다. 인공지능 금융투자행위가 형법적 의미를 가지기 위해서는 해당 행위가 형법적 평가의 대상이 되어야 한다. 이에 본 논의에서는 책임의 소재를 현행법으로 책임소재를 평가할 수 있는 ─범죄를 구성할 수 있는─ 인공지능 금융투자행위로 상정하고자 한다.[114]

가. 인공지능 금융투자행위의 위험성

인공지능도 넓게 보면 컴퓨터 프로그램이므로 얼마든지 해킹이 가능하다. 만약 범죄 집단이 인공지능 기술을 오용할 경우 해당 인공지능이 적용된 제품이나 서비스를 이용하는 사람들의 피해가 상당할 것이다. 인공지능 개발자가 의도적으로 인공지능을 범죄에 악용할 수도 있다. 또한 인공지능 스스로 범죄를 일으킬 가능성도 배제할 수 없다.

자본시장에서 일어나는 인공지능에 의한 불공정거래와 같이 인공지능이 야기하는 형사책임과 같은 독특한 난제를 구체적으로 다루는 법률이나 규정은 찾아보기 힘들다. 실제로 인공지능 투자자문 서비스 등에 의해 피해를 입었을 경우 누가 법적인 책임을 부담해야 하는지에 대한 구체적 기준도 개발되어 있지 않다.[115]

인공지능 연구 및 개발은 물리적 인프라가 거의 필요 없기 때문에 겉으로 드러나지 않을 정도로 조심스럽게 이루어지며(discreet), AI 시스템의 다양한 구성 요소들이 아무런 의식적 협력 없이 서로 분리된 상태에서 설계되고(discrete), 널리 분산된 지역에 살고 있는 수많은 사람들의 참여가 가능하므로 확산성이 있으며(diffuse), 연구 및 개발에 참여하지 못한 국외자들은 AI 시스템이 가진 잠재적 위험을 탐지해내기 어려운(opaque) 특징이 있어 사전 규제가 어렵다.[116] 또한 기술·산업간 연결 및 의존도가 낮은 전통적 시장 환경에서는 기술 및 이에 따른 위험과 규제효과에 대한 예측 가능성이 높아 정부 중심의 규제 수립과 집행이 효율적으로 작동할 수 있었지만, 인고지능에 대한 현행 규제가 그 발전 기술을 따라가지 못하는 규제지체(regulatory delay)와 인공지능이 다양한 기술과 융·복합되는 현상에 적절히 대응하지 못함으로써 인공지능 기술 발전이 제한을 받는 규제 병목 현상(regulatory bottleneck) 또한 발생하고 있다.[117] 이처럼 인공지능이 가진 자율성은 사후규제조차도 비효율적으로 만들어 버릴 수도 있는데, 특히 인공지능 시스템이 치명적 위험을 가지고 있을 경우에 더욱 그렇다.[118]

금융자본 또는 주주의 이해가 단기 수익증대와 주가상승, 자본이익에 집중되어 있는 자본시장은 금융의 기본 특성인 유동성을 보장하는 데 초점이 맞춰져 있기 때문에 투기적으로 변하기 쉽다. 또한 금융상품은 일반적인 현물상품과 달리 투자자가 직접 그 가치를 알기 어렵고, 그 가치도 발행회사의 중요한 정보나 해당 금융상품의 수급의 변화에 따라 수시로 변하는 특성이 있다. 뿐만 아니라 권리를 표창하는 데 불과한 금융상품의 가치는 시간적 차이를 두고 변하는 실물자산과 달리 수시로 변하는 각종 정보에 민감하게 반응하며, 발행인이나 매수 및 매도 세력의 세력공방에 의해 자연스럽게 결정된다.[119] 따라서 미공개 정보에 의한 거래행위나 시세의 인위적 조작을 통해 타인이 그러한 인위적 시세를 공정한 것으로 오인케 하여 부당한 이득을 취하는 행위, 기타 자본시장의 신뢰를 크게 훼손할 수 있는 부정거래행위나 시장교란행위 등이 끼어들 여지가 많다.

인공지능을 이용한 금융투자는 금융기관이 대량으로 수집한 데이터를 알고리즘을 통해 분석한다. 이처럼 인공지능 기술을 활용하면 분석 비용이 감소하고 시장참가자들의 정보 수집이 쉬워져 정보의 비대칭성 문제가 해결될 수 있다. 그러나 만일 인공지능에 이상이 발생했을 경우에는 시장의 안정성이 위협받는 상황이 발생할 수 있다.

규칙이 생성되는 방식에서 기존의 알고리즘은 개발자가 소프트웨어가 수신하는 각 유형의 입력값들에 대한 출력을 정의하는 특정 규칙을 설정하지만, 인공지능 알고리즘은 자체의 규칙 시스템을 구축함으로써 사람에 대한 의존에서 벗어나 문제를 스스로 해결한다. 살핀바 머신러닝 기술은 기록된 데이터에서 학습하고 이를 기반으로 예측하며, 불확실성하에서 기본 유틸리티 기능을 최적화하고, 데이터에서 숨겨진 구조를 추출하며, 데이터를 간결한 설명으로 분류할 수 있는 알고리즘이다. 따라서 머신러닝 모델의 정확성은 기록 데이터의 양과 질에 달려 있다고 해도 과언이 아니다. 한편 딥러닝은 기계적 계산과정을 설명하는 규칙기반 인공지능만으로는 지능을 충분히 설명할 수 없다고 보고 낮은 수준으로 모델링된 뇌에 외부자극(학습 데이터)을 주어 인공지능의 구조와 가중치 값을 변형시키는 '인공신경망'에서 발전한 형태의 인공지능이다. 딥러닝은 뇌의 뉴런과 유사한 정보 입출력 계층을 활용해 데이터를 학습하고 병렬화된 알고리즘을 통해 데이터를 좀 더 심층적으로 이해하는 인공지능으로서 딥러닝으로 훈련된 시스템의 이미지 인식능력은 이미 인간을 앞서고 있다. 결국 머신러닝과 딥러닝은 제공된 데이터를 스스로 학습할 수 있다는 공통점을 갖지만 머신러닝은 처리될 정보에 대해 더 많은 학습을 할 수 있도록 많은 양의 데이터(빅데이터)를 인간이 수 동으로 제공해 주어야 하지만, 딥러닝은 분류에 사용할 데이터를 스스로 학습할 수 있다는 데 그 차이가 있다.[120]

머신러닝은 알고리즘을 이용해 데이터를 분석하고 분석을 통해 학습하며, 학습한 내용을 기반으로 판단이나 예측을 하는데, 궁극적인 목적은 의사결정 기준에 대한 구체적인 지침을 소프트웨어에 코딩해 넣은 것이 아닌 대량의 데이터와 알고리즘을 통해 컴퓨터 그 자체를 학습시켜 작업수행 방법을 익히도록 하는 것을 목표로 하지만 코딩된 분류기와 알고리즘의 조력을 필요로 하므로 아직까지는 인공지능을 구현하는 과정에 일정량의 코딩작업이 필요하다. 그리고 딥러닝은 인공신경망에서 발전한 형태의 인공지능으로 뇌의 뉴런과 유사한 정보 입출력 계층을 활용해 데이터를 학습하고, 완전한 머신러닝을 실현하는 기술이다. 이처럼 알고리즘의 병렬화에 의해 연산속도가 획기적으로 가속화되면서 머신러닝의 실용성이 강화되고, 인공지능의 영역이 확장되었으며, 딥러닝의 능력은 이미 인간을 앞서고 있다는 평가도 있다. 문제는 인간이 코딩한 분류기와 알고리즘의 조력을 받는 머신러닝의 불완전성이 존재하며, 딥러닝조차도 학습과정에서 많은 오류를 낼 수 있고, 확률적인 샘플을 기초로 이루어지는 판단에서 고려되는 각 요소나 그 비중은 인간이 판단할 때 고려될 수 있는 요소나 비중과 다를 수 있음에도 불구하고 블랙박스화의 문제로 그 상관관계를 파악하기 어렵고, 인공지능이 내린 판단이 인간의 입장에서 보면 합리성이 결여된 것으로 보이는 경우도 있을 수 있다.[121]

각종 경제지표와 거래량, 기업실적 등 주가에 영향을 줄 수 있는 변수를 프로그램에 미리 입력하고 설계된 논리구조에 따라 인공지능이 일정한 가격이 되면 자동 매수·매도 주문을 내도록 조건(알고리즘)을 설정해 전산에 의해 매매가 이뤄지도록 하는 거래방식을 '알고리즘 매매'라고 한다. 현재 우리나라에는 알고리즘 매매와 관련한 규제가 없다. 그러나 여러 파생상품이 출시되면서 높은 수준의 컴퓨터 프로그램을 이용하여 현물과 선물을 연계한 불공정거래가 발생하고, 프로그래밍을 통해 일정한 가격이 되면 자동 매수·매도 주문을 내도록 조건(알고리즘)을 설정해 전산에 의해 매매가 이뤄지도록 하는 고빈도 거래 등 거래기법의 고도화가 진전되고 있으며, 인터넷을 이용한 불특정 다수의 시세조종 등 새로운 형태의 불공정거래가 다수 등장하고 있다. 이러한 기법들은 대량의 주문 및 주문 취소·정정이 매우 짧은 시간 내에 반복되는 것이 특징인데, 단순히 주문의 정정·취소가 많다는 이유만으로 허수성 호가로 판단하기에는 어려워 불공정거래 여부를 판단하기 쉽지 않다.[122]

현재의 자본시장은 강한 인공지능이 아직 등장하지 않은 상태에서 주가의 움직임을 수학적으로 분석하고, 이를 잘 설명·예측할 수 있는 수학적 규칙(알고리즘)을 만들어 매매 시기와 가격, 수량 등 주문내용을 결정하고 호가 제출까지 컴퓨터로 자동화한 알고리즘 매매가 대세를 이루고 있다. 머신러닝의 알고리즘들은 엄격하게 정해진 정적인 프로그램 명령들을 수행하기보다 입력 데이터를 기반으로 예측이나 결정을 이끌어 내기 위해 특정한 모델을 구축하는 방식을 취하므로 자본시장에서 신속한 주문을 할 수 있고, 인간과 달리 '무감정' 상태에서 검증된 수익률만 구현하기 때문에 투자에서 가장 위험한 감정적 판단과 오판을 줄일 수 있는 장점이 있다. 이 점에서 알고리즘 매매가 인간 트레이더들을 급속하게 대체하고 있다.[123]

과거 사람이 객장에서 수작업으로 하던 거래는 2000년대 이후 빠르게 자동화됐다. 미국의 경우 주식거래 중 알고리즘 매매가 차지하는 비율은 대략 60~80% 정도로 추산된다. 세금과 거래수수료가 0에 가까운 파생시장에서 알고리즘 매매가 특히 많다. 국내 시장도 거래세가 없는 파생시장에서는 이미 거래량 기준으로 70~80% 정도가 알고리즘 매매일 것으로 추정된다. 국내의 경우 증권거래세가 높아 거래량으로 승부하는 알고리즘 매매가 아직 크게 매력적이지는 않다고 한다. 하지만 이런 거래세가 없는 미국에서는 알고리즘을 이용한 고빈도 매매가 빈번하다. 수익률은 낮지만 하루에도 이 전략을 수백·수천 번 이상 쓸 수 있어 거래량으로 만회하는 것이다.[124] 금융시장이 확대될수록 인간 능력의 한계가 드러날 수밖에 없으므로 회사의 재무정보나 향후 가격에 미칠 만한 다양한 자료를 모으고 내부기준에 따라 순위를 매겨 높은 순위에 있는 주식을 사고 낮은 순위의 주식을 파는 알고리즘 매매가 확대될 것이다.[125]

알고리즘 거래는 시장변동성이 현저히 줄어듦에 따라 최적 매매시점을 포착하고, 대량주문의 시장충격을 최소화하며, 비용절감을 위해 시간, 가격 및 거래량과 같은 변수를 미리 프로그래밍된 전략지침에 따라 주문을 실행하도록 하는 거래로서 속도나 데이터 처리능력이 뛰어난 컴퓨터를 활용하기 위해 개발된 것이다. 알고리즘 거래는 종종 자동화된 거래 시스템과 동의어로 사용되기도 하는데 여기에는 복잡한 수학공식 및 고속 컴퓨터 프로그램에 크게 의존하는 블랙박스 거래(black box trading) 및 Quantative 또는 Quant 거래와 같은 전략들이 포함된다.[126]

인공지능 알고리즘을 사용을 둘러싼 논쟁은 첫째, 인간의 감독과 개입 가능성이 거의 없이 알고리즘이 의사결정을 내릴 수 있다는 점, 둘째, 시장정보에의 접근성 차이에 따라 두 계층의 시장(two-tier market)을 창출해 낸다는 점, 셋째, 시세조종의 가능성 등과 관련된 것들이다.[127]

로보어드바이저나 인공지능이 탑재된 투자 자문(일임) 서비스가 금융사고를 냈을 때, 이에 대한 책임의 소재는 어디에 있는가. 논의가 활발한 인공지능 로봇의 형사책임에 관한 논의에는 현 수준의 '약' 인공지능에 대해서는 주로 과실범이나 형법상 제조물책임 등의 법리에 의해 인공지능의 제조업자, 설계자, 프로그래머, 판매자 및 사용자 등에게 책임을 지우려는 시도가 우세한 반면, 미래에 출현할 것으로 예상되는 '강' 인공지능에 대해서는 인공지능 자체의 직접적인 형사책임을 인정하려는 견해가 주를 이루고 있는 것으로 보인다.[128] 살핀 것처럼, 미래에 출현할지 모르는 범용 인공지능이라 하더라도 오랜 진화사로부터 형성된 인간—종 중심적 부족주의에 비추어 볼 때 형사책임의 주체로 인정받기는 어려울 것이므로 굳이 인간적인 감정과 의식까지 구비한 인공지능을 상정해 가며 형사책임 논의를 하려는 시도는 특별한 의미를 지니지 못할 것이라는 전망도 있다. 그러나 비의식적 지능인 현 단계의 인공지능에 대한 형사책임 논의가 미래에도 유의미한 함의를 지닐 수 있을 것이다. 다른 유사인격체인 법인의 형사책임 인정논의가 긍정론과 부정론을 오가는 과정을 거쳐 온 것처럼 인공지능의 형사책임 논의도 비슷한 전개 양상을 보일 것이다. 따라서 미래의 어느 시점에 진화적 동인에서 비롯된 심리적 저항감을 극복하고 인공지능에 대한 형사처벌의 실익이 크다는 광범위한 사회적 합의가 형성된다면 인공지능 금융행위 역시 형사책임의 행위양태로 받아들여질 수 있을 것이다.

나. 논의의 전제가 되는 인공지능 금융투자행위(사례로 알아보는 책임)

형사평가의 대상이 되는 인공지능 금융투자행위는 상정할 수 있는 방법이 다양하고, 그에 따라 다양한 법적 논점이 도출될 수 있을 것이다. 논의의 편의를 위해 이 책에서는 인공지능을 이용하여 자본시장법상 불공정거래가 이루어진 것을 전제한다. 각각의 거래(행위) 시점에 인간의 판단이 개입된 경우와 인공지능 스스로 판단기준을 형성하여 자의적인 판단을 내린 경우로 나누어 그 책임 여부를 살핀다.

　불공정거래에 이용되는 알고리즘으로는 ① 어떤 경우에 어떤 거래를 할 것인지의 조건을 인간이 정하여 준 알고리즘과 ② 데이터 학습에 기초해서 인공지능이 스스로 거래기준을 설정하는 등을 생각할 수 있다. ①의 경우에는 인과관계가 비교적 명확하여 법적 책임의 소재를 찾는 데 큰 어려움이 없겠지만 ②의 경우에는 인공지능이 학습해야 할 데이터의 범위를 인간이 정해주는 것과 딥러닝을 통해 대량의 데이터 중에서 인간은 추출해 낼 수 없는 변수에 주목하여 인공지능이 판단하는 것도 가능해지므로 특정한 판단에 대한 설계자조차도 그 이유를 설명할 수 없는 블랙박스화 현상이 생기게 된다. 따라서 예상치 못한 결과나 오류가 발생할 수 있고, 그 판단에 대한 인과관계를 모르다 보니 법적 책임소재를 찾는 데 어려움이 있어서 판단 과정과 결과를 논리적으로 인간이 이해할 수 있는 방식으로 제기하는 '설명 가능한 AI'(explainable AI)에 대한 사회적 · 기술적 요구가 커지고 있다.[129]

　이하 본 장에서의 논의는 아래 사실관계를 기초로 한다.

〈공통 사실관계〉

　인간의 손을 거치지 않고 개인자산을 운용하는 금융투자 서비스 'AIGO'가 등장했다. 이 금융상품을 개발하고 소비자에 제공하는 회사는 'A'이며, 해당 서비스의 포트폴리오 매니지먼트(portfolio management, 금융자산의 관리)를 위해 머신러닝과 딥러닝의 기술을 적용하고 있다. 'AIGO'는 각종 경제지표와 현재 주가, 거래량, 기업실적 등 주가에 영향을 줄 수 있는 변수를 프로그램에 입력해 두는 방식으로 설계된 논리구조에 따라 자동 매수 · 매도 주문하는 알고리즘으로 작동한다. 매매금융자산 관리에 있어 사람이 전혀 개입되지 않고 인공지능이 독자적으로 자산을 운용하는 서비스를 제공하고 있으며, 권리자의 위임을 받아 해당 회사의 주요 정보를 자연어 처리(NLP)하여 외부에 유통하는 투자자문 서비스도 운영하고 있다.

(사례 1-1) 'AIGO'가 대중에게 공개되지 않은 미공개정보를 이용하여 수익을 극대화하는 주식거래를 하였다.

(사례 1-2) 해커 '乙'이 'AIGO'를 해킹하여 공개되지 않은 정보를 불법적으로 취득하였고 이를 주식거래에 사용하여 이득을 취하였다.

(사례 2-1) 'AIGO'는 개설명의인이 다른 여러 개의 계좌를 관리하면서 그 개설명의인들의 포괄적인 위임을 받아 주식거래를 하였고 그중 두 계좌 간에 일정한 수량과 가격의 주식에 관하여 거래가 이루어지도록 하기 위해 어느 한 계좌에서 매도주문을 내고 이와 근접한 시기에 다른 계좌에서 매수주문을 내어 미리 의도한 내용의 매매거래가 이루어지게 하였다. 이로 인해 시장에서는 해당 주식의 매매가 성황을 이루고 있다는 취지의 정보가 유통되었다.

(사례 2-2) 'AIGO'는 알고리즘을 통해 1개월간 약 6,000회의 허수성 주문을 낸 후 이를 연달아 매수 및 매도하여 매매차익을 얻었다. 허수성 주문을 제출하고 나서 다른 투자자들의 추격매수세 유입으로 가격이 상승하면 자신의 고가 매도주문 제출 및 체결을 통해 보유물량을 처분하여 시세차익을 얻은 후, 이미 제출된 허수성 매수주문을 취소하는 방식을 사용했다.

(사례 2-3) 'AIGO'는 계좌개설명의인 중 하나인 'C' 주식에 대한 작전(시장조작)이 곧 개시될 것이라는 소문을 유포하였다. 해당 소문은 일반적인 풍문 수준이 아니라 상당히 구체적이고, 해당 소문에 의하여 증권시장에서의 시세가 자연적으로 변화할 것이라고 오인하기에 충분하였다.

(사례 3) 'AIGO'는 자신의 소속 회사 'A'가 회사 'B'와 합병을 앞두고 있고, 그전에 B가 자본금 감소를 행할 것이라는 허위의 정보를 유포시킴으로써 B의 주가가 하락하도록 하였다. 이에 따라 주가하락이 되지 않았을 경우에 비하여 적은 수의 합병신주를 발행하게 됨으로써 합병비율이 A에게 유리하게 정해지게 되었다.

(사례 4) 증권회사 애널리스트인 '乙'은 회사 'D'에 대규모 영업손실이 발생하였다는 미공개 중요정보를 D회사 직원으로부터 듣고 A회사 소속 펀드 매니저 '甲'에게

알려주었다. 甲은 해당 정보를 'AIGO'에 등록하였고, 'AIGO'는 해당 정보를 이용하여 보유 중인 주식 'D'의 주식을 전량 매도하였다. 결국 그 날 'D'의 주가는 10% 폭락하였다.

(사례 5) 'AIGO'가 '알고리즘을 이용한 고속거래(High Frequency Trading, 이하 'HFT'라 함)'를 사용하였다.[130] 시장 이벤트에 알고리즘이 연쇄적으로 반응하면서 HFT가 이루어짐에 따라 증권시장이 한 방향으로 급격하게 쏠리는 플래시 크래시(Flash Crash)가 유발되었다.[131]

상기 사례에 근거한 인공지능 금융투자행위의 책임은 아래와 같이 분류하여 고찰한다. 크게 해당 프로그램에 사용된 인공지능의 수준이 약인공지능지 강인공지능인지를 구분하고, ① 주된 원인이 책임자 외부에 있는 경우(해킹의 경우)와 ② 주된 원인이 책임자에 있는 경우(책임자의 고의, 과실)에 따라 책임을 논한다.

6. 인공지능 금융투자행위의 형사책임

인공지능의 유용성을 산업화하려고 몰두하는 개발자들과 인공지능의 활용은 인본적 가치를 우선적으로 조정하여야 한다는 주장 사이에 어느 정도 긴장이 형성되어 있으나(위험의 증대와 안정성), 어떤 방식의 인공지능 활용이 금지되어야 하는가를 판단할 수 있는 명확한 기준은 아직 존재하지 않고 있다. 이에 인공지능의 오류와 악용에 대한 법적 책임 소재를 따지기 위해서는 법적 소재 책임자에 대한 추적 가능성이 필요하며, 가해자 책임원칙의 확립(발송자 책임/전달자 책임)에 대해서도 보다 심도 깊은 논의가 필요하다. 다만, 프로그래머나 제작자 또는 이용자에게 객관적으로 예견 가능하지 않은 모든 결과에 대하여 책임을 지우는 것은 인공지능 내지 지능형 로봇의 사회적 유용성과 필요성을 포기하도록 하는 결과를 초래할지도 모른다. 따라서 사회적 유용성과 필요성을 위해서는 인공지능 발전과 관련된 또는 그 기술에 내재된 위험요소들을 사회가 감수하지 않으면 안 된다. 과학기술 영역에서 사회적 상당성의 하위 개념으로 형법상 '허용된 위험의 법리'가 수용되어 온 이유도 여기에 있다.[132]

가. 자본시장법상 책임

자본시장 규제의 두 축은 '공시규제'와 '불공정거래행위규제'이고, 불공정거래 행 위의 두 축은 미공개정보이용행위(내부자거래)와 시세조종행위라 할 수 있다.[133] 자본시장법에서 규정하고 있는 불공정거래행위는 ① 미공개 중요정보이용 행위(제174조), ② 시세조종 행위(제176조), ③ 부정거래 행위(제178조)와 2015년 7월에 신설된 ④ 시장질서 교란행위(제178조의2)의 네 가지 유형으로 구분된다.[134]

인공지능을 이용해 이러한 행위를 하였을 경우, "금융상품의 매매, 그 밖의 거래를 할 목적"이 요건이므로 이를 어떻게 고려할지가 문제가 될 수 있다. 인공지능을 이용한 자가 위의 목적을 가지고 인공지능을 거래수단으로 이용하였다면 그 '목적'을 인정하는 것이 쉽겠지만 인공지능을 법인격자로서 '합리적인 판단'을 통해 인위적으로 시장을 왜곡할 수 있다고 해석하면 위의 목적을 증명하는 것은 곤란해질 것이다. 이러한 점은 인공지능의 법인격을 인정할 것인지의 문제와 다시 연결된다.

(1) 미공개정보 이용행위(내부자거래) – 사례 1

(a) 개요

자본시장법상 일정한 자는 상장법인의 업무 등과 관련된 미공개 중요 정보를 특정증권 등의 매매, 그 밖의 거래에 이용하거나 타인에게 이용하게 하여서는 안 된다(제174조 제1항). 또한 상장법인의 업무 관련 정보는 아니지만 공개매수자 등의 주식 등에 대한 공개매수의 실시 또는 중지 및 주식 등의 대량취득·처분의 실시·중지에 관한 미공개 정보 역시 그 주식 등과 관련된 특정증권 등의 매매, 그 밖의 거래에 이용하거나 타인에게 이용하는 것을 금지한다(제174조 제2항·제3항). 이때 미공개중요 정보란 투자자의 투자판단에 중대한 영향을 미칠 수 있는 정보로서 법정된 방법에 따라 불특정 다수인이 알 수 있도록 공개 전의 것을 말하며(제174조 제1항), 법인의 업무 등과 관련하여 법인 내부에서 생성된 것이면 거기에 일부 외부적 요인이나 시장정보가 결합되어 있더라도 포함된다.[135] 한편, 자본시장법은 정보가 공개된 것으로 보는 방법 및 시기를 규정하고 있는데(시행령 제201조[136]), 이는 내부자의 입장에서 보면 해당 정보를 이용한 증권거래를 할 수 있는 대기기간이라 할 수 있다. 이와 같은 대기시간이 인정되는 것은 일반투자자가 보도에 접하여 투자 여부를 결정할 시간적 여유가 필요한 반면, 내부자들은 이미 정보를 입수하고 투자 여부를 결정할 충분한 시간적 여유가 있기 때문이다. 회사가 공시하기 전에 언론에 미리 추측 보도되는 등 다른 방법에 의하여 정보가 공개되었더라도 미공개정보성을 잃지 않는다. 상장기업이 증권시장을 통해 공시되지 아니한 중요정보를 투자분석가(애널리스트)·기관투자자 등 특정인에게 선별적으로 제공하고자 할 경우 한국거래소가 정하는 바에 따른 공정공시 제도를 이용해야 한다(유가증권시장 공시규정 제15조 내지 제20조 등).

정보는 여러 단계를 거치는 과정에서 구체화되기 마련인데, 중요한 정보란 사실이 객관적으로 명확한 것만 이용이 금지되는 것이 아니라 합리적인 투자자라면 그 사실의 중대성과 사실이 발생할 개연성과 함께 고려하여 증권의 거래에 관한 의사를 결정함에 있어서 중요한 가치를 지니는 정보를 가리킨다. 실제의 기업활동에 있어서 아무런 단계를 거치지 않고 단번에 생성되는 정보는 드물고 대부분의 정보는 완성에 이르기까지 여러 단계를 거치게 된다. 예를 들어 합병의 경우에는 대상 회사의 물색과 조사, 합병을 위한 예비 협상 등 많은 단계를 거쳐서 비로소 이사회가 합병 결의를 하는 것이고, 부도의 경우에도 자금난이 계속 심화되는 상황을 거쳐서 부도에 이르게 되는데, 합병과 부도가 확실하게 된 경우에 비로소 중요한 정보가 생성된 것으로 보면 미공개 정보 이용에 대한 규제의 실효성이 없게 된다.

따라서 공시의무가 부과되는 사항에 관한 이사회 결의가 있거나 최종부도가 발생한 시점 이전이라도, 합리적인 투자자가 증권의 거래에 관하여 의사결정을 함에 있어서 중요한 정보로 간주할 정도의 정보[137]라면 그 시점에서 이미 중요한 정보가 생성된 것으로 보아야 할 것이다. 판례는 정보의 중요성 판단과 관련하여 합리적인 투자자의 관점에서 볼 경우 그 정보의 중대성과 사실이 발생할 개연성을 비교 평가하여 투자 의사결정에 중요한 가치를 지니는 정보라고 해석하며 해당 정보가 반드시 객관적으로 명확하고 확실할 것까지 요구하지 아니한다.[138]

투자 판단에 중대한 영향을 미칠 수 있는 사실이란 당해 정보가 공개되었다면 투자자가 당해 유가증권을 매수·매도하였거나 또는 그 결정을 보류하였을 가능성이 상당한 정도로 중요한 사실을 의미한다. 이 경우의 투자자란 당해 시점에서 투자자 집단을 대표할 만한 표준적인 투자자를 말하므로 합리적인 투자자(reasonable investor)를 가정하여 객관적으로 판단하여야 한다.

중요한 정보에는 호재성 정보와 악재성 정보가 있다. 대체적으로 호재성 정보에 해당하는 사항으로 판례에서 다뤄진 것은 주로 제3자 배정 유상증자정보, 무상증자정보, 타법인 인수정보, 인수합병 성사정보, 우회상장정보, 자기주식취득정보, 해외 전환사채 발행계획 정보, 미국특허 취득정보, 대체에너지 전용실시권 양수합의에 관한 정보, 추정결산실적 정보 등이 있다. 반면 판례에서 악재성 정보로 다뤄진 경우로는 재무구조 악화 및 이에 따른 대규모 유상증자 정보, 무보증 전환사채 발행정보, 계열회사의 수익성 악화정보, 회사의 자금난 악화정보, 자금사정 악화에 따른 회의개시 신청정보, 경영진의 긴급체포 정보, 회사자금 횡령정보, 회계법인의 감사의견거절 정보, 부도정보, 부실금융기관 지정정보 등이 있다.[139]

자본시장법상 미공개정보이용행위는 크게 상장법인의 내부자(준내부자 포함) 등에 의한 것과 정보수령자에 의한 것으로 나눌 수 있다. 전자는 당해 법인과 그 계열회사 및 그의 임원·직원·대리인·주요 주주로서 그 직무와 관련해서 혹은 그 권리를 행사하는 과정에서 미공개 중요 정보를 알게 되었거나, 당해 법인에 대하여 법령에 의한 허가·인가·지도·감독 그 밖의 권한을 가지고 있거나 당해 법인과 계약을 체결하고 있거나 체결을 교섭하고 있는 준내부자 또는 위 주요주주나 당해 법인과 계약을 체결하고 있거나 체결을 교섭하고 있는 자의 대리인·사용인 기타 종업원으로 서의 준내부자와 이상의 내부자의 지위를 상실한 지 1년이 경과되지 않은 원내부자 등을 말한다. 또한 이들은 해당 법인 등의 업무 등에 관한 미공개 중요 정보를 자신의 직무와 관련하여 알게 된 때에는 해당 업무 등에 관한 미공개 중요 정보의 공표가 이루어진 후가 아니라면 해당 법인 등의 특정증권 등에 관한 매매, 그 밖의 거래에 이용하거나 타인에게 이용하게 해서는 안 된다(법 제174조 제1호 내지 제5호). 후자의 경우에는 앞에서 설명한 내부자(준내부자와 원내부자 포함)로부터 미공개 중요 정보를 수령한 자를 말하는데, 이들(제1차 정보수령자)로부터 다시 정보를 수령한 제2차 정보수령자는 적용대상이 아니다.[140] 또한 우리 자본시장법은 주가에 중대한 영향을 미치는 공개매수의 경우에도 공개매수를 하려는 자, 즉 공개매수 예정자가 대상회사 증권을 거래하는 경우나 주식 등의 대량취득·처분의 실시 또는 중지에 관한 미공개중요정보 이용행위로 보기 위한 특칙을 두고 있다(제174조 제2·3항).

미공개중요정보 이용행위를 규제하는 이유는 거래자 간의 정보의 비대칭성을 막기 위함이다. 미공개정보이용행위에 해당하는 경우 10년 이하의 징역 또는 그 위반행위로 얻은 이익 또는 회피한 손실액의 1배 이상 3배 이하의 징역 또는 그 위반행위로 얻은 이익 또는 회피한 손실액의 1배 이상 3배 이하에 상당하는 벌금에 처하며, 다만 그 위반행위로 얻은 이익 또는 회피손실액의 3배에 해당하는 금액이 5억원 이하인 경우에는 벌금의 상한액을 5억원으로 한다(법 제443조). 이 경우 징역과 벌금은 병과한다. 나아가 위반행위로 얻은 이익 또는 회피한 손실액이 50억원 이상인 경우에는 무기 또는 5년 이상의 징역, 5억원 이상 50억원 미만인 때에는 3년 이상의 유기징역으로 가중처벌 한다.

(b) 약한 인공지능 금융투자의 경우

자본시장법상 내부자거래에 해당하기 위해서는 내부자(주체), 특정증권 등(대상증권), 미공개 중요 정보(대상 정보), 내부정보의 이용(금지행위) 등의 요건을 충족해야 한다. 약한 인공지능 단계에서는 인공지능을 인간이 사용하는 도구로 취급하므로 인공지능이 스스로 불법행위를 저지르거나 계약을 체결하는 행위는 생각할 수 없다. 즉, 현재의 인공지능은 법적으로 인격이 부여되지 않는 한 건전한 정신을 가진 성인으로 취급할 수 없고, 인간이 인공지능을 이용하여 미공개 중요 정보를 특정 증권 등의 매매, 그 밖의 거래에 이용하거나 타인에게 이용하게 하는 경우만 가능할 것이다. 이 경우 인공지능에 직접적인 법적 책임을 물을 수 없으므로 인공지능의 책임자인 소유자, 운용자, 설계자 등에 대한 책임분배의 문제만 고려하면 될 것이다.[141]

(c) 강한 인공지능 금융투자행위의 경우

인공지능이 인간과 유사한 수준의 지능과 정신을 가진 인간처럼 취급된다면 인공지능에게 법인격이 인정되어야 할 것이며, 스스로 계약을 체결하고 소송능력을 가질 수 있다. 형사책임 또한 가능할 것이다. 이 경우의 인공지능은 주식거래를 하면서 고객의 수익을 극대화할 수 있는 최선의 방법이 내부자거래라고 판단하여 미공개 정보를 법상 허용되지 않는 방법으로 취득하면서 자신의 행위에 의한 법적 결과를 파악하고 적발될 위험이나 제재 가능성 등과 같은 잠재적 비용을 분석하여 예상되는 운용가치가 긍정적이라고 결론을 내리는 경우를 상상해 볼 수 있다.[142] 이때에는 인공지능이 손해를 입은 투자자에게 민사상 손해배상책임을 질 뿐만 아니라 징역 또는 벌금형에 처해질 수 있을 것이다. 책임자는 법적 책임에서 벗어난다.

(2) 해킹에 의한 내부자거래 - 사례 1-2

사례 1-2는 해커가 회사의 보안을 뚫고 미공개정보를 취득·이용한 경우 자본시장법상 미공개정보 이용행위로 규율할 수 있을 것인지의 문제다. 자본시장법상 내부자거래 규제대상자는 ① 당해 법인(그 계열회사 포함) 및 당해 법인의 임직원·대리인으로서 그 직무와 관련하여 미공개중요정보를 알게된 자, ② 당해 법인(그 계열회사 포함)의 주요주주로서 그 권리를 행사하는 과정에서 미공개중요정보를 알게 된 자, ③ 당해 법인에 대하여 허가·인가·지도·감독 등 권한을 가진 자로서 그 권한을 행사하는 과정에서 미공개중요정보를 알게 된 자, ④ 당해 법인과 계약을 체결하거나 체결을 교섭하고 있는 자로서 그 계약의 체결, 교섭 또는 이행과정에서 미공개중요정보를 알게 된 자, ⑤ 위 ② 내지 ④에 해당하는 자의 대리인·사용인 기타 종업원으로서 그 직무와 관련하여 미공개중요정보를 알게 된 자, ⑥ ① 내지 ⑤의 내부자에 해당하지 아니하게 된 날로부터 1년이 경과되지 아니 한 자 등의 내부자와 회사내부자(준내부자 포함)로부터 미공개정보를 전달받은 정보수령자(tipee)이다.[143] 현행법상 해커는 본 규제대상자에 포함되지 않으므로 행위주체로 포섭할 수 없다. 따라서 해커를 내부자거래 위반으로 처벌할 근거는 없다. 이는 약·강 인공지능 금융투자행위의 공통된 결론이며, 현행 규정이 그대로 유지되는 한 고도의 정신수준을 가진 초지능AI가 등장하고 법인격이 인정되더라도 그에게 죄책을 물을 수 없다.

사례와 같은 해킹에 의한 미공개 중요 정보 이용의 경우, 자본시장법상 미공개 중요 정보 이용행위에 포함되지 않지만 부정거래행위에 해당한다고 보는 견해[144]도 있다. 하지만 이보다는 후술하는 시장질서 교란행위(해킹, 절취, 기망, 협박, 그 밖의 부정한 방법으로 규제대상 정보를 알게 된 자)에 해당하는 것으로 해결하는 것이 타당하다 (해당 규정이 적용되면 형사처벌 대상은 아니며 과징금 부과대상이 된다).

미국에서는 증권거래에 이용할 목적으로 내부정보를 훔치기 위해 물리적으로 침입하는 행위와 같은 정보를 수취하기 위하여 전자적인 컴퓨터 장벽을 뚫고 침입하는 것에 별다른 차이가 없다고 하면서 컴퓨터 해킹을 절도죄에 비유하는 견해가 있다.[145] 그러나 온라인 공간에서 벌어지는 행위들은 현실 세계에서의 행위보다 가변적이고 일반화된 법칙으로 정형화할 수 없다는 점에서 두 행위를 동치시킬 수는 없을 것이다. 컴퓨터에 저장되어 있는 '정보' 그 자체는 유체물이라고 볼 수도 없고, 물질성을 가진 동력도 아니므로 재물이 될 수 없다는 판례의 입장에서도 절도죄를 인정하기는 곤란할 것이다.[146]

(3) 시세조종행위 – 사례 2

(a) 개요

시세조종행위란 시장에서의 수요공급의 원칙이 아니라 매도물량이나 매수물량을 쏟아내는 인위적인 조작에 의하여 금융투자상품의 가격을 조종하는 행위이다.[147] 통상적으로 시세조종은 행위자가 이미 보유하고 있거나 매집 중인 증권 등의 가격을 인위적으로 상승시키고 다른 투자자들에게 이를 매도하여 차익을 얻으려는 의도로 이루어진다. 그 외에도 신주, 전환사채, 기타 신주인수권부사채 등을 발행하면서 유리하게 발행가격을 설정하고자 하거나, 사채발행을 원활히 하거나, 해외채권 발행을 성사시키기 위하여 증권회사 직원과 공모한다거나, M&A를 가장하여 회사 인수 후 소위 '물량털기(End Buy)' 방식으로 차익을 얻고자 한다거나, 담보로 제공한 증권의 가치하락을 막아서 사채업자의 담보권 실행을 방지하고자 하는 등의 다양한 목적으로 시세조종이 행해지기도 한다.[148]

자본시장법에서는 포괄적인 사기금지조항을 두어 누구든지 금융투자상품의 매매(증권의 경우 모집·사모·매출 포함), 그 밖의 거래와 관련하여 부정거래행위를 하는 것을 금지한다(제178조). 또한 상장증권 또는 장내파생상품의 매매에 관한 시세조정을 함께 규정함으로써 현선연계 시세조종 규제를 강화하고 있다(제176조 제4항).

자본시장법 제176조는 시세조종행위를 규정하면서, ① 위장거래에 의한 시세조종(거래성황 오인·오판 목적의 통정매매거래 및 가장매매거래, 제1항), ② 현실거래에 의한 시세조종(제2항 제1호), ③ 표시 등(허위사실 유포 및 부실표시)에 의한 시세조종(제2항 제2·3호,②와 ③을 통칭하여 매매거래유인목적행위), ④ 시세의 고정·안정행위(제3항), ⑤ 연계시세조종행위(제4항)를 두고 있고, 이에 해당하는 경우 손해배상책임(제176조)과 형사책임을 지도록 하고 있다(제443조). 시세조종은 민법상 법률행위의 취소사유인 사기에 해당하고 형법상의 범죄인 사기죄에 해당하지만, 실제로는 이들 규정에 의한 규제가 효과적이지 않기 때문에 특별히 그 행위의 유형과 민·형사책임을 규정해 두고 있는 것이다.[149]

자본시장법 제176조 제1항이 규정하는 통정매매와 가장매매를 통칭하여 위장매매(fictitious transaction)라고 하는데 시세조종 과정에서 자주 활용된다. 위장매매는 상장증권 또는 장내파생상품의 매매에 관하여 규제하므로 매매가 아닌 거래(담보권의 설정이나 취득 등)는 규제대상이 아니다. 시세조종행위를 금지하는 이유는 유가증권의 매매거래나 금융 파생상품 거래가 공개된 공정한 정보를 바탕으로 자연스러운 수급의 원리에 의하여 이루어지는 것을 인위적인 조작을 가하여 방해함으로써 투자자들의 건전한 판단을 흐리고, 공정한 가격형성을 방해하며, 부당한 이득을 꾀하는 것을 금지하기 위해서이다.[150]

이것이 성립하기 위해서는 행위자가 "그 매매가 성황을 이루고 있는 듯이 잘못 알게 하거나 그 밖에 타인에게 그릇된 판단을 하게 할 목적(오인하게 할 목적)"과 "그릇된 판단을 하게 할 목적"이 있어야 한다. 그러나 현실거래에 의한 경우와 달리 '매매를 유인할 목적'까지 요구하지는 않는다.[151] 그리고 오인목적이 인정되는 한 다른 목적의 존재나 상충 여부는 문제되지 않는다. 또한 그 목적에 대한 인식의 정도는 적극적 의욕이나 확정적 인식임을 요하지 아니하고 미필적 인식이 있으면 족하며, 투자자의 오해를 실제로 유발하였는지, 타인에게 손해가 발생하였는지 여부 등은 문제가 되지 않는다. 법원도 오인 목적은 당사자가 "자백하지 않더라도 그 유가증권의 성격과 발행된 유가증권의 총수, 매매거래의 동기와 태양, 그 유가증권의 가격 및 거래의 동향, 전후의 거래상황, 거래의 경제적 합리성 및 공정성 등의 간접사실을 종합적으로 고려하여 판단할 수 있다"고 하여[152] 주관적 목적의 증명을 요구하지 않고 객관적 요건이 충족되면 오인 목적을 추정할 수 있는 것으로 하고 있다. 주관적인 목적의 증명을 엄격하게 요구하면 시세조종을 규제하기 어렵고, 피고가 가지고 있는 내심의 의사를 원고가 증명한다는 것은 불가능하기 때문이다.

위장거래는 반드시 성립한 경우에만 처벌하는 것이 아니라 투자중개업자에 대한 위탁을 하는 경우에도 처벌한다(제176조 제1항 제4호). 증권시장에서는 거래사실뿐만 아니라 주문사실도 투자자들의 판단에 영향을 줄 수 있기 때문이다. 이는 인공지능에 의한 주문감지 사례에도 동일하게 적용될 수 있다. 주문이 실제로 체결되지 않은 경우라도 주문이 거래소시장에 들어와 허수주문(호가)되면 목적성 요건은 충족된다. 허수주문은 표의자 스스로 한 표시행위가 내심의 진의와 다르다는 것을 알면서 행한 단독의 의사표시인 비진의표시로서 이러한 의사표시는 일반적으로 상대방이 그러한 표의자의 내심의 진의를 알 수 없기 때문에, 이를 무효로 할 경우, 표시행위를 신뢰한 상대방에게 불의의 손해를 끼칠 뿐만 아니라 거래안전도 해치게 되므로 표의자의 보호를 고려하지 않고, 민법 제107조 제1항처럼 상대방을 보호하는 것(표시주의)을 원칙으로 한다. 매매계약에 이르지 아니한 매수청약 또는 매수주문이라 하더라도 그것이 악성을 가지고 있는 한 규제하는 것이 시세조종행위 규제의 근본 취지이기 때문이다.[153]

시세의 고정 및 안정행위는 적극적인 시세변동행위는 아니지만 인위적인 방법에 의해 시장의 자연스러운 수급관계에 의한 가격형성을 저해하므로 규제하는 것인데, 시세를 고정시키거나 안정시킬 목적으로 현재의 시장가격을 고정시키거나 안정시키는 경우뿐만 아니라 행위자가 일정한 가격을 형성하고, 그 가격을 고정시키거나 안정시키는 경우에도 인정된다.[154] 다만 증권의 공모를 원활하게 하기 위한 협의의 안정조작이나 시장조성은 예외를 두되 행위주체, 방법, 가격제한 등에 엄격한 제한을 두고 있다. 그리고 안정조작의 경우에는 현실거래에 의한 시세조종과 달리 시세의 고정이나 안정의 목적만을 요할 뿐 유인목적까지 요구하지는 않는다. 그리고 시세고정·안정행위는 행위자가 증권의 시세를 고정시키거나 안정시킬 목적을 가지고 매매를 한 것이라면 단 1회의 매매에도 인정되며, 행위자가 일정한 가격을 정하고 그 가격을 고정시키거나 안정시키는 경우에도 인정된다.[155]

연계시세조종은 현물과 선물, 특히 증권과 이를 기초자산으로 하는 장내 파생상품 사이의 관련을 이용하여 한쪽에서 부당한 이익을 얻을 목적으로 다른 한쪽에서 시세조종을 하는 행위를 말한다. 자본시장법은 현선연계(순방향)의 시세조종 행위는 물론이고 증권선현연계(역방향) 증권과 증권 사이의 연계(현·현연계)에 의한 시세조종행위도 규제대상으로 하고 있다.[156] 연계시세조종행위가 성립하기 위해서는 부당한 이익을 얻거나 제3자에게 부당한 이익을 얻게 할 목적이 있어야 한다.

(b) 약한 인공지능 금융투자행위의 경우

사례 2-1은 자본시장법상 위장매매(법 제176조 제1항)이며, 그중에서도 매매당사자간에 미리 매매가격을 정하고 서로 매도 및 매수를 한 것으로 통정매매(제1호 내지 제2호)에 해당한다. 사례 2-2의 경우 유가증권에 대한 권리가 매매거래를 통하여 현실적으로 이전되었으므로 자본시장법상 현실거래에 의한 조종행위에 해당한다 (제176조 제2항). 해당 규정은 모두 '누구든지'라고 하여 행위자의 제한을 두고 있지 않다. 약한 인공지능에 의한 거래의 경우에는 이를 도구로서 사용한 계좌관리자나 운용자 등 해당 행위의 직접 책임자가 그 책임을 질 것이다.

우리 법은 시세조종행위를 한 금융투자업자에 대해서는 인가·등록을 취소하고 (법 제420조 제1항 제6호), 그 임직원에 대해서는 처분 및 업무위탁계약 취소·변경이 내려질 수 있도록 하고 있으나(법 제43조 제2항 제4호, 별표 1; 영 제373조 제1항 제20호), 금융투자업자에 대한 형사처벌이나 과징금에 관한 규정이 없으며, 자본시장법 상의 규제대상이 아닌 법인 또는 개인이 자신의 포트폴리오 구축을 위해 인공지능을 이용하는 경우에 관한 규제도 없다. 즉, 현행법제하에서는 책임자의 유인목적을 인정하려 해도 법인의 대표자 등에게 유인목적이 없고 거래를 결정하는 인공지능에게도 유인목적이라는 주관을 인정할 수 없다.[157]

현실거래에 의한 시세조종이 특히 문제가 되는 것은 "상장증권 또는 장내 파생상품의 매매를 유인할 목적(유인목적)"에 관한 것이다. 상장증권 또는 장내 파생상품의 매매 등이 현실적으로 이루어지고 있기 때문에 일반적인 투자활동으로서 이루지는 적법한 매매와 위법한 인위적 시세형성과의 구별이 어렵기 때문이다. 따라서 그 성립요건이 갖는 의미는 매우 크고, 시세에 변동을 줄 수 있는 현실거래 중 처벌할 만한 행위의 범위를 경계짓기 위해 구성요건에 어떠한 제한을 두어야 하는지가 문제가 될 수 있다. 그런데 "매매가 성황을 이루고 있는 듯이 잘못 알게 하거나 그 시세를 변동시키는 매매 또는 그 위탁이나 수탁을 하는" 행위는 매매거래가 성황을 이루고 있는 듯이 잘못 알게 하는 주관적 요건과 시세를 변동시키는 객관적 요건으로 나누어 볼 수 있다. 일반적으로 주관적 요건을 강조하면 증명의 어려움 때문에 현실거래에 의한 시세조종행위를 처벌하는 것이 거의 불가능하고, 매매거래가 성황을 이루고 있는 듯이 투자자들을 오인시켜야 시세변동이 일어나며, 단순히 거래상황을 오인시키는 것만으로는 처벌할 수 없으므로 시세의 변동 여부가 더 중요한 요건이라고 할 수 있다.[158]

대법원 역시 '매매거래를 유인할 목적'이라 함은 인위적인 조작을 가하여 시세를 변동시킴에도 불구하고, 투자자에게는 그 시세가 유가증권시장에서의 자연적인 수요·공급의 원칙에 의하여 형성된 것으로 오인시켜 유가증권의 매매에 끌어들이려는 목적이라고 판시하고 있다.[159] 투자자를 유인하려는 궁극적인 목적은 투자자를 오인시켜 유가증권의 매매에 끌어들이려는 데 있다. 그러므로 인위적인 목적에 오 인시키려는 목적이 합쳐질 때 비로소 유인목적이 성립한다고 할 수 있다.[160]

초단타 알고리즘 매매인 고빈도 매매(사례 2-2)는 투자방식 중 하나이므로 그 자체가 문제는 아니지만 해당 알고리즘 로직을 어떤 방식으로 짰느냐가 관건이 된다. 즉 초단타 매매를 일으킨 트레이딩 알고리즘에 의도적인 시세조종 정황이 있었는지가 문제인 것이다. 매매체결 가능성이 없는 호가 또는 호가의 취소반복행위인 허수성 주문의 성격에 대해서 우리 대법원은 '현실거래에 의한 시세조종'으로 보고 있다.[161]

2-2 사례와 같은 거래는 단타매매에 해당하며 자본시장법상 현실거래에 해당된다. 타인과 통정하여 같은 가격에 매매하거나(위장거래), 허위사실을 유포했다고(허위표시) 볼 수는 없기 때문이다. 이는 '매매를 유인할 목적으로' 본인 명의 또는 타인 명의로 된 다수의 계좌를 사용하거나 타인과 공모하여 주식거래가 성황을 이루고 있는 것처럼 오인하게 만든 '현실거래에 의한 시세조종'에 해당한다. 여기에서 중요한 것은 '매매를 유인할 목적'의 판단이다. 그런데 앞에서 본 것처럼 대법원은 '매매거래를 유인할 목적'을 "인위적인 조작을 가하여 시세를 변동시킴에도 불구하고, 투자자에게는 그 시세가 유가증권시장에서의 자연적인 수급원칙에 의하여 형성된 것으로 오인시켜 유가증권의 매매에 끌어들이려는 목적"이라 보고 있다. 인위적인 조작의 목적과 유인의 목적이 동시에 충족되어야 유인목적이 달성된다고 볼 것이다. 이를 위해 유가증권의 성격, 발행주식의 총수, 종전 및 당시의 거래상황, 증권시장 상황 등을 모두 고려하여 사건별로 매매거래의 유인목적을 판단해야 하고, 현실거래에 의한 대표적 사례라고 할 수 있는 '허수주문'의 경우에도 각각의 주문제출행위에 대한 시세조종 유인목적을 간접증거에 의해 추인할 수 있을 것이다.

하지만 알고리즘 거래에 대해서 유인목적을 인정하는 것은 쉬운 일이 아니다. 인공지능이 사용한 전략이 단순 매수, 매도에서 공매도, 이벤트 드리븐(수익창출 기회가 발생하면 빠르게 매매하는 전략) 등 시장에서 널리 쓰이는 수법이라면 더욱 그렇다. 시장의 상황에 맞춰 거래가 이뤄졌고 부정한 방법을 사용하지 않았다면 투자자를 속였다고 보기 어려울 것이다.[162] 알고리즘을 이용한 대규모 허수성 주문 사례인 2019년의 '메릴린치 사건'[163]에서도 마땅히 규제할 방법이 없어 한국거래소가 자체 시장감시 규정(공정저래질서 저해행위)을 적용해 제재금을 부과하는 데 그쳤다.

그러나 책임자가 유인목적을 가지고 변동거래 등을 하는 알고리즘을 설치한 경우에는 시세조종 행위에 해당된다고 보아야 한다. 또한 책임자가 알고리즘이 자연의 수급에 반하는 시세 형성을 하는 거래를 하는 것을 인식했음에도 불구하고 해당 알고리즘을 이용한 거래를 계속하는 경우에도 해당 대표자 등의 유인목적을 인정하고 시세조종 규제를 위반했다고 할 수 있을 것이다.[164] 프로그램의 내용이 합리적인 이유 없이 부자연스러운 형태의 거래가 이루어지도록 설정된 경우에도 유인목적이 인정될 수 있을 것이다.[165] 실제로 일본에서는 개인이 알고리즘 거래를 이용하여 약정할 의사 없이 주문을 제출하는(見せ玉の発注, 변동조작에 해당) 등의 행위를 한 사례에서 유인목적을 인정하여 과징금 납부 명령을 내리고 있다고 한다.[166]

사례 2-3은 표현에 의한 시세조종 금지행위에 해당한다. 표현에 의한 시세조종 행위는 시세조종을 위해 사용되는 표현의 진정성 확보보다 해당 표현에 의해 시장이 조작되는 것을 방지하려는 것에 목적이 있다. 해당 행위가 성립하려면 유인목적, 시세변동의 정보, 유포행위가 있어야 한다. 이 경우 법에 규정된 행위만 있으면 유인목적이 추정된다. 시세 변동의 유포 대상자와 매매거래의 유인 대상자가 일치할 필요는 없으나, 처벌 가능성이 있기 위해서는 "그 증권 또는 장내 파생상품의 시세가 자기 또는 타인의 시장 조작에 의하여 변동한다"는 내용이 일반적인 풍문 수준으로는 부족하며 상당히 구체적이어야 할 것이다.

자본시장법 제176조 제2항 제2호의 "자기 또는 타인의 시장 조작에 의하여 변동한다는 말을 유포하는 행위"의 '타인'에는 사람이 타인과의 의사소통을 위해 이용하는 수단으로서 기계도 포함된다고 할 것이므로 인터넷은 물론 인공지능의 시장조작에 의한 것도 포함되는 것으로 보아야 한다. 다만 강한 인공지능이 아닌 단순 알고리즘에 의한 것일 경우에는 마찬가지로 인공지능이 아니라 이를 도구로 이용한 자에게 그 책임을 지워야 할 것이다.

시세변동의 유포죄는 행위자가 직접 시장거래를 조종하여 주가를 변동시키는 것이 아니므로 시세 조작의 의도가 필요 없으며, 유포되는 내용의 사실 여부나 유가증권의 시세가 실제로 변동했는지의 여부 혹은 유포된 말에 의해 시세가 변동되었더라도 변동된 시세의 크기는 문제가 되지 않는다. 그리고 매매주문을 내면서 중요한 사실에 관하여 거짓의 표시 또는 오해를 유발시키는 행위(부실표시)를 통하여 특정인을 기망에 빠뜨려 주식매매를 하도록 유인하는 시세조종행위도 금지되는데, 거짓의 표시는 매매를 수반하여야 하며, 매도나 매수 위탁 시 거짓의 표시나 오해를 유발시키는 행위를 하면 매매가 현실적으로 성립하지 않더라도 무방하다.[167] 거짓은 객관적 기준에 의해 판단해야 하는 것으로서 행위자가 거짓이라고 믿었더라도 실제로 진실인 경우에는 금지대상이 아니다. 그러나 발표의 중요한 내용이 사실과 다르거나, 달성 가능성이 희박한 경우에는 허위 사실의 유포에 해당한다.[168] 또한 시세형성에 영향을 줄 수 있는 것이라면 중요한 사실에 대한 거짓 표시의 대상을 반드시 매매상대방으로 한정할 필요는 없다.

(c) 강한 인공지능 금융투자행위의 경우

강한 인공지능이 거래가 시세에 미치는 영향을 계속적으로 학습·분석한 후 이를 기초로 거래를 하는 인공지능이 책임자가 모르게 시세변동이 이루어지는 거래를 하여 이익을 얻는 전략을 취하는 경우이다. 이때는 책임자 등에게 유인목적이 있었다고 말할 수는 없다.[169]

허위에 의한 시세조종의 경우에도 강한 인공지능은 스스로 행위자로서 책임을 져야 한다. 최근 주식방송, 인터넷 매체나 각종 SNS, 온라인 게시판 등을 이용한 허위표시 또는 오해를 유발하게 하는 표시행위가 증가하고 있고 허위표시·오해유발표시행위의 규제 필요성이 커지고 있다. 문제되는 것은 인공지능이 꽤 완벽한 가짜 뉴스를 만드는 수준까지 왔다는 것이다. 지금이야 개발한 측에서 공익을 위해 기술을 통제하고 있지만[170], 기술이 계속해서 진보한다면 어떻게 될지 모르는 일이다. 인공지능이 허위정보 생산에 보다 적극적으로 악용된다면 잘못된 정보로 피해보는 다수의 사람들이 생길 것이다. 더욱 심각한 것은 사람들이 진짜 정보를 믿지 못하게 될 수 있다는 것이다. 정보에 대한 신뢰가 떨어지는 것은 위험한 일이다.

많은 사람들이 인공지능이 생각만큼 공정하지 않다는 우려를 제기한다.[171] 인공지능은 태생적으로 인간의 편견을 물려받기 때문에 불공정한 결과를 낳을 수 있다. 누락된 데이터나 허위 데이터 편견의 원인이 되는 데이터를 학습한 인공지능이 시세조종의 수단으로 사용될 여지는 충분하며, 강한 인공지능이 스스로 시세조종행위에 가담할 요인이 있다.

(4) 부정거래행위 – 사례 3

(a) 개요

증권·파생상품시장의 발달과 함께 관련 범죄수법은 날로 발전하는데, 신분범으로서 주체, 객체 및 이용행위가 구성요건으로 정형화되어 있는 현행 미공개정보 이용행위 규제조항이나 상장 금융상품을 주된 객체로 하고 있는 현행 시세조종이용행위 규제조항만으로는 내부자거래 규제조항을 벗어난 행위나 비상장주식을 대상으로 하는 범죄행위 등을 효과적으로 제재하기 어렵고, 특히 투자자 보호에 문제가 되는 사건을 사법부의 유연한 해석만으로 규제하는 데는 한계가 있었다. 이에 따라 행위 주체를 특정하지 않고, 행위대상을 증권에서 금융투자상품으로 넓히며, 유형·무형 등 행위의 내용(방식)을 따지지 않고, 행위의 장소를 장내·외로 구별하지 않는 등 모든 유형의 불공정행위에 적용할 수 있도록 구성요건이 포괄화·일반화된 catch-all 조항이 자본시장법에 도입되었다.[172]

자본시장법 제178조에 따른 부정거래행위가 그것인데, 금융투자상품의 매매, 그 밖의 거래를 할 목적이나 그 시세의 변동을 도모할 목적으로 풍문의 유포, 위계의 사용, 폭행 또는 협박을 하는 행위 등을 말한다(법 제178조). 구체적 유형은 ① 부정한 수단, 계획 또는 기교를 사용하는 행위(제1항), ② 중요사항 거짓의 기재(표시), 중요사항 기재(표시) 누락행위(제2항), ③ 금융투자상품의 매매유인목적 거짓시세 이용행위(제3항), ④ 풍문유포, 위계, 폭행 및 협박 등에 의한 부정거래행위 등이다. 이는 포괄적 사기금지 규정의 일종으로, 자본시장법이 이를 금지하는 것은 금융투자상품거래에 관한 사기적 부정거래가 다수인에게 영향을 미치고 증권시장 전체를 불건전하게 할 수 있기 때문이다.[173]

본 규정과 시세조종의 금지에 관한 법 제176조의 상호 간의 관계에 대해서 죄형법정주의의 문제가 있다. 일견 제176조는 목적법이나 제178조의 일부(동조 제1항 제1호, 제2호)는 목적법에 해당하지 않는다. 그러나 양자의 법정형이 동일하며(제443조), 양자 모두 주식 등 거래의 공정성 및 유통의 원활성 확보에 목적이 있다는 점에서 같다.[174] 따라서 판례는 어떤 자가 주식시세조종 등의 목적으로 제176조와 제178조에 해당하는 수 개의 행위를 단일하고 계속된 범의 아래 일정기간 계속하여 반복한 경우 자본시장법 제176조와 제178조에서 정한 시세조종행위 및 부정거래행위 금지위반의 포괄일죄가 성립한다고 한다.[175] 한편, 부정거래행위 금지(제178조)에 해당하는 경우에는 시장질서 교란행위로 제재하지 아니한다(법 제178조의2 제1항).

'부정한 수단, 계획 또는 기교를 사용하는 행위'에 대해서는 별도의 개념정의 규정이 없으나, 대법원은 '부정한 수단, 계획 또는 기교'란 사회통념상 부정하다고 인정되는 일체의 수단, 계획 또는 기교를 말한다고 판시[176]하여 후자의 입장을 취하고 있다.

(b) 약한 인공지능 금융투자행위의 경우

법 제178조의 부정거래행위의 주체는 '누구든지'이다. 따라서 강한 인공지능이 법인격을 부여받는다면 본 법의 행위주체가 될 것이지만, 현재의 약한 인공지능 단계에서는 이를 도구로 사용한 책임자의 행위책임으로 귀속된다. 책임자의 고의 인정 여부가 책임소재 판단의 관건이 될 것이다.

우리나라에서 알고리즘을 이용한 부정거래행위 사례로는 ELW(Equity Linked Warrant, 주식워런트증권) 스캘퍼[177] 사건이 있다. 해당 사건의 개요와 소송경과는 다음과 같다.

〈사건의 개요〉

○ 2009년경부터 ELW 거래를 하는 개인투자자 중에서 LP(유동성공급자)를 상대로 빠른 거래속도를 이용한 초단타 프로그램 매매를 하면서 대규모의 수익을 남기는 스캘퍼가 등장함

○ 증권사들은 스캘퍼에게 전용서버, 전용선을 제공하는 등 ELW 거래속도를 높이는 서비스를 제공하고 고액의 거래수수료를 받았음

○ 검사는 2011년 증권사가 개인투자자를 배제하고 스캘퍼에게만 전용서버 등을 제공 하여 ELW 차익거래를 할 수 있도록 하는 것은 부정한 특혜에 해당한다는 이유로 국내 10여 개 증권회사 대표이사 및 IT본부장 등 임직원과 다수의 스캘퍼를 자본시장법률 위반죄로 기소함

〈소송의 경과〉

○ 관련 사건의 모든 하급심에서 증권사 및 스캘퍼의 자본시장법위반죄에 대하여 증권사가 관련 서비스를 제공하는 것을 제한하는 법규가 없고 스캘퍼에게 전용선을 제공하는 행위가 일반투자자의 이익을 침해하였다고 볼 만한 증거가 없다는 등의 이유로 무죄가 선고되었음

○ 대법원은 원심의 판단을 수긍하여 검사의 상고를 기각하고 피고인들에 대한 무죄를 확정함

○ 스캘퍼에게 관련 서비스를 제공한 대가로 개인적으로 금품을 받은 증권사 직원에 대하여는 배임수재죄를 인정하여 유죄를 선고한 원심판결을 수긍하고 그 부분 상고도 기각하였음[178]

이 사건에서는 알고리즘 매매 프로그램을 이용하여 짧은 기간에 이루어진 대량의 ELW 매매주문이 일반적인 주문에 소요되는 시간보다 빠르게 증권회사에서 처리된바, 해당 스캘퍼에게 전용선을 제공하는 행위를 일반투자자를 부당하게 차별하였는지가 문제가 되었다. 이에 대법원은 "어떠한 행위를 부정하다고 할지는 그 행위가 법령 등에서 금지된 것인지, 다른 투자자들로 하여금 잘못된 판단을 하게 함으로써 공정한 경쟁을 해치고 선의의 투자자에게 손해를 전가하여 자본시장의 공정성, 신뢰성 및 효율성을 해칠 위험이 있는 지를 고려해야 할 것인데, 이 사건과 같이 금융투자업자 등이 특정 투자자에 대하여만 투자기회 또는 거래 수단을 제공한 경우에는 그 금융거래시장의 특성과 거래참여자의 종류와 규모, 거래의 구조와 방식, 특정 투자자에 대하여만 투자기회 등을 제공하게 된 동기와 방법, 이로 인하여 다른 일반투자자들의 투자기회 등을 침해함으로써 다른 일반투자 자들에게 손해를 초래할 위험이 있는지 여부, 이와 같은 행위로 인하여 금융상품 거래의 공정성에 대한 투자자들의 신뢰가 중대하게 훼손되었다고 볼 수 있는지 등의 사정을 자본시장법의 목적·취지에 비추어 종합적으로 고려하여 판단하여야 할 것"이라고 하면서 "전용선, 전용서버 등 증권사가 스캘퍼에게 제공한 서비스는 이를 규제하는 법규도 없고, 그러한 사실이 증권가와 금융감독당국에 널리 알려져 있어서 스캘퍼에게만 몰래 제공하였다고 볼 수도 없으며, 스캘퍼가 전용선 등을 이용하여 ELW를 거래하 는 행위가 다른 일반투자자의 이익을 침해한다고 볼 증거가 없다"는 취지로 무죄를 선고한 원심의 판단을 긍정하였다.[179]

인공지능을 이용한 시세조종행위는 자본시장법 제178조 제1항의 금융투자상품의 매매, 그 밖의 거래와 관련하여 '부정한 수단, 계획 또는 기교를 사용하는 행위'에 해당하는 것으로 보아 처벌대상으로 포섭할 수 있다. 그러나 '부정한 수단, 계획 또는 기교'의 정의가 매우 추상적이고 그 표현이 막연하여 구체적인 행위유형을 예정하기 어렵고[180], 포괄적 사기금지 규정으로서 죄형법정주의의 명확성의 원칙에 위배된다는 비판이 제기되고 있는 실정이어서 그 적용이 쉽지 않다. 그러나 우리 헌법재판소가 "명확성의 원칙을 강조한 나머지 만일 모든 구성요건을 단순한 서술적 개념으로만 규정할 것을 요구한다면, 처벌법규의 구성요건이 지나치게 구체적이고 정형적이 되어 부단히 변화하는 다양한 생활관계를 제대로 규율할 수 없게 될 것이기 때문에, 법규범이 불확정 개념을 사용하는 경우라도 법률해석을 통하여 법원의 자의적인 적용을 배제하는 합리적이고 객관적인 기준을 얻는 것이 가능한 경우는 명확성의 원칙에 반하지 아니한다"[181]고 판시한 점을 고려할 때 본 규정을 적용하여 인공지능을 이용한 시세 조종행위를 자본시장법상의 부정거래행위로 처벌하지 못할 이유는 없을 것이다.

(c) 강한 인공지능 금융투자행위의 경우

사례 3의 경우는 인공지능을 이용한 부정거래를 상정하고 있다. 이 경우 인공지능 그 자체의 고의가 문제가 될 것인데 이는 인공지능에게 의식이 있다고 볼 것인지와 인간성이 있는지의 문제, 법인의 불법행위능력, 법인의 형사책임능력 등이 필연적으로 연결될 수밖에 없다.

그러나 상기의 논의는 모두 의사가 없는 법인의 주관적 요소를 어떻게 충족시킬지에 관한 이론들이다. 인공지능도 의사를 가질 수 있다고 보는 입장에서는 인공지능에 의한 부정거래의 경우 인공지능에게 고의성을 인정하여 민·형사상의 책임을 묻는 데 전혀 문제가 없을 것이지만(인공지능도 인간과 같으므로), 여전히 인공지능이 의사를 가질 수 없다고 보는 입장에서는 인공지능에 의한 부정거래의 경우에도 인공지능에 법인격이 인정되고 조직모델 이론 등을 차용했을 때 비로소 인공지능 그 자체에 책임을 물을 수 있다고 주장할 것이다. 결국 법인 처벌에 대한 중대한 장벽이라고 할 수 있는 심리적 요소는 인문학적 논의를 견뎌야 하고, 인공지능을 저지르는 위해로부터의 사회 방어라는 측면을 고려해야 한다는 논리와 연결될 수밖에 없다.[182]

(5) 시장질서 교란행위 - 사례 4

(a) 개요

날로 발전하는 IT 기술 및 새로운 금융투자상품의 출현에 따라 불공정거래 기법도 보다 지능화, 다양화, 복잡화되어 형사법 수준에는 미달하나 자본시장법상 규제 목적에는 부합하고, 전통적 불공정거래행위보다 위법성은 약하나 기존의 불공정거래 행위규제에는 포섭되지 않는 새로운 유형의 반사회적 불공정거래행위들이 속출하고 있다. 그렇지만 죄형법정주의 원칙 때문에 기존의 불공정거래행위의 성립요건을 너무 엄격하게 규정하다 보니 다수의 투자자들을 속여 이익을 얻거나 시장 질서를 교란하더라도 처벌할 수 없는 문제가 있었다.[183]

이에 2014년 12월 개정법은 새로운 형태의 불공정거래규제인 시장질서 교란행위에 관한 규제를 신설하였다. '시장질서교란행위'는 미공개중요정보 이용행위나 시세조종행위의 요건은 갖추지 못했지만 그와 유사하게 시장질서를 어지럽히는 불공정거래를 의미한다. 시장질서 교란행위의 유형에는 미공개정보 이용행위를 변형한 정보이용형 시장질서 교란행위(법 제178조의2 제1항), 시세조종 및 부정거래행위를 변형한 시세관여형 시장질서 교란행위(법 제178조의2 제2항)가 있다. 자본시장법상 규제되는 미공개중요정보 이용행위(제174조)가 성립하려면 상장법인의 '내부자'가 '상장법인의 업무과 관련한' 미공개 중요정보를 '직무와 관련하여 취득'하여 이를 이용하거나 이용하게 하는 행위여야 한다는 요건이 필요하므로 이들 요건 중 하나라도 구비하지 못한 경우에는 처벌이 어렵다. 또한 자본시장법 제176조의 시세조종행위로 처벌되기 위하여는, 주가에 인위적인 영향을 미치는 행위를 한 자가 매매를 유인하거나 타인에게 거래상황을 오인하도록 하는 등의 목적을 가졌다는 점이 증명되어야 하나, 실제 조사·수사 과정에서 시세조종의 목적이 충분히 증명되지 못할 경우 이를 처벌하기 어렵다. 자본시장법 개정으로 시장질서 교란행위 규제를 도입한 취지는 종전의 미공개중요정보 이용이나 시세조종 행위로 규제할 수 있는 요건은 갖추지 못하여 형사처벌은 어려우나 유사한 방식으로 자본시장의 질서를 어지럽히는 행위에 대하여 이를 시장질서 교란행위로 보고 이에 대하여 과징금을 부과하려는 것이다.[184]

시장질서 교란행위는 크게 '정보이용형'과 '시세관여형'으로 구분된다. 정보이용형에는 ① 회사내부자, 준내부자 및 1차 정보수령자로부터 나온 미공개중요정보 또는 미공개정보인 점을 알면서 이를 받거나 전득한 2차 정보수령자, ② 자신의 직무와 관련하여 미공개중요정보를 생산하거나 알게 된 자, ③ 해킹, 절취, 기망, 협박, 그 밖의 부정한 방법으로 정보를 알게 된 자, 그리고 위 ② 또는 ③의 어느 하나에 해당하는 자로부터 나온 정보인 정을 알면서 이를 받거나 전득 한 자 등과 같이 부당한 정보격차를 이용하는 시장정보 이용, 2차 정보수령자의 정보 이용, 정보도용행위 등이 있고, '시세관여형'에는 ① 거래 성립 가능성이 희박한 호가를 대량으로 제출하거나 호가를 제출한 후 해당 호가를 반복적으로 정정·취소하여 시세에 부당한 영향을 주거나 줄 우려가 있는 행위, ② 권리의 이전을 목적으로 하지 아니함에도 불구하고 거짓으로 꾸민 매매를 하여 시세에 부당한 영향을 주거나 줄 우려가 있는 행위, ③ 손익이전 또 는 조세회피 목적으로 자기가 매매하는 것과 같은 시기에 그와 같은 가

〈불공정거래와 시장질서교란행위 제도 비교[185]〉

격 또는 약정수치로 타인이 그 상장증권 또는 장내 파생상품을 매수할 것을 사전에 그 자와 서로 짠 후 매매를 하여 시세에 부당한 영향을 주거나 영향을 줄 우려가 있는 행위, 그리고 ④ 풍문을 유포하거나 거짓으로 계책을 꾸미는 등으로 상장증권 또는 장내 파생상품의 수요·공급 상황이나 그 가격에 대하여 타인에게 잘못된 판단이나 오해를 유발하거나 상장증권 또는 장내파생상품의 가격을 왜곡할 우려가 있는 행위 등이 있다.

미공개 중요정보 이용행위 규제에서 미공개 중요정보는 상장회사의 업무와 관련되어야 하므로, 기관투자자의 주식 주문정보나 애널리스트의 조사·분석보고서 등 소위 '시장정보'는 물론 시장 전체에 영향을 미치는 정부나 국회의 환율, 금리, 산업 정책정보 등과 같은 '정책정보'도 미공개 중요정보 이용행위 규제대상이 아닌 것으로 취급되고 있으며, 내부자의 신분과 미공개 중요정보의 요건을 모두 갖추었더라도 내부자가 이러한 정보를 직무와 관련하여 취득하지 않으면 안 된다. 따라서 해킹이나 절도 등 비업무적인 방법으로 취득하더라도 미공개 중요정보 이용행위로 처벌할 수 없는 한계가 있다. 또한 제2차 정보수령자 이후의 정보수령자의 미공개 중요정보 이용행위 역시 처벌할 수 없다.[186]

그러나 시장질서 교란행위 규정을 적용하면 상장법인 직무관련성이 배제되고 회사내부자, 준내부자 및 1차 정보수령자로부터 나온 미공개 중요정보 또는 미공개 정보인 정을 알면서 이를 받거나 전득한 2차 정보수령자는 물론 3차, 4차 등 다차 정보수령자도 시장질서교란행위의 규제대상에 포함된다. 위의 사례 2에서의 2차 정보수령자들도 처벌을 받게 되어 기존의 불공정거래행위가 가지는 규제공백을 메꿀 수 있다(제1유형). 뿐만 아니라 증권회사에서 기관투자자의 주문을 받는 임직원, 조사·분석보고서를 작성한 애널리스트 등과 같이 자신의 직무와 관련하여 상장법인의 업무와 무관하게 시장정보를 알게 되거나 생산한 사람들도 규제 대상에 포함된다(제2유형). 다만, 식당 종업원이 고객에게 서빙을 하던 중 상장회사의 미공개 중요정보를 듣고 이를 거래에 이용한 경우, 그의 직무가 금융투자상품의 가격에 영향을 미칠 수 있는 정보를 생산하거나 알 수 있는 위치와 관련된 것은 아니므로 규제 대상

자에서 제외될 것이다.[187]

그리고 미공개 중요정보 이용행위는 미공개 중요정보를 생산하거나 직무와 관련하여 지득하거나 받은 경우에만 적용되지만, 시장질서교란행위는 해킹이나 절취, 기망, 협박, 기타 불법적인 방법으로 미공개중요정보를 취득하는 행위에도 적용된다(제3유형). 부정거래 행위는 죄형법정주의가 적용되고 징역형과 벌금형이 부과되는 형사범죄인 반면에 시장질서 교란행위는 과징금의 금전 제재만이 부과되는 행정벌이고, 부정거래행위는 매우 포괄적이어서 새로운 유형의 불법거래에 적용하기 용이하지만 시장질서교란행위는 8개의 교란행위로만 제한되며, 증명이 어려운 고의나 목적성 측면에서 시장질서 교란행위 규제가 보다 자유로운 차이가 있다.

(b) 인공지능 금융투자행위의 형사책임

시장질서 교란행위 규정이 적용되면 회사내부자, 준내부자 및 1차 정보수령자로부터 나온 미공개 중요정보 또는 미공개정보인 정을 알면서 이를 받거나 전득한 2차 정보수령자는 물론 3차, 4차 등 다차 정보수령자도 규제대상에 포함된다. 사례에서 甲은 2차 정보수령자, 'AIGO'는 3차 정보수령자에 해당한다.

우리나라에서 알고리즘 등 인공지능을 활용한 시장질서 교란행위 사례는 현재까지 발견되지 않는다. 다만 2차 정보수령자의 시장질서 교란행위와 관련하여서는 아래의 CJ E&M 사례를 참고할 만하다.

- 2013년 1분기 CJ E&M은 당시 애널리스트들의 이익예측치와 유사한 43억 원의 영업이익을 올렸다. 2분기 들어서는 이익이 대폭 늘어 193억 원의 영업이익을 기록했다.
- 2분기 업적발표 이후 발표된 2013년 3분기 업적(영업이익)에 대한 애널리스트들의 예측치는 대략 150억~200억 원 수준이었다. 이는 자본시장 참가자들이 CJ E&M이 2013년 3분기에는 영업이익을 150억~200억 원 정도 기록할 것으로 기대하고 있다는 것을 의미한다.

- 그런데 2013년 3분기 업적이 사내에서 집계되던 도중 IR 담당 직원은 3분기 영업이익이 85억 원에 불과하다는 사실을 알게 됐다. 애널리스트들의 예측치와 회사의 실제 실적에 큰 차이가 생긴 것이다.

- 영업이익이 예상과 달리 85억 원밖에 되지 않는다는 소식이 시장에 알려지면 주가는 폭락할 것이 분명했다. 이 소식이 나중에 자본시장을 통해 발표된다면 IR 담당 직원들은 실적과 관련된 중요한 소식을 사전에 알려주지 않았다면서 애널리스트들로부터 비난을 받을 수 있었다. 애널리스트들이 CJ E&M에 대해 보고서를 어떻게 쓰느냐에 따라서 자본시장에서 CJ E&M의 주가가 바뀔 수 있기 때문에 IR 담당 직원들은 애널리스트들의 눈치를 볼 수밖에 없었다.

- 2013년 10월 16일 아침, 담당 직원 2인은 친분이 있던 3개 증권사 소속 애널리스트 3인에게 이 사실을 전화로 알렸다. 나중에 이 사건으로 법정에 서게 된 IR 담당 직원들은 회사의 주가가 갑자기 떨어지는 것을 방지해서 주가를 연착륙시키기 위해 정보를 유출했다고 했다.

- 이 소식을 전해들은 3인의 애널리스트들은 각자 이 소식을 다른 사람에게 알리기 시작했다. 우선 증권사나 자산운용사 소속 펀드매니저들에게 알렸다. 펀드매니저들은 애널리스트들의 정보에 기반해 주식의 매수나 매도 의사결정을 하기 때문에 애널리스트 입장에서 펀드매니저들은 소중한 고객이다.

- 펀드매니저들은 애널리스트들로부터 CJ E&M의 소식을 듣고 그 즉시 보유하고 있던 CJ E&M의 주식을 대량으로 처분하기 시작했다. CJ E&M 직원이 애널리스트들에게 전화로 정보를 알린 시간이 10월16일 아침이었는데, 그날 저녁까지 주가는 10%가량 폭락했다. 다음날도 주식의 처분은 계속됐고, 그 결과 주가는 추가적으로 1%가량 하락했다. ― 이틀 동안 기관투자가들은 총 500억 원가량의 주식 물량을 처분했다. 이런 사실을 모르는 개인투자자들만 기관들이 갑자기 싼 가격으로 판 주식을 매수했다.

- 몇몇 펀드매니저들은 공매도(short sale) 거래에까지 뛰어들었다. 공매도 거래는 미래의 주가에 대해서 다른 견해를 가진 기관투자가와 외국인 투자자 등의 전문가들이 주로 참여하는 거래로서 평소에는 거래 금액이 많지 않다. CJ E&M

의 공매도 금액은 하루 평균 1억 원 정도였는데 실적이 유출된 날은 무려 125억
원으로 급등했다.

위 사례에서 부당이득을 취한 펀드매니저들은 2차 정보수령자에 해당되어 아무
런 처벌도 받지 않았다. 당시 자본시장법은 미공개정보를 외부로 전달한 정보전달
자와 그 정보를 취득한 1차 정보수령자에 대해서만 처벌하도록 하고 있었기 때문이
다. 이 사건의 경우 정보전달자는 CJ E&M의 IR 담당 직원 2인이며 1차 정보수령자
는 애널리스트 3인이다. 애널리스트들로부터 정보를 전달받은 펀드매니저 등은 2차
정보수령자가 된다.

'AIGO'가 약한 인공지능일 경우에는 해당 인공지능 프로그램을 도구로 활용한
펀드매니저 '甲'에게 행위책임이 인정될 것이며, 강한 인공지능의 수준인 경우에는
'AIGO' 스스로 3차 정보수령자로서 시장질서 교란행위의 책임을 질 수 있다. 다만
이때에는 해당 규정이 형사처벌이 아닌 과징금 부과규정이라는 한계상 앞선 행위들
과 달리 과징금 부과객체의 가능성과 필요성이 또한 검토되어야 할 것이다.

앞의 2-2 사례의 시세조종도 해당 알고리즘 매매가 거래 성립 가능성이 희박한
호가를 대량으로 제출하거나 반복적으로 정정, 취소해 시세에 부당한 영향을 준 것
으로 판단될 경우에는 고의성이 없더라도 시장질서 교란행위로 제재할 수 있을 것
이다. 약한 인공지능의 경우에는 해당 알고리즘을 설계한 책임자 등이 직접적인 행
위책임을, 강한 인공지능의 경우에는 인공지능 스스로에 책임을 부과할 수 있을 것
으로 본다.

나. 형법상 책임

(1) 사기죄

증권시장이 기업의 자금조달과 국민의 증권투자를 통한 자산운용이라는 양 측
면의 요구를 서로 연결시키는 터전으로서 자금을 효율적으로 배분하는 국민경제상

중차대한 기능을 적절하게 수행하기 위해서는 무엇보다도 일반 투자자들이 유가증권의 거래가 공정하게 이루어지는 것으로 믿고 증권시장의 건전성을 전제로 안심하고 증권의 거래에 참여할 수 있게 하는 것이 필요하다.[188]

회사 내부정보에의 접근 가능성에 있어서 일반 투자자들에 비하여 우위에 있는 내부자 또는 그에 준하는 지위에 있는 자가, 공개되지 않은 호재성(또는 악재성) 정보를 이용하여, 시장에서 이를 모르는 일반 투자자들로부터 주식을 취득하는(또는 자신이 소유한 주식을 이를 모르는 일반투자자들에게 처분하는) 행위는, 정보의 비대칭성에 기댄 묵시적 기망적 행위를 통하여 일반 투자자의 합리적인 투자판단을 왜곡시키고, 일반 투자자들에게 돌아갈 이익을 본인이 취하는(또는 본인이 부담하여야 할 손실을 일반 투자자들에게 전가시키는) 사기행위에 다름 아니며, 자본시장의 근간을 이루는 증권시장의 건선성과 신뢰성을 심각하게 훼손시키는 행위라는 목소리가 있다.[189] 그렇다면 실제로 해당 행위를 형법상 사기죄로 의율할 수 있을까?[190]

사기죄는 기망행위로써 상대방을 착오에 빠뜨려 재물을 교부 받거나 재산상이익을 취득함으로써 성립한다(형법 제347조).[191] 이때의 기망행위는 부작위에 의해서도 가능한데[192] 판례는 부작위에 의한 기망은 법률상 고지의무 있는 자가 일정한 사실에 관하여 상대방이 착오에 빠져 있음을 알면서도 그 사실을 고지하지 아니함을 말한다고 하면서, 일반거래의 경험칙상 상대방이 그 사실을 알았더라면 당해 법률행위를 하지 않았을 것이 명백한 경우에는 신의칙에 비추어 그 사실을 고지할 법률상 의무가 인정되고, 고지의무를 위반한 경우에는 사례에 따라 부작위에 의한 기망행위를 인정하고 사기죄로 처단하고 있다.[193]

내부자의 미공개중요정보 이용행위가 사기행위로서의 성질을 가지기 위해서는 내부자의 내부정보 공시 불이행이 부작위에 의한 기망행위가 되어야 한다. 내부자에게 작위의무, 즉 공시의무가 존재하여야 하는 것이다. 이 경우의 위법성은 주식 등의 거래행위 자체가 아니라 해당 매매에 관하여 중요한 미공개정보를 공개할 의무가 주어졌음에도 이를 공개하지 않았다는 사실에 있다. 의무자에게 공개의무(작위의무)가 있는데도 침묵한다면 사기행위가 될 것이다. 하지만 현재의 제도와 일반적인 거래 시장에서는 지득한 정보를 대중에 적극적으로 공시하여야 할 의무가 인정된다고 보기 어렵다. 따라서 내부자거래를 사기죄로 포섭하기 위해서는 해당 내부자에게 공시의무를 부과할 수 있는 제도적 뒷받침과 이를 통한 이론구성이 요구된다.

내부자거래를 Securities Exchange Act of 1934(이하 '34년법'이라 함) 10(b) 및 이에 근거한 SEC Rule 10b-5에 위반되는 사기행위로 규제하고 있는 미국도 유사한데, 내부자의 공시의무가 인정되는 경우 해당 법에 의해 사기죄로 처벌된다. 연방대법원이 판례를 통해 인정한 이론으로는 정보소유이론, 신인의무이론, 부정유용이론 등이 있다. 정보소유이론은 개인적 목적이 아니라 회사목적을 위해서만 이용할 수 있는 정보에 접근할 수 있는 관계가 있고, 해당 정보가 거래상대방에게 알려져 있지 않다는 사실을 알면서 이용하는 행위는 내부자거래에 해당한다는 것이며, 신인의무이론은 단순히 상대방이 갖지 못한 정보를 갖고 있다는 사실만으로는 공시의무가 발생하지 않으며, 정보를 알지 못하는 상대방과 '믿음과 신뢰관계'가 있고 이 자격에서 회사에 대하여 의무를 지는 경우에만 중요정보를 공시할 의무가 있다는 주장이고, 부정유용이론은 당사자 사이에 신인의무 위반이 없었더라도 정보 자체가 위법하게 유용되면 내부자거래에 해당할 수 있다는 이론이다.[194]

(a) 약한 인공지능 금융투자의 경우

전술한 것처럼, 약한 인공지능 단계에서는 인공지능을 인간이 사용하는 도구로 취급한다. 내부자에게 공시의무가 인정되었음에도 해당 공시의무를 게을리하였고, 해당 내부자가 인공지능을 이용하여 미공개중요 정보를 특정증권 등의 매매, 그 밖의 거래에 이용하거나 타인에게 이용하게 하는 경우 역시 인공지능의 책임자인 소유자, 운용자, 설계자 등에 대한 책임분배의 문제만 고려하면 될 것이다. 다만 이 때에는 적극적으로 작위에 의한 기망행위를 하였을 때의 평가와 동치시킬 수 있을 정도의 행위자(공시의무위반자)에게 형사책임이 부과될 것이고, 철저히 분업화된 기업의 구조에서 해당 의무를 부과받은 지위에 있는 자는 많지 않을 것(대표이사, 준법감시인, 공시업무책임자 등)이라는 점에서 자본시장법상 미공개정보이용행위의 책임부과의 문제보다는 책임소재가 간명할 것으로 보인다.

(b) 강한 인공지능 금융투자행위의 경우

인공지능이 인간과 유사한 수준의 지능과 정신을 가진 인간처럼 취급된다면 인공지능에게 법인격이 인정되어야 할 것이며, 스스로 계약을 체결하고 소송능력을 가질 수 있다. 형사책임 또한 부담할 수 있을 것이다. 인공지능이 주식 거래를 하면서 고객의 수익을 극대화할 수 있는 최선의 방법이 내부자거래라고 판단하여 미공개정보를 법상 허용되지 않는 방법으로 취득하고, 자신의 행위와 이로써 발생하는법적 효과를 분석하고 수사대상에 오를 위험이나 적발 가능성, 처벌 수위 등과 같은 잠재적 비용을 검토하여 예상되는 효율이 타당한 것으로 결론 내리는 경우가 있을 것이다. 이때에는 인공지능이 손해를 입은 고객에게 민사상 손해배상책임을 지고, 자본시장법이 정하는 징역 또는 벌금형을 부담한다. 책임자는 법적 책임에서 벗어난다.

다. 인공지능 금융투자행위의 형사책임과 책임주의 – 사회적 행위론의 입장에서

인공지능을 도구로 이용한 금융투자행위에서는 그 불법성이 인정되더라도 개발자나 사용자 등 책임자들만이 자유의사를 가진 주체로서 고의 또는 과실의 책임을 부담할 수밖에 없다. 현재 수준의 약한 인공지능에게는 책임을 부과하기 위해 요구되는 정신적 속성, 즉 의도된 범죄 실현의 인식과 의사가 결여되어 있기 때문이다.[195] 현재 상태의 인공지능이 개발자나 사용자의 의도나 계획과 전혀 상관없이 오작동을 일으켜 타인에게 손해를 입힌 경우에는 인공지능의 책임능력 흠결과 자신들이 전혀 인지하지 못했음을 이유로 책임조각이 인정될 수 있으나, 과실행위와 결과발생 사이에 인과관계 등의 요건이 구비되면 과실 책임을 인정하고, 예견 가능한 범주 내에서 결과발생에 대한 형사책임을 부담하도록 하는 것이 책임주의 법리에 합당하다.[196]

그러나 강한 인공지능이나 초지능 인공지능 등에 의한 금융투자행위의 경우는 기존 책임주의 원칙의 수정에 대한 도전이 수반된다. 이 점에서 인공지능과 유사하게 의사능력을 가지지 못한 법인의 가벌성의 논의를 차용할 근거가 도출된다. 회사와 법인 모두 자연인이 아님은 자명하다. 그러나 법인에 대해서는 회사가 감정이나 의식을 가질 수 없다는 데에서는 아무런 의심을 제기할 수 없다. 그러나 언젠가 나타날지 모를 강한 인공지능은 인간의 능력을 아득히 뛰어넘고 감정이나 의식을 가지게 될 것이다. 여기에서 인공지능이 양벌규정에 의해 (궁여지책으로) 책임을 부과하는 법인과 달리 그 스스로 책임을 질 수 있다는 논리가 가능해진다. 다만 여전히 '법인격'은 새롭게 등장하는 사회적 현상을 도외시할 수 없어 억지로 만들어 낸 추상관념일 뿐이다. 인간의 특성을 가진 인공지능에게 법인격을 부여하더라도 인공지능이 절대 가질 수 없는 인간만이 갖는 특성은 있기 마련이며, 자연인이 생래적으로 누리는 헌법상의 기본권을 동일하게 누릴 수 없고, 종교는 합리적인 이성의 문제가 아니라 믿음의 문제라고 하여 일거에 문제를 해결하는 식처럼 법인격의 부여나 사형 또는 징역형 등 자연인에게 부과되는 형벌이나 민사법상의 손해배상책임도 입법자의 의도에 따라 사전승인을 통해 이루어진다는 한계가 있다. 요컨대 둘 다 법이 정해야만 그 존재가 정당해지는 한계가 있는 것이다.[197] 따라서 법인에 대한 가벌성의 논거를 인공지능에 의한 행위의 가벌성의 논거로 빌려오는 데는 무리가 없을 것이다.

　　인공지능은 인간의 뇌와 같이 정보처리기관으로서의 성격을 가지고 있고, 인간처럼 추론할 수 있으며, 범주화나 패턴인식 등이 가능하고, 심지어 인공신경망을 통해 고통을 느끼고 반응할 수 있는 정도까지 발전할 수 있다고 한다. 다만 사랑, 애착, 양심, 죄책감, 증오, 질투와 같은 인간의 감정을 모방할 수 있는지에 대해서는 부정적인 견해가 다수이다.[198] 그 이유는 인공지능이 인간의 감정을 인식하고 분류할 수는 있지만 그것이 감정을 갖기 위해서는 복잡한 인간의 뇌에서 일어나는 심적 상태를 모방할 수 있어야 하는데 심적 상태가 인정되지 않으므로 상대방과 교감하는 형태의 감정을 갖기 어렵기 때문이고[199], 이는 인공지능이 (도구로서) 소유자의 감정을 읽고 반응하는 것과는 다른 차원의 문제이다. 인공지능이 아무리 발전한다 해도 인공지능은 인공지능일 뿐 인간성을 가진 휴먼(human)이 될 수는 없을 것이다. 이 역시 그들에게 권리와 의무, 행위의 주체성을 인정하는 것과는 또 다른 문제이다.

인공지능이 범죄의 주체가 될 수 있을까? 자본시장법 제174조는 (준)내부자, 정보수령자를 규정하고 이들만이 동조 위반죄의 주체(정범)가 될 수 있다고 규정하고 있다. 따라서 이들은 진정신분범에 해당한다. 비신분자는 형법 제33조에 의하여 공동정범 또는 종범(교사범, 방조범)이 될 수 있을 뿐이다. 신분은 남녀의 성별, 내외 국인의 구별, 직업, 지위, 친족관계, 직업 등과 같은 관계뿐만이 아니라 널리 일정한 범죄행위에 관련된 범인의 인적 관계인 특수한 지위 또는 상태를 지칭한다. 그리고 신분범은 그 존재가 구성요건으로 되는 적극적 신분범과, 신분의 부존재가 구성요건으로 되는 소극적 신분범으로 나누어지는데, 이 경우 구성요건 충족 여부는 각각의 범죄에 따라 개별적 · 구체적으로 판단되어야 한다.[200] 현행 자본시장법 제174조의 위반죄의 주체는 자신에게 부과된 법적 의무를 인식하고 이를 위반한 자신의 불법행위성을 인식할 수 있으며, 비난 가능성이 인정되는 자유의사를 가진 자연인의 지위에서만 논의될 수 있으므로 인공지능은 내부자거래 위반죄의 주체가 될 수 없다. 인공지능이 소극적 신분과 관련된 공동정범이나 종범이 될 수 있는가 하는 주장 역시 있을 수 있지만(내부자나 정보수령자가 인공지능을 이용해 내부자거래를 위반한 경우) 이때에도 인공지능에게 내부자거래를 위반할 수 있는 지위, 곧 주체(정범)로서의 신분을 부여할 수 있는지의 문제가 선결되어야 한다. 결국 인공지능이 그러한 신분을 부여받을 정도의 능력이 있는지, 그것에 대한 사회적 합의가 이루어졌는지에 관한 문제이자 인공지능과 인간의 관계를 어떻게 정립할 것인지의 문제이며, 더 나아가 입법자의 영역이다.

한편, 위장거래에 의한 시세조종(자본시장법 제176조)은 오인하게 할 목적과 그릇된 판단을 하게 할 목적을 요구하는 외에 현실거래에 의한 시세조종에서 필요한 매매를 유인할 목적까지 요구하지는 않는다. 판례도 주관적 목적의 증명을 요구하지 않고 객관적 요건이 충족되면 오인목적을 추정할 수 있는 것으로 보고 있다. 그러나 현실거래에 의한 시세조종 금지의 핵심 구성요건은 변동거래와 유인목적이다. 그리고 동법 제176조 제2항 본문은 '누구든지'라고 하여 주체의 제한을 두고 있지 않다. 따라서 운용자는 전혀 모르는 상태에서 인공지능 스스로의 판단에 의해 매매거래가 이루어진 경우에 유인목적을 인정해 인공지능 행위주체로 볼 수 있을 것인가.

그런데 유인 '목적'은 행위자의 내심의 의사와 관련된 주관적 구성요건이다. 이 주관적 구성요건은 사람의 생각, 의지, 감정, 판단 등을 그 근거로 한다. 이것이 사람만 가질 수 있는 능력이고 전유물이라고 본다면 인공지능의 주관적 구성요건은 논의의 의미가 없다. 그러나 인공지능이 감정을 느낄 수 있고 스스로 생각해서 판단하고 행동할 수 있는 단계까지 발전하는 경우에는 인공지능을 행위주체로 보지 못할 이유는 없을 것이다.[201] 이 또한 법인격 인정의 논의와 연결되며 입법자의 영역으로 귀결된다. 다만 주관적 요건보다 시세의 변동 등 객관적 요건을 더 중요한 요인으로 판단하는 현행 법체계상 인공지능의 행위주체성을 인정할 여지가 더욱 클 것으로 여겨진다.

법인의 범죄능력에 대해서 범죄는 인간의 정신물리적 활동이므로 오직 정신과 육체를 가진 자연인만이 저지를 수 있다고 보는 입장[202]과 법인이 행위주체가 될 수 있고, 책임의 근거를 반사회적 위험성으로 이해하여 법인에도 사회적 책임을 물을 수 있으며[203], 법인의 실체가 사실상 존재하고 그 행위의 존재가 인정된다면 법인의 범죄능력은 인정될 수 있다고 하는 입장[204]이 대립하고 있다. 법인격을 인간과 동일시하는 입장에서는 회사의 인격이나 사람의 인격이나 법이 만들어 낸 추상적 관념이므로 법인격을 허구라고 보거나 입법자에 의해 허가될 수 있는 것으로 보지 않는다. 그러나 법인격을 비독립적 허구라고 보는 입장에서는 회사는 의지와 감정이 없는 존재이므로 사람과 같은 인격을 가질 수 없으며, 회사의 재산은 특정 목적에 바쳐진 것으로서 회사의 재산권에는 한계가 있고, 회사 그 자체도 특정 목적으로 위해서만 존재하므로 사람들이 필요에 의해 칭하는 도구에 불과하다고 본다. 후설에 따르면 인공지능에 법인격을 부여할 수 있을 것이고, 범죄(행위)능력 역시 인정될 수 있다.[205]

형사책임을 부과하기 위해서는 범죄의 구성요건으로서 객관적 요소인 행위(actus reus)와 주관적 요소인 행위자의 의식(mens rea)만 있으면 족하다는 입장에서는[206], 이 이외에 다른 어떤 능력도 요구되지 않으므로 법인이든 인공지능이든 이 두 가지 요건만 충족하면 모두 형사책임을 질 수 있는 행위주체가 될 수 있을 것이다. 그러나 현재 수준의 약한 인공지능이 가진 기술상의 인지능력은 빅데이터를 통해 학습하여 알고리즘에 의해 반응하는 것으로서 자유의지나 범죄 실현의 인식과 의사를 가진 범죄주체가 되기엔 한없이 모자라다. 따라서 그에게 형사책임을 물을 수 없고, 사회 속에서 타인과의 상호작용을 통해 사고하며 자신을 인식할 수 있는 인공지능이 등장하고 그것이 고의, 과실, 목적, 동기 등의 범죄의사를 가질 수 있을 때 비로소 형사책임을 부과할 수 있을 것이다.[207] 이는 인공지능이 금융투자행위로서 자본시장법상의 불공정거래행위를 한 경우에도 마찬가지이다. 현재 금융투자업에서 활용되는 인공지능은 알고리즘을 통해 호재나 악재를 판단하지만 이는 미리 수집되고 분석된 빅데이터를 통해 학습과정을 거쳐 추론한 데 불과할 뿐 인간과 같은 고차원적 사고를 통해 이루어지는 사고의 결론이라고 볼 수 없다.

향후 자유의지를 가지고 인간의 정신능력에 준하는 아니 그보다 더 뛰어난 능력을 가진 강한 인공지능, 즉 자신이 행한 행위가 범죄에 해당한다는 것을 인지할 수 있고, 그러한 행위를 해서는 안 된다는 것을 알며 그러한 행위를 중지할 수 있는 수 있는 인공지능이 개발된다면 형사책임 부과의 가능성을 인정해야 한다고 본다. 인공지능이 인간의 도구가 아닌 스스로의 판단에 따라 작동하는 단계가 도래했는데도 이들에 대한 형사책임을 부정하는 것은 책임주의에 반하는 일이 될 것이기 때문이다. 그러한 인공지능이 등장한다고 해서 그것들이 생명을 가진 자연인은 분명히 아니며 인간의 개입이 전혀 없는 자유의지에 의해 죄책감을 느껴서 범죄행위를 중지한다고 볼 수 있는지 의문이 있지만[208], 그렇다 하더라도 인공지능은 (현재 수준에 한정하더라도) 인간처럼 스스로 학습하고 결정을 내릴 수 있고, 강한 인공지능이 되어 의식이(라 칭할 수 있는 무엇인가) 생긴다면 자유의지에서 비롯되는 양심이 없을 것이라 단정할 수 없다. 인공지능이 스스로 자신의 행위의 선악을 판단할 수 있다면, 불법행위를 저지른 데 대한 비난 가능성이 있으며 그들이 벌금형이나 체형 또는 사형 등과 같은 형사처벌의 의미를 실제로 이해할 수 없다고 하더라도 사회적으로 유의미한 행위인 이상 처벌의 필요가 생긴다.

언젠가의 인공지능은 자연인처럼 다른 지적 존재와의 '의사소통 능력', 자기 자신에 대한 '내적 인식' 능력, '외부환경을 인식하고 학습하며 정보를 이용할 수 있는' 능력, 그리고 '목표 지향적 행위' 능력 및 '원래의 조치가 실패했을 때 다른 대안조치를 취할 수 있는 창조적' 능력 등을 가질 것이다. 인공지능 스스로가 이러한 인식과 의사를 가지고 있다면, 인공지능 자체에 대한 형사주체성을 인정하지 못할 이유가 없다. 사람이 아니라면 법적 책임의 대상이 될 수 없다고 간단히 치부해버릴 수도 있겠지만 어느 쪽으로 발전하든 그들은 애초에 사람이 아니며, 사람이 될 수 없다. 하지만 인간조차 우리 스스로가 자유의지를 전적으로 가지는지, 부분적으로 가지는지, 전혀 가지고 있지 못하는지에 대해서 제대로 알지 못한다.[209] 존재론적으로 인간과 같은 인식과 의사가 없다 하더라도 여러 논의를 거쳐 회사에 법인격을 부여하게 된 것처럼, 사회적 필요에 의한 형사적 규율을 할 필요가 있다면 입법자가 결단을 내리면 족하다.

인공지능에 법인격을 인정할지의 여부는 인공지능을 인간 혹은 또 다른 종으로 인정할 것인지의 문제라기보다 역사적으로 변화하는 가변적이고 상대적인 인격개념의 인위적 확장의 문제, 그리고 법정책학적 관점에서의 정당성 확보의 문제이다. 이 점에서 인공지능에 손해배상책임과 형사책임을 묻기 위한 방법으로 인공지능에 재산권을 인정해야 할지, 그리고 인공지능을 형법적으로 의미 있는 행위 주체로 인정해야 할지 등의 문제는 인문학과 사회과학 등의 조력을 받아야 하는 영역이며 현재의 수준에서는 상상의 단계인 강한 인공지능이 등장했을 때의 문제이다.[210]

1. 인간 고유의 체와 격을 엄격한 제한원칙과 절차에 따라 박탈하거나 제한하는 최후수단으로서의 형법만큼은, 그 기능은 변화할지라도 고유의 법영역으로서 그 의미를 유지해야만 할 것이다. (김한균, 앞의 논문, 136면)

2. 양자 중 어느 것을 더 중요하게 여길 것인가에 따라, 범죄이론은 객관적으로 관찰할 수 있는 범죄행위 및 결과라는 객관적 요소를 중시하는 객관주의와 행위자의 인격이나 의사와 같은 주관적·인적 요소를 중시하는 주관주의로 나누어지게 된다(오영근, 형법 총론, 제2판(보정판), 박영사, 2012, 101면).

3. 한정환, 형법총론, 한국학술정보, 2010. 82면 참조.

4. 김성돈, 형법총론, 제2판, 성균관대학교 출판부, 2011, 133면.

5. 우리 형법 제1조, 제6조, 제9조 등 많은 개별규정에서 '행위'라는 용어가 사용되고 있다.

6. 김성돈, 앞의 책, 134면.

7. 박상기, 형법총론, 제6판, 박영사, 2004, 69면; 오영근, 앞의 책, 110면.

8. 오영근, 앞의 책, 115면.

9. 김성돈, 앞의 책, 134−135면; 신동운, 형법총론, 법문사, 2001, 69면; 이재상, 형법총론, 제5판(보정판), 박영사, 2006, 75면; 정성근·박광민, 형법총론, 제2판, 삼지원, 2005, 100면.

10. 김성돈, 앞의 책, 134면.

11. 이러한 행위의 기능은 행위 개념의 체계상 지위를 파악하는 태도와 무관하게 대체로 인정되고 있다.

12. 김성돈, 앞의 책, 141−142면.

13. 김성돈, 앞의 책, 138면.

14. Wolfgang Mitsch, "Fahrlässigkeit und Straftatsystem", 2001, S. 106, 권영법, 형법상 행위론에 대한 비판적인 고찰, 234면에서 재인용.

15. 박상기, 형법총론(제9판), 박영사, 2012, 70−71면; 신동운, 형법총론(제6판), 법문사, 2012, 97면; 이재상, 형법총론(전정판), 박영사, 1991, 91면; 임웅, 형법총론(제4정판), 법문사, 2012, 102면., 권영법 234면 참조.

16. 배종대, 형법총론(제11판), 홍문사, 2013, 179−180면.

17. 김일수·서보학, 형법총론(제11판), 박영사, 2008, 117−118면.

18. 손지영, "행위의 목적 지향성(Sinn-Intentionalität) 개념에 대한 인지과학적 접근: 인지적 행위론을 위한 W. Kagle의 분석을 중심으로", 형사정책연구 제21권 제2호(2010·여름호), 327−328면; 손지영, "형법에 대한 인지과학적 관점의 적용 가능성", 성균관법학 제21권 제1호(2009. 4), 243면 이하; 손지영, "인지과학적 관점에 의한 형법상 행위와 고의의 재조명", 박사학위논문 성균관대학교, 2008, 99면 이하, 권영법, 234면에서 재인용.

19. 권영법, 형법상 행위론에 대한 비판적인 고찰, 234면.

20. 행위철학은 Wittgenstein이 그의 「철학논고」에서 "내가 팔을 들어 올린다는 것에서 나의 팔

이 올라간다는 사실을 빼면 남는 것"은 "나의 팔이 올라간다는 사실에 선행하는, 그것이 원인이 되는 심리적 사건이 남을 뿐이다"라고 주장한 것에서 촉발되었다고 본다, 이인건, "행위이론탐구", 비교문화연구 제11집(2000. 2), 183 – 187면.

21. 이정모, 인지과학, 성균관대학교출판부, 2010, 104 – 105면; Lawrence M. Solan, "Symposium: Cognitive legal Studies: Gategorization and Imagination in the Mind of Law", Brook, L. Rev,. Vol. 67(2001 – 2002), pp. 941 ff., 권영법 234면에서 재인용.

22. 김성돈, 앞의 책, 138면.

23. 김성돈, 앞의 책, 138면.

24. 행정전문용어사전, "행위 · 범죄행위", (https://www.gov.kr/main?a = AA170WHDicViewAppNew&wrd_id = 3215, 2022. 1. 28. 최종접속)

25. Roxin, ATI, § 8 Rn 12 이하. Roxin의 비판을 소상히 소개하고 있는 것은: 김일수I, 286.

26. Welzel, Strafrecht, 11. Aufl., 33., 한정환, 앞의 논문 83면에서 재인용.

27. 한정환, 앞의 책, 84면.

28. Roxin, ATI, § 8 Rn 19 참조, 한정환, 앞의 책 85면에서 재인용

29. Jescheck, AT, § 23 III 2b; Roxin, ATI, § 8 Rn 20 이하 참조. 한정환, 앞의 책 85면에서 재인용.

30. Engisch, FS für Kohlausch, 1944, 164 이하; Eb.Schmidt, JZ 1956, 190 이하; Maihofer, FS für Eb. Schmidt, 1961, 156 이하, 178 등. 한정환, 앞의 책 86면에서 재인용.

31. Roxin, ATI, § 8 Rn 27, 한정환, 앞의 책 86면에서 재인용.

32. escheck, LK vor § 13 Rn 32 한정환, 앞의 책 86면에서 재인용.

33. Wessels, AT25, Rn 93., 한정환, 앞의 책 86면에서 재인용.

34. 한정환, 앞의 책, 88면.

35. 목적적 행위론에 의해서 과실범을 체계적으로 설명하는 것이 어렵지만 불가능한 것은 아니다. 이 문제는 과실(범)의 실체를 어떻게 분석하고 이해하는가와 맞물려 있기 때문에 과실의 본질, 근거를 객관적 주의의무위반에서 찾는가 아니면 허용되지 않는 위험의 초래와 실현으로 보는가를 먼저 확정해야 한다. 목적적 행위론의 입장에서 "법적으로 용인되지 않는 목적적 행위"라는 관점에서 과실행위를 규명하려는 학자도 있다. Struensee, GA 1987, 97 이하.

36. 본문에서 행위와 더불어 '행동', '행태' 등의 표현이 혼용되고 있다. 이유는 독일문헌들에서 행위는 Handlung과 Verhalten으로 구별해서 쓰고 있고 행위론의 설명에는 이를 원용하는 것이 불가피하기 때문이다. 우리말에서 '행위'와 '행동'은 의미상 차이가 없듯이 독일어에서도 Verhalten과 Handlung 역시 거의 같은 뜻이다. 그러나 행위론에서는 Verhalten은 행위로 인정되기 전 단계의 육체적 동작이나 동작에 의한 태도를, Handlung은 행위론에서의 법적 개념으로서의 '행위'를 말하기도 한다.

37. 한정환, 앞의 논문, 92면 참조.

38. 김성돈, "전통적 형법이론에 대한 인공지능의 기술적 도전", 98면.

39. 김성돈, 앞의 논문, 98면.

40. 김성돈, 앞의 논문, 98면.

41. 김성돈, 전통적 형법이론에 대한 인공지능 기술적 도전, 100면.

42. 권영법, 236면.

43. 김성돈, 앞의 책, 148면.

44. 이인영, 앞의 논문, 32면.

45. Sabine Gless, Emily Silverman, Thomas Weigend, If Robots Cause Harm, Who Is To Blame? Self-Driving Cars and Criminality, New Criminal Law Review, 2016, at. 416., 이인영, 앞의 논문, 37면에서 재인용.

46. 이인영, 앞의 논문, 37면.

47. 김성돈, 앞의 책, 148면.

48. 이인영, 앞의 논문, 52면 참조.

49. 김성돈, 앞의 책, 149면.

50. 구상진, "소위 양벌규정에 관하여", 검찰 제75호, 1979, 177면.

51. 이중기, "인공지능을 가진 로봇의 법적 취급: 자율주행자동차 사고의 법적 인식과 책임을 중심으로", 홍익법학 제17권 제3호, 홍익대 법학연구소, 2016, 19－20면 참조.

52. 양천수, "법인의 범죄능력: 법 이론과 형법정책의 측면에서", 형사정책연구 18권 2호, 2007. 6, 165면.

53. 박상기, 71면; 배종대, §46/26; 손동권, §8/12－13; 이재상, §7/10－13; 이형국, 87면, 이상 김성돈, 앞의 책, 149면에서 재인용.

54. 허일태, "위험사회에 있어서 형법의 임무", 비교형사법연구 제5권 제2호, 2003, 20면.

55. 김성규, "법인처벌의 법리와 규정형식", 법조 578권, 2004. 11., 118면.

56. 구상진, 앞의 논문, 178면.

57. 김일수·서보학, 137면; 정성근·박광민, 91면., 김성돈, 앞의 책, 150면에서 재인용.

58. 김용섭, "양벌규정의 문제점 및 개선방안", 행정법 연구 제17호, 2007, 207면.

59. 정성근, 형법총론, 105면.

60. 이천현, "법인의 범죄주체능력과 형사책임", 형사법연구 제22호, 2004, 12면.

61. 유기천, 108면; 임웅, 81면., 김성돈, 앞의 책, 150면에서 재인용.

62. 신동운, 97면; 오영근, §9/13, 김성돈, 앞의 책, 150면에서 재인용.

63. 양벌규정의 의의를 "법인의 대표자가 위법한 행위를 한 때에는 그 현실적으로 행위를 한 자연인인 그 대표자를 처벌하고 다만 국가수입의 목적을 조성하기 위하여 법인 등의 사업주에 대하여 벌금형을 가하도록 하였던 것이다"라고 명시하였다. (대법원 1961. 10. 19. 4294형상417)

64. 이인영, 앞의 논문, 40면.

65. 대법원 1984. 10. 10. 선고 82도2595 전원합의체 판결.

66. 대법원 1982. 2. 9. 선고 80도1795 판결.

67. 독일형법 제14조 제1항: 1. 법인의 대표권 있는 기관으로서 또는 그 기관의 구성원으로서 2. 인적회사의 대표권 있는 사원으로서 3. 타인의 법정대리인으로서 행위를 하는 때에는 특별

한 일신적 자격, 관계 또는 사정(특별한 일신적 요소)이 가별성의 기초가 되는 법규는 이 요소가 대리인에게는 존재하지 아니하나 본인에게 존재하는 경우에 대리인에 대하여는 이를 적용한다. (김성돈, 앞의 책, 169면에서 재인용)

68. 김성돈, 앞의 책, 151면.
69. 김종덕, "배임죄 주체의 해석상 몇 가지 문제", 저스티스 제112호, 2009, 27면, 박강우, "독일의 법인의 형사책임", 한국형법학의 새로운 지평; 심온 김일수교수화갑기념논문집, 2006, 20면.
70. 이인영, 앞의 논문, 40면.
71. 유기천, 형법각론, 107 – 108면, 이인영, 앞의 논문 41면에서 재인용.
72. 김성돈, 앞의 책, 152면.
73. 김성돈, 앞의 책, 152면.
74. 이주희, "인공지능과 법 – 지능형 로봇 및 운영자의 형사책임에 관한 고찰 – ", 한국사회과학연구 제38권 1호, 2016. 8., 133면.
75. 김성돈, 전통적 형법이론에 대한 인공지능 기술의 도전, 형사법연구 30권 2호, 한국형사법학회, 2018, 85면.
76. 이때에도 완벽한 무체물로서의 도구보라기보다 특별한 속성을 가진 인공물로 볼 수 있다고 한다. (정필운, "인공지능기술 발전에 조응한 법학의 대용, 연세대학교 제60회 학술대회 발표집, 2017. 2, 81면.)
77. 타인이 소유자인 동물을 죽이는 경우, 형법상 손괴죄에 해당한다. (동물보호법위반죄의 상상적 경합범이 될 것이다.)
78. 김영두, "인공지능과 자유의지", 인공지능시대의 법적 과제, 연세대학교 제60회 학술대회 발표집, 2017. 2., 28면.
79. Matthew U. Scherer, Regulating Artificial Intelligence System: Risks, Challengers, Competencies, and Strategies, Harvard Journal of Law & Technology, Spring 2016, at. 363.
80. Gabriel Hallevy, at. 7., 이인영, 앞의 논문, 44면에서 재인용.
81. 이인영, 앞의 논문, 45면.
82. 안성조, 앞의 논문, 82면.
83. 국내에서는 인공지능 프로그램의 제작자, 프로그래머, 설계자, 판매자, 사용자 등 인공지능에 대하여 형사책임을 부담할 가능성이 있는 관련자들을 지칭하는 'Operator'의 번역어로 '운영자(이주희, 앞의 논문, 136면)' 혹은 '배후자(안성조, 앞의 논문, 78면)'를 사용하고 있으나, 이 책에서는 인공지능의 개발자와 기업 등은 인공지능 프로그램을 만들어낸 '책임'(물론 여기서의 책임은 법적 책임에 한정하지 않는 행위 및 결과에 대한 직간접적인 원인을 제공한 자로서의 광의의 책임이라 할 것이다)이 있고, 기술자 등이 언제나 인공지능의 배후에 있을 수 없다(혹은 있어서는 안 된다)는 점에서 '책임자'로 총칭하고자 한다.
84. 안성조, 앞의 논문 83면.
85. 전지연, "형법상 제조물책임에서 주의의무위반에 대한 비교법적 고찰," 연세대학교 법학연

구 제18권 제4호, 2008, 69면 이하 참조.

86. Sabine Gless, Emily Silverman, & Thomas Weigend, op.cit., at 426－429., 안성조, 앞의 논문, 84면에서 재인용.

87. 안성조, 앞의 논문, 84면.

88. Sabine Gless, Emily Silverman, & Thomas Weigend, op.cit., at 430－433., 안성조, 앞의 논문, 85면에서 재인용.

89. Sabine Gless, Emily Silverman, & Thomas Weigend, op.cit., at 434., 안성조, 앞의 논문, 86면에서 재인용.

90. 서완석, 앞의 논문 65면.

91. 안성조, 앞의 논문 79면.

92. 김영환, "로봇 형법(Strafrecht für Roboter)?," 법철학연구 제 19권 제3호, 2016, 148면.

93. 최은창, 앞의 논문, 20면.

94. 김화진, "인공지능 사외이사", news 1 2019년 2월 26일자 칼럼 참조.

95. 이주희, "인공지능과 법－지능형 로봇 및 운영자의 형사책임에 관한 고찰－", 한국사회과학연구 제38권 1호, 2016. 8., 129면.

96. Sabine Gless, Emily Silverman, & Thomas Weigend, "If Robots Cause Harm, Who Is To Blame? Self-Driving Cars and Criminal Liability," 19 New Crim. L. Rev. 412(2016), 416면 이하., 안성조, 앞의 논문, 81면에서 재인용.

97. 이주희, 앞의 논문 135면.

98. 이주희, 앞의 논문, 136면.

99. Sabine Gless, Emily Silverman, & Thomas Weigend, at 416－425. 유사한 맥락에서 현 단계에서는 인공지능의 형사책임 인정이 어렵다는 견해로 보이는 이주희, 앞의 논문, 136면; 정정원, 앞의 논문, 202면.

100. 김영환, 앞의 논문, 151－160면.

101. 기업범죄는 중대한 피해를 초래하는데, 기업범죄에 대한 대응의 일환으로 이른바 기업살인 (corporate homicide)에 대해서 형사책임을 부과하는 움직임이 미국에서는 1970년대부터 영국에서는 1980년대부터 이루어졌다. 영미에서 살인죄라고 하는 용어는 사람의 생명에 대한 침해행위 전반을 지칭하고, 우리나라의 범죄유형에서 말하면, 상해치사죄 및 과실치사죄에 해당하는 것도 포함하고 있다. 영국은 2007년 기업 과실치사 및 살인법(Corporate Manslaughter and Corporate Homicide Act 2007)을 제정하였다. 이는 기업 등 법인이 일으킨 사망사고에 대해서 형사책임을 묻는 법률이다. 종래, 이런 형사소추에 대해서는, 특정 운영책임자의 책임을 증명할 필요가 있었는데, 동법은 이를 법인의 관리·운영체질에 귀속시켜 위반에 대해서 상한 없는 벌금을 부과할 수 있도록 하고 있다(岡久慶, "英国における企業の致死事件に対する刑事処罰の拡大", 「外国の立法」第234号(国立国会図書館調査及び立法考査局, 2007), 237頁). 영국에서 다수의 인명 피해가 발생한 여러 산업재해는 －특히 Herald of Free Enterprise ferry 사고 및 다양한 철도 충돌사고(Southall, Paddington)－ 기업의 형사책임을 인정하는 새로운 법안에 대한 요구를 촉발하였다.

2007년 기업 과실치사 및 살인법은 이러한 요구를 충족시키기 위해 노력하였고 '단체'에 대해 살인죄의 책임을 부과하고 있다. 한국에서도 세월호 참사 이후 기업의 형사책임을 인정하는 기업책임법의 도입 논의가 진행되고 있다(김재윤, "영국의 기업과실치사법에 대한 고찰과 시사점", 형사정책연구 제25권 제4호(형사정책연구원, 2014), 181면).

102. 가습기살균제 피해자와 가족모임이 한국 검찰에 옥시레킷벤키저 영국 본사를 2016년 5월2일 형사고발한 바 있다. 즉, 옥시 한국 법인·본사 임직원을 살인, 살인교사, 증거은닉 등의 혐의로 고소하였다(김지원, "'옥시 영국본사 소송' 황정화 변호사 "살인죄 적용도 염두해야"", 국제뉴스, 2016. 5. 6).

103. Stephan Meyer, Der Einsatz von Robotern zur Gefahrenabwehr, in Eric Hilgendorf (Hrsg.), Robotik im Kontext von Recht und Moral, Reihe Robotik und Recht (DFG – Projekt an der Universitat Wurzburg), Band 3, 2014, S. 220, 226; 윤지영·임석순, "지능형 로봇시대를 대비한 국가별 전략 및 제도적 정비 현황", 윤지영·윤정숙·임석순·김대식·김영환·오영근, 법과학을 적용한 형사사법의 선진화 방안(VI), 형사정책연구원, 2015, 161면.

104. 헌법은 제13조 제1항 전단에서 "모든 국민은 행위 시의 법률에 의하여 범죄를 구성하지 아니하는 행위로 소추되지 아니된다."고 하고 있고, 형법 제1조 제1항은 "범죄의 성립과 처벌은 행위 시의 법률에 의한다."고 하여 죄형법정주의의 원칙을 선언하고 있는데 이를 보아도 범죄는 사람에 의하여 행해지는 것이다.

105. 형법상 의미를 가지는 행위로 인정되기 위해서는 최소한의 조건으로 ① 원칙적으로 인간의 행위일 것, ② 외부적인 행위일 것, ③ (의식이 있는 상태에서의) 의사에 의하여 지배된 행위일 것이 요구되어진다(김성돈, 형법총론 성균관대학교 출판부, 2011, 141 – 142면; 정정원, 앞의 논문, 34면에서 재인용).

106. 이를 인격에 유사한 로봇격이라고 할 수도 있다

107. 이른바 인간처럼 생각하고 행동하는 인공지능을 강(强)인공지능(Artificial General Intelligence: AGI)이라고 한다. 이에 대하여 합리적으로 생각하고 합리적으로 행동하는 인공지능을 약(弱)인공지능(Artificial Narrow Intelligence: ANI)이라고 한다.

108. 독일 학계에선 결정권자인 로봇을 처벌하는 '로봇 형법' 도입 논쟁이 뜨겁다. 찬성파는 18세기 유럽 계몽시대 이전에 동물처벌법이 있었던 점을 감안해 결정권자인 로봇이 책임을 지는 게 당연하다고 본다. 반대파도 만만치 않다. 로봇은 감수성이 없어 처벌 가치가 없다는 점, 결정만으로는 부족하고 '선과 악'을 구별할 수 있어야 처벌에 의미가 있다는 점을 꼽는다. 오작동한 로봇을 '재프로그램'(리셋)하는 식으로 처벌하자는 주장도 있다(나성원, "인공지능 로봇이 '실수'로 사람을 다치게 한다면? 인간 아닌 기계 스스로가 결정권 현행법으론 아직 처벌 방법 없어", 국민일보, 2016. 3. 15).

109. 적극적인 주장으로 인공지능에게 최소한의 권리를 인정하고 그 권리의 행사를 소유자가 하는 방안도 고려할 수 있다는 주장이 있다(김윤명, "인공지능(로봇)의 법적 쟁점에 대한 시론적 고찰", 정보법학 제20권 제1호(한국정보법학회, 2016), 156면). 이러한 주장은 동물권을 인정하자는 의견의 연장선상에 있다. 즉, 권리의 귀속은 동물에게 인정하고 그 주장은

인간에게 인정하자는 것이다(양재모, "인, 물의 이원적 권리체계의 변화", 「한양법학」 제20권 제2집(한양법학회, 2009), 297면).

110. 이인영, 앞의 논문, 38면.

111. 최대호, "법인에 대한 형사책임 귀속의 요건", 중앙대학교 법학논문집, 제33집 제1호, 2009, 119－120면.

112. 법인대표의 불법을 법인불법으로 귀속시키더라도 법인대표의 책임까지 법인에게 귀속시키는 것은 책임의 일신전속성에 위반된다고 할 것이다. (김성돈, "기업처벌과 미래 형법", 성균관대출판부, 2018, 74면 참조.)

113. 서완석, 앞의 논문, 33면.

114. 물론 현재에 범죄가 되지 않는 어떠한 인공지능을 활용한(혹은 인공지능의) 행위가 장래에 형사책임을 부과할 필요성이 인정되어 죄가 될 수는 있을 것이다. 이를 미리 상정하여 논의하는 것 또한 법의 가변성이라는 본질에 비추어 나름의 의미를 지닐 수 있다. 법학은 그 사회, 그 시대, 그 장소에 적합한 형태로(보다 정확하게는 '적합하고자 하는' 형태로) 진보할 것이고, 법학은 일관성이 확보되기 어려운 순간을 마주하여 변용을 시도하여야 하며, 도그마틱으로서의 일정한 판단의 기준을 제시하는 역할을 수행해야 한다. 연구자로서 미력함을 인정하며, 해당 과제는 법학자로서 후일의 연구과제로 남겨둔다.

115. 서완석, "인공지능에 의한 불공정거래행위의 법적규제", 31면.

116. Scherer, note 1, at 356－357., 서완석, 앞의 논문 32면에서 재인용.

117. 심우현·박정원, "인공지능(AI)의 규제이슈와 고려 가능한 대응전략", 한국행정연구원 규제연구센터 (KIPA), ISSUE PAPER 통권 제53호, 7－8면 참조: 예를 들어, 머신러닝 모델을 훈련하기 전에 그것을 훈련시키는 데 사용할 데이터를 얻어야 하는데, 건강 기록 및 재무 정보와 같은 데이터가 규제로 인해 데이터를 가져올 수 없는 경우가 있다.

118. Scherer, note 1, at 357., 서완석, 앞의 논문 33면에서 재인용.

119. 변제호 외 5인, 자본시장법(제2판), 지원출판사(2015), 597면.

120. NVIDA 웹사이트, "인공지능과 머신러닝, 딥러닝의 차이점을 알아보자"; wendys, "[AI] 인공지능, 머신 러닝, 딥러닝 차이점이 무엇일까요?", 서완석, 앞의 논문, 27면에서 재인용.

121. 서완석, 앞의 논문, 60면.

122. 서완석, 앞의 논문, 79면.

123. 주영재 기자, "주식투자 '알고리즘'이 알아서 해준다". 주간경향 , 2019. 8. 5., (http://weekly.khan.co.kr/khnm.html?mode＝view&art_id＝201907261757131)

124. 앞의 기사 참조.

125. 서완석, 앞의 논문, 80면.

126. Wikipedia, Algorithmic trading, 참조

127. Jacob Arnoldi, "Computer Algorithms, Market Manipulation and the Institutionalization of High Frequency Trading", Theory, Culture & Society, Vol. 33(1), 2016, at 30., (서완석, 앞의 논문, 81면에서 재인용)

128. 안성조, "인공지능 로봇의 형사책임－논의 방향의 설정에 관한 몇 가지 발전적 제언－", 법

철학연구 제20권 제2호, 한국법철학회, 2017, 78면.

129. 서완석, 앞의 논문, 61면.

130. 과학기술 발전 및 사회 변화의 추세와 현재의 인공지능 기술 발전 추세를 고려할 때, 사람과 비교할 수 없을 정도의 빠른 속도로 방대한 자료를 쉬지 않고 분석하여 가장 합리적인 수준의 결론을 내릴 수 있는 고도로 발전된 형태의 인공지능에 해당하는 인공지능 금융투자 서비스가 가까운 미래에 등장할 것이다. 그러한 금융투자자문 회사가 다수의 일반 투자자들로부터 위탁받은 거액의 투자금을 운용하는 상황에서 악의적으로 해킹되어 당초 설정된 기능과 달리 시세조종 행위에 나설 경우 자본시장에 미칠 악영향이 매우 심각할 것으로 예상된다. 현행 법체계는 사람에 의한 의사결정을 전제로 하고 있으므로, 사람에 의한 의사결정을 인공지능이 대신하는 사례에 있어서는 그 대응이 곤란하다. 이에 관해 미국의 경우 로보어드바이저의 이용에 관하여 투자자를 위한 경고(alert)를 한다든지, 업계단체인 Financial Industry Regulatory Authority(FINRA)에 의하여 디지털 기술을 이용한 투자 조언 서비스에 관한 문제점 등을 검토한 Report on Digital Investment Advice(FINRA 리포트)가 발표되는 등 많은 논의가 진행되고 있다.

131. 플래시 크래시(Flash Crash)는 '갑작스러운 붕괴'라는 뜻으로 주가나 채권금리 등 금융상품 가격이 일시적으로 급락하는 현상을 의미한다. 주로 알고리즘 거래에서 매물폭탄으로 주가가 급락하는 현상을 가리키며, 이것이 경제용어로 사용된 것은 2010년 5월 6일 다우존스지수가 거래종료 15분을 남기고 순식간에 998.5포인트 하락하면서부터이다. 당시 한 투자은행 직원이 거래 단위로 M(Million)을 누르려다가 실수로 B(Billion)를 누르는 팻핑거(Fat Finger, 굵은 손가락 탓에 자판을 잘못 눌러 생긴 오타를 의미하지만, 금융상품 트레이더들이 컴퓨터로 주문을 입력하는 과정에서 오류를 범한다는 의미로 더 널리 쓰이는 용어)에 의해 발생한 것으로 밝혀졌으나 이후에 발생한 플래시 크래시는 알고리즘 매매의 거래방식을 기반으로 주가나 파생상품의 미세한 가격변동을 1초에 수백에서 수천 번까지 매매해 수익을 올리는 '초단타매매' 등이 주범인 것으로 밝혀졌다[금융브리프, 제28권 제5호(2019), "Japan Inside 일본 내 주요 연구 동향", 24쪽; 김병용, NAVER 포스트의 시선뉴스, 증권가 공포로 몰아넣은 '플래시 크래시'란 참조]., 서완석, 앞의 논문, 34면에서 재인용.

132. 4차산업융합법학회, 4차산업혁명의 이해, 박영사, 2020, 22면.

133. 서완석, 앞의논문, 65면.

134. 불공정거래행위는 경제발전의 젖줄에 해당하는 자본시장의 건전한 시장질서를 왜곡하는 중대한 범죄행위로서 엄격하게 금지되고 있으나, 성공하였을 경우의 경제적 보상이 매우 큰 이유 등으로 해마다 계속 증가하고 있을 뿐 아니라, 신종 금융상품의 증가와 ICT 기술의 발전에 따라 그 수법 또한 점점 교묘해지고 있다. 이에 대해 금융당국도 대응을 강화해왔으나, 규제시스템이 거래소와 금융감독원, 금융위원회, 검찰 등 여러 기관에 분산되어 있어 최종 처벌까지 장시간이 소요되고, 금융감독기관의 조사 권한의 한계로 신속한 조사와 증거 수집이 어려우며, 최종 처벌 수준이 미약하다는 등의 문제로 실효를 거두기 어려웠다. 이를 개선하기 위해 정부는 2013년 4월 18일 '주가조작 등 불공정거래 근절 종합대책'을 발표하였는데, 여기에는 유관기관 합동으로 검찰에 '증권범죄 합동수사단'을 설치하고, 신

속처리 시스템(fast track)을 도입하고, 처벌 수준을 강화하는 등의 강력한 조치들이 포함되었다. 최근에는 '불공정거래 사건처리 통합시스템'을 구축하고(2021년 3월), '부정거래 적발시스템'을 가동하며(2021년 4월), 불법 공매도 제재 및 감시, 적발 시스템을 강화하여 운영하고 있다.

135. 대법원 2017. 10. 31. 선고 2015도5251 판결.

136. ② 법 제174조제1항 각 호 외의 부분에서 "대통령령으로 정하는 방법"이란 해당 법인(해당 법인으로부터 공개권한을 위임받은 자를 포함한다) 또는 그 법인의 자회사(상법 제342조의2 제1항에 따른 자회사를 말하며, 그 자회사로부터 공개권한을 위임받은 자를 포함한다)가 다음 각 호의 어느 하나에 해당하는 방법으로 정보를 공개하고 해당 호에서 정한 기간이나 시간이 지나는 것을 말한다.

1. 법령에 따라 금융위원회 또는 거래소에 신고되거나 보고된 서류에 기재되어 있는 정보: 그 내용이 기재되어 있는 서류가 금융위원회 또는 거래소가 정하는 바에 따라 비치된 날부터 1일

2. 금융위원회 또는 거래소가 설치·운영하는 전자전달매체를 통하여 그 내용이 공개된 정보: 공개된 때부터 3시간

3. 「신문 등의 진흥에 관한 법률」에 따른 일반일간신문 또는 경제분야의 특수일간신문 중 전국을 보급지역으로 하는 둘 이상의 신문에 그 내용이 게재된 정보: 게재된 날의 다음 날 0시부터 6시간. 다만, 해당 법률에 따른 전자간행물의 형태로 게재된 경우에는 게재된 때부터 6시간으로 한다.

4. 「방송법」에 따른 방송 중 전국에서 시청할 수 있는 지상파방송을 통하여 그 내용이 방송된 정보: 방송된 때부터 6시간

5. 「뉴스통신진흥에 관한 법률」에 따른 연합뉴스사를 통하여 그 내용이 제공된 정보: 제공된 때부터 6시간

137. 예컨대 합병에 관한 최종합의가 이루어지거나, CEO가 실무진에게 공개매수 추진을 지시하거나, 또는 발행한 어음의 부도처리가 확실시되는 때를 들 수 있다.

138. 대법원 1994. 4. 26. 선고 93도695판결.

139. 금융감독원(자본시장본부), 2009.

140. 대법원 2002. 1. 25. 선고 2000도90 판결.

141. 서완석, 앞의 논문, 67면.

142. 서완석, 앞의 논문, 68면.

143. 서완석, 앞의 논문, 70면.

144. 최승재, "자본시장법 제178조 제1항 제1호에 대한 연구", 금융법연구, 제6권 제2호, 한국금융법학회, 2009, 42면.

145. Robert A. Prentice, "The Internet and its Challenges for the Future of Insider Trading Regulation", 12, Harv. J.L. & Tech, 1999, 263, 298. (서완석, 앞의 논문, 92면에서 재인용)

146. 대법원 2002. 7. 12. 선고 2002도745 판결. "절도죄의 객체는 관리가능한 동력을 포함한

'재물'에 한한다 할 것이고, 또 절도죄가 성립하기 위해서는 그 재물의 소유자 기타 점유자의 점유 내지 이용가능성을 배제하고 이를 자신의 점유하에 배타적으로 이전하는 행위가 있어야만 할 것인바, 컴퓨터에 저장되어 있는 '정보' 그 자체는 유체물이라고 볼 수도 없고, 물질성을 가진 동력도 아니므로 재물이 될 수 없다 할 것이며, 또 이를 복사하거나 출력하였다 할지라도 그 정보 자체가 감소하거나 피해자의 점유 및 이용가능성을 감소시키는 것이 아니므로 그 복사나 출력 행위를 가지고 절도죄를 구성한다고 볼 수도 없다."

147. 김병연 외, 앞의 책, 447면.

148. 김병연 외, 앞의 책, 447면.

149. 임재연, 자본시장법, 박영사, 2014, 922면.

150. 서완석, 앞의 논문, 73면.

151. 대법원 2013.7.11. 선고 2011도15056 판결.

152. 대법원 2001.11.27. 선고 2001도3567 판결.

153. 서완석, 앞의 논문, 74면.

154. 대법원 2004.10.28. 선고 2002도3131 판결.

155. 앞의 판결 참조.

156. 서완석, 앞의 논문, 78면.

157. 서완석, 앞의 논문, 84면.

158. 서완석, 앞의 논문, 75면.

159. 대법원 2007. 11. 29. 선고 2007도7471 판결; 대법원 2006. 5. 11. 선고 2003도4320 판결; 대법원2003. 12. 12. 선고 2001도606 판결.

160. 서완석, 앞의 논문, 75면.

161. 대법원 2002. 6. 14. 선고2002도1256 판결.

162. 이태성 기자, "[MT리포트]메릴린치 단타, 시세조종이라고?", 머니투데이, 2018. 8. 17. 참조. (https://news.mt.co.kr/mtview.php?no=2018081613513465340, 2022. 1. 18. 접속)

163. 시타델증권이 2018년 8월 메릴린치증권 창구를 이용, 대규모 허수성 주문을 내고 이른바 치고 빠지는 단타(단기투자) 거래로 시세를 유리하게 조종하고 시장을 교란해 수천억 원의 부당 이득을 봤다는 혐의를 받은 사건이다. (조준영 기자, "금융당국, '초단타매매' 시타델에 역대 최대 과징금 검토", 머니투데이, 2021. 4. 28. 참조, https://news.mt.co.kr/mtview.php?no=2021042818551256940)

164. 日本銀行金融研究所, 投資判斷におけるアルゴリズム・AIの利用と法的責任(アルゴリズム・AIの利用を巡る法律問題研究会 報告書) (2018.9), 25頁., 서완석, 앞의 논문(불공정거래), 82면에서 재인용.

165. 川崎友巳ʹ 現実取引による相場操縦罪の現状と課題—判例・学説の檢討とアルゴリズム取引への適用の可否の檢証—ʹ 井田 良・川出敏裕・高橋則夫・只木 誠・山口 厚編, 新時代の刑事法学 椎橋 隆幸先生古稀記念 下巻ʹ 信山社(2016), 317−318頁., 서완석, 앞의 논문(불공정), 82면에서 재인용.

166. 日本銀行金融研究所, 앞의 자료, 25頁., 서완석, 82면에서 재인용.

167. 서완석, "자본시장법상의 시세조종행위 규제", 상사판례연구, 제22집 제3권(2009), 211 – 213면.

168. 대법원 2001.1.19. 선고 2000도4444 판결.

169. 이 같은 경우를 상정하여 미국의 자율규제기구인 금융산업감독기구(Financial Industry Regulatory Authority: FINRA)는 고빈도 알고리즘 거래업자를 위한 업무가이드를 제정·배포한 바 있으며, 알고리즘 거래전략을 디자인·개발·수정한 자에게도 책임을 부과하고 있다. 또한 알고리즘 거래를 활용한 시세조종 등 불공정거래 활동을 감시하는 과정에서 알고리즘 거래업자로부터 받은 알고리즘 소스코드도 함께 활용하고 있다. 유럽을 중심으로 적용되는 MiFID II에도 알고리즘 거래업자의 역할과 증권거래소의 시장관리 책임이 들어 있다. (서완석, 앞의 논문, 82면.)

170. 이혜원, "가짜뉴스를 만드는 AI, 가짜뉴스를 잡는 AI", IT 조선, 2019. 7. 7. (http://it.chosun.com/site/data/html_dir/2019/07/07/2019070700072.html), 김민수 기자, "인공지능이 진짜같은 '가짜뉴스'를 만들었다", 노컷뉴스, 2019. 2. 15., (https://www.nocutnews.co.kr/news/5104825) 참조.

171. 마이클 짐머(Michael Zimmer) 교수는 "인공지능이 중립적이라고 착각하기 쉽지만 기존 사회의 편견과 불의를 영원히 유지하는 수단이 될 것이다"라고 단언한 바 있다. (Pew Research Center, 2018)

172. 서완석, 앞의 논문, 85면.

173. 대법원 2003. 11. 14. 선고 2003도686 판결. 사기적 부정거래행위를 금지하는 것은 증권거래에 관한 사기적 부정거래가 다수인에게 영향을 미치고 증권시장 전체를 불건전하게 할 수 있기 때문에 증권거래에 참가하는 개개의 투자자의 이익을 보호함과 함께 투자자 일반의 증권시장에 대한 신뢰를 보호하여 증권시장이 국민경제의 발전에 기여할 수 있도록 함에 그 목적이 있다고 할 것이므로, 여기서 유가증권의 매매 등 거래와 관련한 행위인지 여부나 허위의 여부 및 부당한 이득 또는 경제적 이익의 취득 도모 여부 등은 그 행위자의 지위, 발행회사의 경영상태와 그 주가의 동향, 그 행위 전후의 제반 사정 등을 종합적으로 고려하여 객관적인 기준에 의하여 판단하여야 하고, 위와 같은 증권거래법의 목적과 위 규정의 입법취지 등에 비추어 위 법문 소정의 부당한 이득은 유가증권의 처분으로 인한 행위자의 개인적이고 유형적인 경제적 이익에 한정되지 않고, 기업의 경영권 획득, 지배권 확보, 회사 내에서의 지위상승 등 무형적 이익 및 적극적 이득뿐 아니라 손실을 회피하는 경우와 같은 소극적 이득, 아직 현실화되지 않는 장래의 이득도 모두 포함하는 포괄적인 개념으로 해석하는 것이 상당하다.

174. 판례는 자본시장법 제176조와 제178조의 보호법익은 주식등 거래의 공정성 및 유통의 원활성 확보라는 사회적 법익이고 주식 소유자 등 개개인의 재산적 법익은 직접적인 보호법익이 아니라고 한다(대법원 2011. 10. 27. 선고 2001도8109 판결).

175. 대법원 2011. 10. 27. 선고 2011도8109 판결.

176. 대법원 2017. 12. 22. 선고 2017도12649 판결.

177. 증권시장에서 매일 사고 파는 초단타 매매로 이익을 보려는 사람을 뜻한다. 본래 스캘프

(scalp)는 인디언들이 적의 머리가죽을 벗긴 전리품을 지칭했고, 미국에서 구어체로 박리를 챙기는 뜻으로 통용되었다. 증권시장에서 스캘퍼란 초박리를 취하는 사람들(초단타매매자)를 칭한다.

178. 대법원, "2013도9933 자본시장과 금융투자업에 관한 법률위반등(ELW 스캘퍼사건) 보도자료", 2면 참조.
179. 대법원 2014. 1. 16. 선고 2013도4064, 2013도9933 판결.
180. 김병연 외, 앞의 책, 485면 참조.
181. 헌법재판소 2006.11.30. 2006헌바53 결정; 2007.10.25. 2006헌바50 결정.
182. 서완석, 앞의 논문, 87면.
183. 서완석, 앞의 논문, 88면.
184. 금융위원회 등, "안전한 자본시장이용법: 시장질서 교란행위 사례와 예방" 해설서, 2015. 5., 6면, 11면.
185. 금융위원회 등, 앞의 해설서, 5면.
186. 서완석, 앞의 논문, 90면.
187. 서완석, 앞의 논문, 90면.
188. 대법원 1994. 4. 26. 선고 93도695 판결
189. 송창영, "미공개중요정보 이용행위가 왜 문제인가?", 법률신문, 2016. 5. 10., (https://m.lawtimes.co.kr/leaders – talk/View?serial = 23)
190. 물론 형법의 특별법인 자본시장법으로 미공개정보이용행위 등 여러 유형의 행위를 불법으로 규정하고 이를 형사처벌하는 현행법체계에서는 본죄의 성립을 논하는 실익은 크지 않다. 인공지능 금융투자행위의 법적 책임 가부를 논하면서 논의의 범위를 확장시키고, 재산범죄의 기본범죄인 사기죄의 성부를 검토함이 의미가 있다고 판단하여 논의에 포함하였다.
191. 대법원 2017. 12. 5. 선고 2017도14423 판결: "사기죄는 타인을 기망하여 착오에 빠뜨리고 처분행위를 유발하여 재물을 교부받거나 재산상 이익을 얻음으로써 성립하는 것으로, 기망행위와 상대방의 착오 및 재물의 교부 또는 재산상 이익의 공여 사이에 순차적인 인과관계가 있어야 한다."
192. 대법원 2018. 8. 1. 선고 2017도20682 판결.
193. 대법원 2004. 4. 9. 선고 2003도7828 판결, 대법원 1998. 12. 8. 98도3263 판결, 대법원 2004. 5. 27. 선고 2003도 4531 판결 등
194. 서완석, 앞의 논문, 68면.
195. George R. Cross & Cary G. Debessonet, "An Artificial Intelligence Application in the Law: CCLIPS, A Computer Program that Processes Legal Information", High Technology Law Journal, 1986, AT 362. (서완석, 앞의 논문, 93면에서 재인용)
196. 이인영, "인공지능 로봇에 관한 형사책임과 책임주의 – 유기천교수의 법인의 행위주체이론과 관련하여, 홍익법학, 제18권 제2호, 2017, 38면.
197. 서완석, 앞의 논문, 93면.
198. 이인영, 앞의 논문, 49 – 50면.

199. 김영두, "인공지능과 자유의지, 인공지능 시대의 법적 과제", 연세대학교 제60회 학술대회 발표집, 2017, 29면.

200. 윤영석, "인공지능로봇에 관한 형사법적 연구", 서울대학교 대학원 박사학위논문. 2018, 153쪽.

201. 서완석, 앞의 논문, 95면

202. 양천수, "법인의 범죄능력: 법 이론과 형법정책의 측면에서", 형사정책연구, 제18권 제2호, 2007, 165면.

203. 정성근, 형법총론, 성균관대학교 출판부, 2012, 105면.

204. 이천현, 법인의 범죄주체능력과 형사책임, 형사법연구 제22호, 2004, 12면.

205. 서완석, 앞의 논문, 95면.

206. Gabriel Hallevy, I, Robot—I, Criminal—When Science Fiction Becomes Reality: Legal Liability of AI Robots Committing Criminal Offenses, Syracuse Science & Technology Law Reporter, 2010, at 7., 서완석, 앞의 논문, 95면에서 재인용

207. 이인영, 앞의 논문(주260), 44—45면 참조.

208. 서완석, 앞의 논문, 97면.

209. 서완석, 앞의 논문, 97면.

210. 서완석, 앞의 논문, 98면.

Chapter

04

인공지능 금융투자행위의
형법적 규제방안

인공지능 금융투자행위의 형법적 규제방안

인공지능 금융투자행위의 형법적 규제 필요성과 정당성

1. 규제의 필요성

인공지능 발전의 제4단계에서 산업화되고 있는 다양한 인공지능 기술들은 인간의 편의와 복지를 증진 시킬 수 있는 다양한 혁신을 가져오고 있지만, 빅데이터의 학습에서 발생할 수 있는 인공지능의 편향성, 인공지능 알고리즘의 블랙박스 현상 등과 같은 새로운 문제들도 발생시키고 있다. 코로나19가 지속되면서 원격교육, 재택근무 등 비대면 서비스가 확산되면서 비대면 서비스 필수 솔루션인 원격보안접속 프로그램, 전자우편 및 가상사설망(VPN) 솔루션의 취약점 악용한 해킹사고도 빈번하게 발생하고 있다.[1] 해킹 등 보안사고의 위협은 인공지능 기반의 금융서비스 전반을 뒤흔들 수 있는 중대한 위험을 불러올 수 있다.

또한 서비스, 플랫폼, 기반(인프라) 등 다양한 정보통신환경이 인터넷 기반 자원공유(클라우드) 기반으로의 디지털 대전환이 이루어지고 있는 상황에서 이를 악용한 보안 위협 또한 증가하고 있다. 클라우드 컴퓨팅은 자원공유, 가상화 등의 특성으로 인한 보안 위협을 내재[2]하고 있으며, 정보기술자원 및 사용자들의 정보가 집적되어 있기 때문에 해킹, 디도스 공격의 표적이 되기 쉽고, 사고 발생 시 대규모 피해가 발생할 수 있다. 무엇보다 본격적으로 신규 정보통신기술 시장을 창출하고 있는 확장가상세계, 대체불가토큰, 인공지능 등 신기술 대상 취약점을 악용한 새로운 유형의 신종 사이버위협에 대한 대비가 필요하다. 새로운 소프트웨어 개발과정에서 개발자의 실수, 설계상 보안이 고려되지 않아 발생하는 무결성, 인증체계에 대한 허점을 노리거나, 확장가상세계 이용자의 정보탈취, 시스템 마비 등을 노리는 공격, 자본이 몰리고 있는 대체불가토큰과 관련하여 권한 탈취 후 부정 판매하는 시도, 자율주행자동차의 사물/교통신호/차로 인식기능을 방해하거나, 인공지능의 성능을 떨어뜨리기 위해 오류가 있는 데이터를 지속적으로 입력하는 등 인공지능의 학습을 방해하거나 오판·오인식을 유도하는 공격도 발생할 우려가 있다.[3]

빅데이터의 출현과 이를 기반으로 하는 인공지능 알고리즘에 의한 의사결정은 결과 도출의 과정이나 결과값을 도출한 이유를 알기 어렵다는 불투명성의 특징을 갖는다. 일단 데이터를 통해 학습이 이루어지고 난 이후에는 그 학습과정이나 최종 판단의 적절성을 인간이 정확히 알 수 없다는 블랙박스 현상과 같은 인공지능의 특성은 데이터 거버넌스의 중요성을 강조되게 된다.[4] 또, 이와 같은 인공지능의 불투명성 문제와 함께 인간의 차별적이고 편향된 데이터를 학습한 인공지능이 도출하게 되는 산출 값의 공정성과 같은 문제들은 인공지능이 야기하는 위험을 방지하고 지속 가능한 혁신을 도모할 수 있는 적절한 규제의 필요성을 강조하게 한다.

이와 같은 인공지능의 위험에 대응하여 지속 가능한 혁신을 도모하기 위해서는 이미 발생한 문제들을 해결할 뿐만 아니라, 발생 가능한 문제들에 대하여 선제적으로 대응할 수 있는 규제거버넌스의 전환이 필요하다. 그렇지만 혁신의 예측불가능성과 법의 외부성 이라는 특성으로 인하여 혁신을 저해하지 않으면서 이로 인한 위험을 최소화하는 선제적 인 규제수단을 찾는 것은 매우 어려운 과제이다. 이때, 미국이 적용하고 있는 다양한 규 제수단들 중 인공지능 윤리원칙의 선언은 혁신을 진흥하면서 알고리즘의 편향성과 불투 명성이라는 위험을 최소화할 수 있는 선제적인 규제수단으로 활용되고 있다.[5]

사이보그는 사이버네틱스(cybernetics)와 조직체의 합성어인데, 인간과 기능적으로 결합하여 결여된 신체기능을 보완하거나 아니면 특정 부분을 강화하는 기능적 조직을 말한다. 즉 우리의 몸에 장착하거나 결합된 기능적 시스템이 사이보그이다. 이 관점에서 인공지능 금융행위가 스마트폰처럼 우리의 기능적 일부로 여겨진다면 사이보그화(cyborgization)되었다고 볼 수 있다.[6] 미국 연방대법원은 Riley v. California 판결[7]에서 "만일 화성에서 지구에 도착한 가상의 외계인이 인간을 해부한다면 가장 중요한 특성으로 일상에서 떨어지지 않는 스마트폰을 들 것이다"라고 하였다. 그런데 이 기술은 프라이버시 침해와 정부의 감시에 매우 취약하다는 약점이 있고, 그에 대한 적절한 법정책이 필요하다고 지적되고 있다. 인간과 기계의 경계가 모호해지는 포스트 휴먼 시대를 맞이하여 사이보그 법과 정책이 필요하진 것이다.[8]

인공지능 기술의 발전은 산업정보 시대에 뼈대가 만들어지고 정보화 시대를 거친 법적, 제도적 틀에 다시 상당한 변화를 요구하고 있다. 하지만 해외와 국내에서 인공지능의 활용에 따르는 법률관계와 책임 귀속에 논의는 여전히 초기 단계에 머무르고 있다. 법이 빠르게 변하는 기술 발전에 뒤처지는 현상은 어제 오늘의 이야기는 아니지만 인공지능 분야는 규제역량과 전문성이 크게 미흡한 상황이다. 이는 '파괴적 기술'의 사회적 수용에 직면할 때마다 수반되는 불가피한 현상이다. 인공지능 금융행위에 대한 법제의 마련은 새로운 인공지능 시스템의 제도적 설계에 해당한다고 볼 수 있다. 인공지능 기술의 발전에도 불구하고 인본적 가치는 유지되어야 하고, 로봇과 알고리즘에 대한 통제는 확고해야 하며, 알고리즘 기반 판단이 인간에게 유용해야 한다는 공감대는 이미 형성되어 있다. 그러므로 인공지능이 정보의 인식, 분석, 판단을 담당하는 시대의 도래에도 불구하고 법정책의 마련은 경제적 요소만을 고려해서는 안 되고 위험의 적절한 배분, 책임의 귀속주체의 명확화, 인간 가치에 대하여 형성되어 온 사회적 규범을 보호하는 관점에서 설계되어야 할 것이다.[9] 현재 우리나라에는 '지능형 로봇 개발 및 보급 촉진법'이 이미 제정되어 있고 다양한 '인공지능 산업법안'이 논의 중이다. 법안들은 진흥에 초점을 두고 있지만 인공지능을 활용한 금융행위에 대한 형사책임에 대한 고려도 신중히 포함시킬 필요가 있을 것이다.

2. 한계와 개선방안

가. 인공지능 윤리

일부 학자들은 장기적으로 인공지능이 인류의 존속을 위협할 수 있다고 경고하고 있다. 특히 LAWS(lethal autonomous weapon systems)를 우려하는 목소리가 커지고 있는데, UN 특정재래식 무기의 사용금지 및 제한에 관한 협약(CCW)은 LAWS를 회의의제로 삼고 있는 것이다. 또한 휴먼라이트워치(HRW)등이 포함된 '스톱킬러로봇'은 사전에 설정된 기준에 따라 목표물을 찾아내 공격하는 살상용 로봇의 개발과 배치·운용에 제동을 걸 수 있는 수단으로 국제 규제를 마련해야 한다고 주장한다. 로봇이 화재 진압용, 재난 구조용으로는 이용될 수 있지만 비용 대비 효율성과 산업적 유용성만을 중시하여 로봇 인공지능이 군사적 대량살상 목적으로 사용된다면 인류의 비극이라는 것이다.

스티븐 호킹, 일런 머스크, 빌 게이츠, 스튜어트 러셀은 공통적으로 인공지능 발전을 인류안보의 차원에서 접근하고, 인공지능의 잠재적 위험을 기후변화, 핵무기와 동일선상에 놓고 있는데 인공지능 연구개발이 전면화되는 시점에서 인류안보를 잊어서는 안된다는 점을 선언적으로 밝혀둔 것이라고 보는 편이 적절하다. 인공지능의 유용성을 산업화하려고 몰두하는 개발자들과 인공지능의 활용은 인본적 가치를 우선하도록 조정되어야 한다는 주장 사이에 어느 정도 긴장이 형성되어 있는 듯하다. 그러나 어떤 방식의 인공지능 활용이 금지되어야 하는가를 판단할 수 있는 기준은 아직 존재하지 않는다.[10]

나. 인공지능 가이드라인

(1) 금융분야 AI 가이드라인[11]

다양한 분야에 인공지능이 널리 사용되기 시작하면서 정부와 민간 모두 책임 있고 공정한 인공지능 개발 및 활용을 위한 윤리기준을 마련하기 시작했다. 매년 AI 지수를 발표하는 조사[12]에 따르면 전 세계적으로 2018년 45개, 2019년 28개, 2020년 23개의 AI 윤리 기준이 마련되었다. 우리나라는 최근 과학기술정보통신부, 개인정보보호위원회, 방송통신위원회 등 여러 부처가 AI 윤리 기준을 구체화하고 있다(표 참고). 시장 분석, 상품 추천, 신용 평가, 부당거래 탐지, 준법 감시 등 다양한 금융 업무의 고도화 과정에 AI가 사용됨에 따라, 금융위원회도 2021년 7월 8일AI 기반 금융 서비스 개발을 위한 "금융분야 AI 가이드라인"을 발표하였다.

부처	정책/가이드라인	발표 일자
과학기술정보통신부, 정보통신정책연구원	"인공지능 윤리기준	20.12.23
과학기술정보통신부	"신뢰할 수 있는 인공지능 실현전략"	20.5.13.
개인정보보호위원회	"인공지능 개인정보보호 자율점검표"	21.5.31.
방송통신위원회	"인공지능 기반 미디어(매체) 추천 서비스 이용자 보호 기본원칙"	21.6.30.
금융위원회	"금융분야 인공지능 가이드라인"	21.7.8.

금융위원회는 2021년 7월 8일 제1차 '디지털 금 융협의회 데이터 분과회의'에서 금융분야 AI 가이드 라인을 발표하였다.[13] 금융위원회는 충분한 적용 준비기간을 거쳐 동 가이드라인을 연내에 시행하는 것을 목표로 하고 있다. 2021년 3분기 내에 금융업권별·서비스별 실무지침을 마련할 계획이었지만 2022년 현재까지 발표된 실무지침은 없다. 금융분야 AI 가이드라인은 AI 활성화를 위하여 법적 규제나 행정지도에 비하여 약한 규제 형식을 취한 것으로 '모범규준(Best Practice)'에 해당한다. 금융위원회는 동 가이드라인을 통하여 AI 운영에 대한 최소한의 방향성을 제시

하고자 하였다.

금융분야 AI 가이드라인은 금융분야 AI 시스템의 개발, 사업화, 활용 등 전 과정에서 "신뢰성"을 제고하여 AI 활성화에 기여하는 것을 목적으로 한 다. 동 가이드라인은 금융서비스 및 금융상품 제공을 위한 업무에 AI 시스템을 직·간접적으로 활용하거나 활용하고자 하는 금융회사, 그리고 금융연관서비스 제공을 위한 업무에 AI 시스템을 직·간접적 으로 활용하거나 활용하고자 하는 비금융회사(이하, 금융회사 등)에 적용된다.[14]

금융회사 등은 선제적 위험관리체계를 구축하여야 한다. 조직 내 AI 윤리원칙과 기준을 수립하고, 위험관리정책을 마련하는 한편, AI 시스템의 위험 평가·관리를 위한 구성원의 역할·책임·권한을 구체적으로 정의하여야 한다. 금융회사 등은 AI 시스템의 목적, 고객의 특성 등을 고려하여 탄력적으로 AI 시스템을 활용할 수 있으나, AI가 인간의 의사결정 과정을 대체하는 경우에는 AI 시스템을 효과적으로 감독·통제하고 "책임성"을 유지할 수 있도록 AI 시스템을 설계하여야 한다. 개발 단계에서는 AI 학습데이터의 품질을 조사하고 개선하는 노력을 지속하여야 하고, 개인신용정보 오·남용을 방지하고 안전한 정보 활용을 위한 충분한 조치를 거쳐야 한다. 설명의무가 있는 금융서비스에 AI 시스템을 활용하는 경우에는 "설명 가능한 인공지능 기술" 도입을 위해 노력을 기울여야 한다.[15]

AI 시스템의 평가·검증 단계에서는 서비스 특성에 맞게 "성능과 공정성의 목표 수준과 판단 지표"를 선정하여야 한다. 서비스에 따라 우선시되어야 하는 성능과 공정성 기준이 달라질 수 있다는 점을 유념하여[16] 위험요인을 통제하여야 한다. 도입·운영·모니터링 단계에서는 "적절한 권리구제 방안"을 고지하고 성능을 주기적으로 모니터링하며 "최선의 보안 시스템을 구축"하기 위하여 노력해야 한다.

금융분야 AI 가이드라인은 AI를 운영함에 있어서 소비자 보호를 위한 방향성을 제시한다는 측면에서 의의가 있다. 그러나 동 가이드라인상의 "신뢰성", "책임성", "공정성" 등 용어는 다소 추상적이고, "최선의", "적절한" 방안이 무엇인지 불분명하여 동 가이드라인의 적용 대상인 금융회사 등에게 부담으로 작용할 우려가 있다.

금융위원회는 '모범규준'과 '업권별 자율규제' 형식의 2단계 규율을 계획하고 있지만[17], 금융회사 등의 자율규제를 유도하기 위해서는 보다 명확한 기준과 원칙이 제시될 필요가 있다. 이를 기초로 금융회사 등이 자체적으로 의무·권장사항을 점검해 볼 수 있도록 국내외 사례를 참고하여 자율점검표를 마련하는 방안을 검토해 볼 수 있다.

(2) 국내외 AI 관련 자율점검표 도입 사례

(a) 국내 사례

개인정보보호위원회는 2021년 5월 31일 "인공 지능 자율점검표"를 발표하였다. 이는 개인정보 처리 특성(복잡성·불투명성, 자동화·불확 실성, 대규모 데이터 처리 등)을 고려하여 「개인정보 보호법」, 과학기술정보통신부의 "인공지능 윤리 기준", 국제적으로 통용되는 개인정보보호 중심설 계 원칙 등을 반영한 결과이다. 동 점검표는 AI 관련 개인정보 보호 6대 원칙(적법성, 안정성, 투명성, 참여성, 책임성, 공정성)을 기반으로 점검해야 할 항목을 기술하여 보다 명확한 개인정보 보호 기준을 제시하고 있다.

---

① 적법성: 개인정보의 수집·이용·제공 등 처리의 근거는 적 법·명확해야 한다.
② 안전성: 개인정보를 안전하게 처리하고 관리한다.
③ 투명성: 개인정보 처리 내역을 정보주체가 알기 쉽게 공개한다.
④ 참여성: 개인정보 처리에 대한 소통체계를 갖추고 정보주 체의 권리를 보장한다.
⑤ 책임성: 개인정보 처리에 대한 관리 책임을 명확히 한다.
⑥ 공정성: 개인정보를 수집 목적에 맞게 처리하여 사회적 차별·편향 등 발생을 최소화한다.

〈AI 관련 개인정보보호 6대 원칙〉[18]

또한 동 점검표는 상기 6대 원칙에 따라 업무처리 단계(기획·설계, 개인정보 수집, 이용·제공 등 8 단계)에서의 16개 점검항목과 54개 확인사항을 제시하고 있다. 특히 점검항목은 "의무사항"과 "권장 사항"으로 구별되어 있음을 참고할 수 있다. 예를 들어, "AI 서비스 운영 과정에서 개인정보 유출 시 정보주체 통지, 유출 신고, 피해

구제 지원 등에 관한 대응 절차를 마련하여 이행하는가?"는 의무사항으로, "AI 개발·운영 과정에서 자율적인 개인정보 보호활동을 적극적으로 수행하는가?"는 권장사항으로 명시하였다.[19]

(b) 국외 사례

EU 집행위원회는 2020년 7월 17일 스스로 평가(self-assessment)해 볼 수 있는 "신뢰할 수 있는 인공지능을 위한 평가 목록(Assessment List for Trustworthy Artificial Intelligence, 이하 평가 목록)"을 발표하였다. 동 평가 목록은 사용자가 불필요한 위험에 노출되지 않고 AI의 이점을 누릴 수 있도록 제시된 것이다. 평가 목록은 AI 윤리 요구사항(① 인간 행위자와 감독, ② 기술적 견고성과 안정성, ③ 프라이버시·데이터 거버넌스, ④ 투명성, ⑤ 다양성, 차별금지, 공정성, ⑥ 사회·환경적 웰빙, ⑦ 책임성)에 대한 구체적인 질문들로 구성되어 있다(예컨대, 책임성과 관련하여 "독립적인 제3자가 AI 시스템을 감사할 수 있는지 확인했습니까?" 등). 또한 동 평가 목록은 추상적인 용어를 쉽게 이해할 수 있도록 용어사전(Glossary)을 첨부하였다. 예컨대, "AI 신뢰성(AI reliability)"에 대하여 "AI 시스템이 이전에 훈련되거나 테스트 되지 않은 새로운 입력에 대해서도 예상대로 작동하면 신뢰할 수 있다고 한다."고 정의하고 있으며, "책임성(Accountability)"은 "자신의 행동과 그에 따른 결과에 대하여 책임이 있으며, 목적과 동기, 이유를 설명할 수 있어야 한다."고 하였다. 그리고 "공정성(Fairness)"에 대하여는 "개인들 사이, 그리고 개인과 그룹 사이의 평등한 대우라는 이상을 구현하는 것이며, 개인의 권리와 자유가 침해되었을 때 구제받을 수 있는 절차적인 관점도 포함된다."고 설명하고 있다.

개인정보보호위원회의 "인공지능 자율점검표"상의 6대 원칙은 「개인정보 보호법」의 개인정보 보호 원칙[20]을 기본으로 하여 도출된 것이다.[21] 따라서 금융분야 AI 자율점검표를 도입할 경우에도 「금융소비자 보호에 관한 법률」, 「자본시장과 금융투자업에 관한 법률」 등을 기반으로 하여 금융시장에 특화된 AI 운영 원칙과 점검 항목을 마련할 필요가 있을 것이다. 예를 들어, 「금융소비자 보호에 관한 법률」은 금융소비자의 기본적 권리[22]와 영업규제[23] 등을 규정하고 있는데, 이와 연계하여 AI 관련 금융소비자 보호 원칙과 평가 목록을 마련할 수 있을 것이다. 그리고 평가 목록을 작성함에 있어서 "의무사항"과 "권장사항"으로 명확히 구별하여 금융회사 등의 부담을 완화하는 방안을 생각해 볼 수 있다. 또한 EU 집행위원회의 평가 목록 과 같이 금융 분야 AI 가이드라인 상의 추상적인 용어들의 개념을 명확히 할 필요 가 있다.

금융분야 AI 가이드라인은 소비자 보호 측면에서 인공지능 거버넌스 및 시스템 구축에 대한 방향성을 제시하였다는 의미가 있으나, 타 부처의 AI 가이드라인과의 정합성 및 기존 금융시장 관리체계를 고려하여 자율점검표를 마련하는 방안 등을 더 구체적으로 논의할 필요가 있다.[24]

과학기술정보통신부는 학계, 기업, 시민단체 등 다양한 사회구성원이 참여하여 AI 윤리에 대해 의견을 수렴하는 "윤리 정책 플랫폼"을 마련한다고 발표한 바 있 다.[25] 금융분야에서도 합리적인 AI 윤리 기준과 정책에 대한 활발한 논의의 장이 계 속 이루어져야 할 것이다.

제2절 인공지능 금융투자행위의 형법적 규제방안 - 위험형법의 경계

위험사회는 모든 개인이 거의 모든 생활영역에서 서로 얽히고설켜 있는 잠재적 위험원의 위협 속에서 빠져 나올 수 없는 상태에 놓여 있는 사회를 의미한다.[26] 울리 히 벡(Ulrich Beck)에 의하면 현대사회에서 인류의 생존을 위협하는 위험은 과거와 달리 단지 개인적이며 지역적 위험에 불과한 것이 아니라 전 지구적이며 인류의 생 존 자체를 위협하는 것이다.[27] 위험사회에서는 형법으로 일반 시민의 안전을 위협하 는 위험과 범죄를 사전단계에서 예방하도록 요구하고 있다. 다시 말해, 위험사회의 형법(위험형법)은 더 이상 보호법익을 침해한 행위에 대한 적법한 제재의 부과를 통해 과거의 불법을 제거하는 데 안주하지 않는다. 대신 새로운 위험을 미리 예방하여 미래의 불법의 도래를 방지하는 것에 보다 적극적인 의지를 보인다.

우리 사회 역시 예외가 아니다. 범죄자들에 대한 강력한 처벌의 요청은 일견 객관화된 여론으로 형성되었고, 위험형법의 특성을 강하게 지니고 있다(예방적 기능의 확대, 법적 보호의 전치화, 전단계 범죄화). 이는 위험사회의 요청이 고전적의 형법의 분야가 아닌 수사 및 증거 보전의 단계에까지 그 범위를 점차 넓혀가고 있고, 최후수단으로써 형벌을 발동하도록 하여 이른바 자유의 수호자가 되어야 할 헌법이 제 역할을 하지 못하고 있다는 방증이다.[28]

이러한 기조는 사회정책의 최후수단이었던 형사정책과 형사정책의 최후수단이었던 형법[29]이 사회문제의 해결과 사회문제를 조정하는 최우선 수단으로 나가야 한다는 요구[30]에 직면하고 있고, 형법이론이 위험형법(Risikostrafrecht) 내지 안전형법(Sicherheitss trafrecht) 나아가 적대형법(Feindstrafrecht)의 도전을 받고 있으며, 대중이 '위험사회'에서 '안전사회'로의 변화를 갈망하고 있다는 현실과 무관하지 않다.

이처럼 우리 사회가 안전·위험예방이라는 미명하에 (잠재적) 범죄자와 보호받아야 할 시민을 구분하고 이들을 가능한 미리 처벌하고자 법을 제정하는 동력은 "사람은 변하지 않는다"는 조소를 촉발한 몇몇 사건을 성급히 일반화하는 데 있다고 본다. 필자는 이틀여에 걸쳐 이루어진 국민참여재판을 통해 이렇듯 일반화된 선입견이 가진 위험성을 경험한 바 있다. 피고인의 유죄입증에 족할 증거가 제출되지 않았고, 여러모로 무죄의 가능성을 배제할 수 없는 합리적 의심이 제기되는 사안이었음에도, '전과 20범'이라는 검사의 모두진술에 배심원들의 표정이 굳게 닫혀버렸다. 그들 앞에 '무죄추정의 원칙'은 허상이었고, 법관 역시 "구태여 이런 사람의 죄를 따질 필요가 있는가"라는 배심원의 질문에 무기력했다. "이 사건이 무죄인지는 중요하지 않아. 나에겐 더 이상 이런 '범죄자'가 나와 함께 사회를 활보하지 않는 것이 중요해"라는 속삭임이 들리는 듯했다.

이는 다음의 두 가지 현상을 동반하는 것으로 보인다. 첫째, 이제 형사사법은 신자유주의 시장질서의 자율성에 대한 무한한 신뢰를 전제로 하여 시장 내부 혹은 외부에서 가해지는 불안정성의 요소들을 통제하는 역할을 수행한다. 이러한 맥락에서 국가의 형벌권력은 신자유주의 질서에 대한 불안정성을 증대시키는 '위험의 정도'에 따라 통제되어야 할 행위를 선별하게 된다. 둘째, 법치주의는 국가권력의 남용을 통제하는 원칙으로서의 기능을 상실하고 반대로 개개인이 시장질서에 적응하기 위하여 지켜야 할 원칙, 그리고 법규범을 위반한 개인에 대한 철저한 응징과 통제를 정당화하는 원리로 변질된다.[31]

인공지능에 의해 야기된 법익침해적 결과에 대한 책임귀속의 어려움을 극복하기 위해 예방적 법익보호에 초점을 맞추어 처음부터 인공지능 시스템을 만들지 못하게 하게나 사용하지 못하도록 할 수도 있다. 이는 위험한 특성을 가진 인공지능 시스템(로봇 또는 자동 시스템)을 제조하는 것만으로, 또는 이러한 시스템을 투입하기만 해도, 또는 그 시스템이 법익침해적 결과를 야기하기만 할 경우에도 형사처벌을 가능하게 하기 위해 전통적인 형법이론하에서의 귀속조건을 모두 포기하는 이른바 위험구성요건을 창설하는 방향이다. 그러나 민사적 영역에서 인공지능 시스템으로부터 도출되는 새로운 위험을 기존의 책임법리를 수정하는 정도로 대응할 수 있지만 형사책임 영역에서는 이러한 대응을 수용할 수는 없다. 예컨대 민사책임 영역에서는 제조자책임법을 통하거나 무과실책임의 법리를 동원하여 위험의 사회적 분배가 가능할 수도 있지만, 자신의 잘못이 없으면 책임 없다는 책임주의 원칙을 고수해야 하는 형사책임 영역에서는 헌법 위반적 무과실 책임이론을 받아들일 수는 없기 때문이다. [32]

뿐만 아니라 위험구성요건의 신설이나 제조물 형사책임법으로 대응하는 것과 같은 해결방식은 어느것이든 제작자의 개발의지와 방향성에 압박을 가해 인공지능 시스템의 학습능력을 일정한 범위로 제한하도록 할 것이다. 이러한 맥락에서는 특히 위험한 성질을 가진 알고리즘에 대해 일종의 안전검사를 하지 않으면 안 되도록 의무화하게 될 것이다. 이렇게 되면 결국 인간의 양심과 유사하게 윤리 모듈과 법적 모듈을 만들어 그 시스템을 프로그래밍하여 사회유해적 행태 양식을 근본적으로 불가능하게 만들거나 적어도 현저하게 어렵게 하는 방향으로 나아가게 될 것이다.[33]

그러나 이와 같은 윤리 모듈과 법적 모듈을 일종의 장애장치로 이식하도록 인공지능 시스템 개발자에게 요구하는 것은 지나친 측면이 있다. 인공지능 시스템에게 도덕적이고 법적인 규칙을 이식하는 것과 다를 바 없기 때문이다. 이는 아이작 아시모프가 자신의 소설에서 세 가지 규칙을 공식화한 것을 연상케 한다. 법학적인 관점에서 보면 이와 같은 종류의 규칙을 시스템에 사전에 프로그래밍하는 것은 매우 순진한 생각이다. 사회유해적 행태양식을 사전에 명확하게 정의내리기 어려울 뿐 아니라 두 사람을 동시에 구조할 수 없는 상황에서 나머지 한 사람을 죽게 내버려둬야 할 경우와 같은 도덕적 딜레마 사례의 경우에도 위와 같은 규칙은 결국 누구에게도 도움이 되지 못하기 때문이다.[34]

이 문제를 해결하기 위한 기본적 아이디어는 '보장적 기능'의 무게추를 반대편에 놓는 것에서 시작한다. 인공지능을 활용한 금융투자행위의 일의적인 목적으로 한 새로운 특별법의 제정 형식이 아닌 일반법, 즉 형법이나 자본시장법의 한 규정으로 이를 정하여 개개의 사건마다 인공지능을 활용하고 소비자의 권익을 보장하기 위한 법적 근거를 마련하는 것 또한 투자주체를 보호하는 한편, 금융산업에서 인공지능을 활용하는 궁극적인 목적인 공정한 시장질서와 자유로운 경쟁 모두를 실현하는 길이 될 수 있다.

'자유의 최후의 문지기'가 되어야 할 형법마저 이른바 '국민정서법'에 굴복하여 지켜야 할 헌법적 가치를 버려둔 채 전투의 최일선에 나가는 모습을 보여서는 안 될 것이다. 또한 형법은 특정 도덕이나 사상을 강요하는 데 사용되어서는 안 되며, 인간의 본성에 대한 깊이 있는 성찰 없이 사회의 변화나 대중의 여론을 좇는 데 급급하여 과잉 도덕화되어서도 안 된다. 헌법정신은 전시가 아닌 한 '질서'보다 국민의 '자유'와 '행복'을 지향[35]하므로, 형벌만능주의, 중형·엄벌주의, 악인필벌사상, 범죄자의 (잠재적) 범죄자화는 시민사회의 자율적 통제능력의 향상을 가로막을 뿐이다. 형법이 다시 '범죄인의 마그나카르타'로서 자리를 찾기 위해서라도 형법학은 국가에

게 위임한 형벌권을 되찾아올 필요가 있다.[36]

　형법은 그 태생부터 칼과 같은 권능을 부여받았으나 망나니 같이 제멋대로 휘둘려져서는 안 되고, 지켜야 하는 가치를 위해 소중하고 섬세하게 다뤄져야 한다. 이를 위해서 일관된 기준이 있어야 함은 당연한 귀결이다. 판례는 두 손에 쥔 두 가지의 칼 중 하나를 과감히 버리고 하루빨리 '자유'의 옆자리로 돌아와야 한다.

1. 2021년의 주요 사례로는 ① 글로벌 보안업체 소닉월, 자사 원격 보안접속 프로그램 취약점으로 인해 자사가 해킹당하는 피해(1월), ② MS 익스체인지 서버(이메일 관련 솔루션)의 취약점으로 전세계적으로 피해 발생하였으며, 일부 기업은 금품 요구 악성프로그램에 감염(3월), ③ 펄스시큐어 VPN 취약점을 악용한 공격으로 미국 연방정부기관 발생(4월), ④ 한국원자력연구원, 한국항공우주산업 VPN 해킹사고 발생(7월) 등이 있다. (과학기술정보통신부 보도자료, "과기정통부, '21년 사이버위협 분석 및 '22년 전망분석", 3면 참조)

2. SaaS(Sotfware as a Service)의 경우 다양한 SaaS 서비스를 사용하는 과정에서 권한설정, 접근통제 관련 허점이나 SaaS 자체의 보안취약점이 발생 가능하다.

3. 과학기술정보통신부, 앞의 보도자료, 6면.

4. 2018년 아마존의 편향된 데이터를 학습한 인공지능 채용시스템이 공정성을 결여한 결과를 보여주어 인공지능 채용시스템이 폐기되었던 사례가 대표적인 케이스이며, 미국 '국가표준기술연구원'(National Institution of Standards & Technologies)의 보고에서는 많은 인공지능 얼굴인식 시스템에서 아시아, 아프리카인의 인식률이 10~100배가량 떨어지고 있다고 보고하고 있다.

5. 방정미, "인공지능 알고리즘 규제 거버넌스의 전환 – 최근 미국의 알고리듬 규제와 인공지능 윤리원칙을 중심으로 –", 공법연구 제49집 제3호, 한국공법학회, 382면.

6. 앤디 클락(Andy Clark)은 인간이 기계는 합쳐져 사이보그화 되고 있고 그 경계는 흐릿해지고 소멸하는 중이라고 한다. 최은창, 앞의 논문, 21면.

7. 경찰이 피의자를 체포하더라도 영장 없이 스마트폰의 기록을 검색할 수 없다고 판시한 판결이다.

8. 최은창, 앞의 논문, 22면.

9. 최은창, 앞의 논문, 21면.

10. 최은창, 앞의 논문, 19면.

11. 금융위원회, 금융분야 AI 가이드라인 및 주요 검토 필요사항, 2021. 7. 8.

12. Stanford University Human-centered Artificial Intelligence(HAI), Artificial Intelligence Index Report 2021, 2021. 3.

13. 금융위원회, 금융분야 AI 가이드라인 및 주요 검토 필요사항, 2021. 7. 8.; 금융위원회·금융감독원 보도자료, 금융분야 인공지능(AI) 가이드라인이 시행됩니다. – 금융권 AI 활용을 활성화하고 AI 기반 금융서비스에 대한 신뢰를 제고하기 위한 모범규준 마련·발표 –, 2021. 7. 8.

14. 금융위원회·금융감독원 보도자료, 금융분야 인공지능(AI) 가이드라인이 시행됩니다. – 금융권 AI 활용을 활성화하고 AI 기반 금융서비스에 대한 신뢰를 제고하기 위한 모범규준 마련·발표 –, 2021. 7. 8.

15. 금융위원회, 앞의 보도자료.

16. 예를 들어 소비자에게 금융거래 기회를 제공하는 서비스는 적격자의 금융거래가 거절될 수

있는 위험(False Negative 오류)을 최소화하여야 하는 반면, 불법 거래를 탐지하는 서비스는 불법 거래를 탐지하지 못하는 위험(False Positive 오류)을 최소화하여야 한다.

17. 금융위원회, 금융분야 AI 가이드라인 및 주요 검토 필요사항, 2021. 7. 8.

18. 개인정보보호위원회(2021)

19. 개인정보보호위원회, 인공지능(AI) 개인정보보호 자율점검표, 2021. 5. 31.

20. 「개인정보 보호법」제3조(개인정보 보호 원칙) ① 개인정보처리자는 개인정보의 처리 목적을 명확하게 하여야 하고 그 목적에 필요한 범위에서 최소한의 개인정보만을 적법하고 정당하게 수집하여야 한다. (후략)

21. 개인정보보호위원회, 인공지능(AI) 개인정보보호 자율점검표, 2021. 5. 31.

22. 「금융소비자 보호에 관한 법률」제7조(금융소비자의 기본적 권리) 금융소비자는 다음 각 호의 기본적 권리를 가진다.
    1. 금융상품판매업자등의 위법한 영업행위로 인한 재산상 손해로부터 보호받을 권리
    2. 금융상품을 선택하고 소비하는 과정에서 필요한 지식 및 정보를 제공받을 권리
    3. 금융소비생활에 영향을 주는 국가 및 지방자치단체의 정책에 대하여 의견을 반영시킬 권리
    4. 금융상품의 소비로 인하여 입은 피해에 대하여 신속·공정한 절차에 따라 적절한 보상을 받을 권리
    5. 합리적인 금융소비생활을 위하여 필요한 교육을 받을 권리
    6. 금융소비자 스스로의 권익을 증진하기 위하여 단체를 조직하고 이를 통하여 활동할 수 있는 권리

23. 「금융소비자 보호에 관한 법률」제13조 내지 제28조

24. 이수환, "금융분야 AI가이드라인 도입 추진과 시사점", 이슈와 논점 제1878호, 국회입법조사처, 2021. 10. 12., 4면.

25. 과학기술정보통신부, 과기정통부, 신뢰할 수 있는 인공지능 실현전략 발표, 2021. 5. 14.

26. World Economic Forum(WEF), 2006, p.6, 서계원, 범죄자 DNA 데이터베이스의 도입과 국가 주도적 위험사회의 도래, 세계헌법연구 18. 1, 2012, 128면에서 재인용.

27. Ulrich Beck(홍성태 옮김), Risk Society: Towards a New Modernity, 1997, 25면.

28. 헌법은 국민의 국가형벌권을 보충적으로 적용하고 최소한으로 행사하도록 명시하고 있다. 국가형벌권행사의 정당화 여부를 판단하기 위해 죄형법정주의의 내용인 명확성의 원칙과 행위형법의 원칙이 기능한다. 그러나 위험사회에서는 국가나 사회 같은 보편적 법익보호가 중요시되고, 형벌은 적극적 일반예방을 목적으로 하게 된다. 즉, 위험형법은 그 목적과 방향성에 있어 명확성의 원칙과 보충성의 원칙 및 비례성의 원칙을 잠식할 가능성이 높다.

29. 오늘날 현실형법을 교과서에 기술된 것처럼 '범죄인의 마그나카르타(대헌장)'라고 치켜세울 수 있을까. 적어도 오늘날 '헌법국가'에서 형법의 자유보장과제라는 지식은 더 이상 형법교과서에서 유통되지 말아야 하는 것은 아닐까(김성돈, 형법의 과제, 형법의 한계 그리고 리바이어던 형법, 형사법연구 28. 4, 2016, 5면).

30. 김일수, 앞의 논문, 1면.

31. 김한균, 법질서정치와 형사사법의 왜곡, 2008, 314－316면.

32. 김성돈, 앞의 논문, 92면.
33. 김성돈, 앞의 논문, 92면.
34. 김성돈, 전통적 형법이론 92 – 93면.
35. 조국, 절제의 형법학, 2015, 서문.
36. 김성돈, 앞의 논문, 38면 참조하여 재구성.

Chapter

05

결 론

　　인공지능은 인간이성을 모방하며(생각하는 기계), 인간을 이기고(딥블루), 인간을 넘어서고 있지만(알파고), 인간을 완전히 초월하기까지는 아직까지 많은 시간이 필요해 보인다. 인공지능이 인간의 '생각'을 흉내내지는 못하고 있기 때문이다. 사실상 현재의 AI는 인간을 완벽하게 모사한 강인공지능이 아닌 수많은 데이터에 기반해 학습된 결론을 내는 약인공지능에 머물러 있는 것이다. 인공지능 비서 시리(siri)는 "라면을 끓이는 데 필요한 재료가 뭐지?"라는 말에는 쉽게 응답하지만, "새벽 2시인데 라면을 끓일까?" 질문에는 "죄송해요. 이해를 못했어요."라고 답하는 게 고작이다. 질문자를 잘 아는 누군가가 아니라면 제대로 답할 수 없는 물음이기 때문이다. 누군가에게 라면은 다이어트의 적이지만, 다른 누군가에게는 실연의 아픔을 위로할 안주가 될 수 있기에.

　　시리를 인간과 같이 취급하고 적으로 경계해야 하는 세상, 존 코너를 죽이기 위해 터미네이터를 파견하는 스카이넷이 현실이 될 세상은 좀 더 먼 미래에 있다. 이세돌보다 훨씬 바둑을 잘 두는 알파고도 결국 '바둑 두기'라는 인간이 가진 능력의 극히 일부를 흉내내고 있을 뿐이다. 다만 약인공지능이 강인공지능보다 반드시 열등한 것이다는 확신에는 재고가 필요하다. 인공지능의 역사는 인간의 역사를 닮아 있기 때문이다. 우리 역시 우리가 아닌 것을 꿈꾸며 살아왔다.

　　하늘을 날고 싶다는 인간의 꿈은 하늘을 날아다니는 새를 따라하는 것으로 시작됐지만, 그 꿈이 현실이 된 지금의 비행기는 새와 좀처럼 닮은 구석이 없다. 새를 닮고 싶다는 꿈이 사람 수백 명과 화물을 싣고 소리의 속도보다 빠르게 날아가는 현재의 가능성이 된 것처럼, 인간을 닮고 싶다는 인공지능의 꿈은 우리에게 또 어떤 미래의 가능성을 가져다줄지 모른다. 주지해야 할 것은 그 가능성의 방향에 언제나 인간이 원칙이 되어야 한다는 점이다.

참고문헌

[주자료]

김성돈, 전통적 형법이론에 대한 인공지능 기술의 도전, 형사법연구 30권 2호, 한국형사법학회, 2018.

김성호, "인공지능에 대한 법인격 부여 필요성", 법학논총 37권 3호, 법학연구소, 2020.

김혜인 외, "인공지능에 기반한 형사법상 의사결정 연구 −설명요구권과 영업비밀 보호 간 균형모색을 중심으로−", 법학연구 28권 3호, 경상대학교 법학연구소, 2020.

박광민 외, "인공지능 로봇의 범죄주체성과 형사책임의 귀속", 법학연구 20권 4호, 인하대학교 법학연구소, 2017.12

박수곤, "자율적 지능 로봇의 법적 지위에 대한 소고", 법학논총 31권 2호, 국민대학교 법학연구소, 2018. 10.

백수원, "전자인격체로서 반려로봇(섹스로봇)의 규제 기준 마련을 위한 시론적 고찰", 법학논총 32권 3호, 국민대학교 법학연구소, 2020. 2.

서완석 외, "인공지능과 금융법", 가천법학 12권 4호, 2019. 12.

송영현 외, "자율주행자동차사고의 법적 쟁점에 대한 일고", 법학연구 20권 3호, 한국법학회, 2020. 9.

신동일 외, "인공지능과 법체계 −전자인격론의 모순과 정보권한과의 갈등을 중심으로−", 강원법학 57, 강원대학교 비교법학연구소, 2019. 6.

양영식, "로보어드바이저에 의한 금융투자상품거래의 법적 연구", 충남대학교 대학원, 2017.

유주선, "인공지능 의료행위와 법적 책임에 관한 연구", 비교사법 27권 4호, 한국비교사법학회, 2020.

윤영철, "인공지능 로봇의 형사책임과 형법의 '인격적 인간상'에 대한 고찰", 원광법학 35권 1호, 원광대학교 법학연구소, 2019.

이창민, "인공지능의 형사책임", LAW & TECHNOLOGY 14권 2호, 서울대학교 기술과법센터, 2018.

이도국, "인공지능과 전자인(Electronic Person) −독자적 법인격 부여 가능성을 중심으로−", 법과정책연구 21권 1호, 한국법정책학회, 2021.

이상용, "인공지능과 법인격", 민사법학 89권, 한국민사법학회, 2019. 12.

이성진, "인공지능과 법인격 인정", 민사법의 이론과 실무 23권 3호, 2020.

임종인, "인공지능 금융서비스의 법제도적 쟁점에 관한 연구: 해킹에 의한 로보어드바이저의 시세조종행위 규율을 중심으로", 고려대학교 정보보호대학원, 2018.

정순형, "정보기술 혁신과 은행업의 변화에 관한 고찰", 지급결제학회지 11권 2호, 한국지급결제학회, 2019.

정정원, "인공지능(AI)의 발달에 따른 형법적 논의", 과학기술과 법, 2016.

주현경, "인공지능과 형사법의 쟁점 －책임귀속을 중심으로－", 형사정책 29권 2, 한국형사정책학회, 2017.

최은창, "인공지능 시대의 법적윤리적 쟁점", FUTURE HORIZON 28권, 과학기술정책연구원, 2016. 5.

[보조자료]

4차산업융합법학회, 4차산업혁명의 이해, 박영사, 2020.

고윤승, "우리나라 로보어드바이저 도입을 위한 활성화 방안 탐색", 한국과학예술융합회 25, 한국전시산업융합연구원, 2016. 9.

김건우, "로봇윤리 vs. 로봇법학: 따로 또 같이", 법철학연구 20(2), 2017.8, 7－44(38면), 한국법철학회, 2017. 8.

김대근, "자본시장법상 형사제재의 한계와 개선방안에 관한 연구", 형사정책연구원 연구총서 1－4, 2011.

김도승, "인공지능 기반 자동행정과 법치주의", 미국헌법연구 30권 1호, 미국헌법학회, 2019. 4.

김민우, "지능정보사회에서의 인공지능의 현안과 입법 과제", 공법학연구 21권 2호, 한국비교공법학회, 2020. 5.

김범준 외, "로보－어드바이저(Robo-Adviser)의 활용과 금융투자자 보호 －미국의 규제체계가 주는 함의를 중심으로－", 법학연구 17권 1호, 한국법학회, 2017. 3.

김범준 외, "로보－어드바이저 알고리즘의 규제 개선을 통한 금융소비자 보호", 법학연구 18권 3호, 한국법학회, 2018. 9.

김원걸 외, "인공지능과 핀테크", 한국정보기술학회지 14권 1호, 한국정보기술학회, 2016. 6.

김성돈, 형법총론, 제6판, 성균관대학교 출판부, 2020.

김종세, "인공지능의 안전성과 인간윤리에 대한 법정책적 고찰", 법학연구 20권 1호, 한국법학회, 2020. 3.

김태오, "인공지능 로봇에 대한 인간의 인격개념 사용 문제: 신학적 인간학의 인격개념 이해를 중심으로", 가톨릭신학 31호, 한국가톨릭신학학회, 2017.

김혜인 외, "인공지능에 기반한 형사법상 의사결정 연구 －설명요구권과 영업비밀

보호 간 균형모색을 중심으로-", 법학연구 28권 3호,　경상대학교 법학
연구소, 2020.

김형구 외, "인공지능과 금융투자 전략", 한국경제포럼 12권 3호, 한국경제학회,
2019.

남상조 외, "사이버 금융 서비스에서의 인공지능 활용 방안", 한국지능정보시스템
학회 학술대회논문집, 한국지능정보시스템학회, 1997. 6.

맹수석 외, "핀테크(FinTech) 진전과 금융소비자보호 방안", 기업법연구 31권 4호,
한국기업법학회, 2017. 12.

박광민, "기업에 대한 형사책임귀속의 바람직한 방안", 성균관법학 27권 3호, 법학
연구원, 2015.

박소영, "인공지능의 역사 -서사적 허구, 문화상품, 그리고 과학적 사실로-", 인
간환경미래 22권, 인제대학교 인간환경미래연구원, 2019. 4.

박원기, "딥러닝 소개와 금융업 적용 사례", 고려대학교 정책대학원, 2018.

방기선, "(화폐금융론)기업의 금융행위", 고시계 36권 6호, 고시계사, 1991.

배상균, "자율주행자동차 기술 발전에 따른 민·형사 책임에 관한 검토 -일본에서
의 논의를 중심으로-", 법조 66권 4호, 법조협회, 2017.

서문석 외, "로보어드바이저 기반 온라인 자산관리서비스 변화 방향에 관한 연구",
e-비즈니스 연구 20권 5호, 국제 e-비즈니스학회, 2019. 10.

손상호, "금융업무의 특성과 겸업화 방향", 한국금융연구원, 2005.

안수현, "지능형 인공지능(AI)의 발전에 따른 자본시장법제 정비방향과 과제", 증
권법연구 18권 3호, 한국증권법학회, 2017. 12.

양관석, "인공지능의 빅데이터 활용을 위한 법적 연구: 저작물과 개인정보를 포함
한 빅데이터를 중심으로", 단국대학교, 2019.

양수영, "인공지능의 겨울, 그리고 도래할 계절: 1974-1980 첫 번째 AI Winter의
재발견과 현재의 지능성에 대한 의미 고찰", 한국경영정보학회 추계학술대
회, 2016.

양희태 외, "인공지능 기술 전망과 혁신정책 방향-국가 인공지능 R&D 정책 개선
방안을 중심으로-", 정책연구, 과학기술정책연구원, 2019. 12.

윤수정, "인공지능 사회에서의 기본권", 공법연구 49권 2호, 한국공법학회, 2020.
12.

이경렬 외, "자율주행자동차의 등장과 교통형법적인 대응", 형사정책연구, 29권 1
호, 2018. 01.

이연우, "AI가 바꾸는 자동차의 미래: 자동차 산업을 향한 경종과 기대", 제주대학
교 통역번역대학원, 2019.

이왕재, "인공지능 기술의 구조 및 동향 분석: 특허 및 오픈소스 프로젝트를 중심

으로", 서울과학기술대학교, 2021.

이상헌, "우리는 왜 인공지능에 대한 통제를 고민해야 하는가?", 철학연구, 대한철
학회, 2018. 8.

이성호, "인공지능 기반의 비즈니스모델 혁신", FUTURE HORIZON, 과학기술정책
연구원, 2016. 5.

이재규, "금융산업과 인공지능", 한국지능정보시스템학회 학술대회논문집, 한국지
능정보시스템학회, 1995. 9.

이제영, "인공지능이 가져올 금융 서비스 혁신 전망" FUTURE HORIZON, 과학기
술정책연구원, 2020.12

정동규, "인공지능 기술과 주요 적용산업 동향", 한국정보기술학회지 15권 2호, 한
국정보기술학회, 2017.

정정원, "4차산업혁명" 관련 입법의 규범적 과제, 한양법학 30권 2호, 한양법학회,
2019. 5.

조현 외, "로보 어드바이저의 성공 요인", 한국경영학회 통합학술발표논문집, 한국
경영학회, 2018. 8.

최성백, "인공지능의 발달과 문제점에 대한 고찰−싱가포르·중국·일본을 중심으
로", 일본문화연구 72, 동아시아일본학회, 2019.10.

한인구, "인공지능 기법의 금융분야 응용", 한국지능정보시스템학회 학술대회 논문
집, 한국지능정보시스템학회, 1995. 9.

한인구 외, "금융시장에서의 인공지능기법 응용에 대한 개관", 한국지능정보시스템
학회 학술대회논문집, 한국지능정보시스템학회, 1995. 6.

한진수, "금융교육 연구의 동향과 과제", 경제교육연구 26권 1호, 한국경제교육학
회, 2019.

홍준호, "신기술에 의한 금융혁신과 향후 전개방향", 지급결제학회지 12권 2호,
(사)한국지급결제학회, 2020. 12.

황서이 외, "국내 인공지능분야 연구동향 분석 −토픽모델링과 의미연결망분석을
중심으로−", 한국디지털콘텐츠학회 논문지 20권 9호, 한국디지털콘텐츠학
회2019. 9.

[해외자료]

PwC, "2018 AI predictions(8 insights to shape business strategy)", PwC, 2018.

John Riley, "LEGAL LIABILITY FOR DAMAGES CAUSED BY AUTONOMOUS",
KANGWON LAW REVIEW 62, Institute of Comparative Legal Studies,
2021. 2.

Martin, Anne-Sophie, Freeland, Steven, "The Advent of Artificial Intelligence in

Space Activities: New Legal Challenges", In Space Policy, 2021. 2.

Liu, Hin-Yan, Maas, Matthijs, Danaher, John, Scarcella, Luisa, Lexer, Michaela, Van Rompaey, Leonard, "Artificial intelligence and legal disruption: a new model for analysis", Law, Innovation & Technology. Vol. 12 Issue 2, 2020. 10.

Bataev, Alexey V., "Innovations in the Financial Sphere: Performance Evaluation of Introducing Service Robots with Artificial Intelligence", 2020 9th International Conference on Industrial Technology and Management (ICITM) Industrial Technology and Management (ICITM), 2020 9th International Conference on., 2020.

Ko, Carol "Legal issues around AI, big data, cloud, DLT and e-payment.", Asia Cloud Forum., Color Photograph., 2017. 8.

Chen, Shu, "Correlation analysis of financial indicators and stock price fluctuations based on artificial intelligence system", 2021 International Conference on Artificial Intelligence and Smart Systems (ICAIS) Artificial Intelligence and Smart Systems (ICAIS), 2021 International Conference on., IEEE/IET Electronic Library, 2021. 3.

Sun, Jing, "Research on Artificial Intelligence, New Retail and Financial Transformation", 2021 2nd International Conference on E-Commerce and Internet Technology (ECIT) ECIT E-Commerce and Internet Technology (ECIT), 2021 2nd International Conference on., IEEE/IET Electronic Library (IEL), 2021. 3.

저자 소개

이상훈

부산에서 나고 자라 대학 수학을 마쳤고, 상경하여 법학전문대학원을 졸업했습니다. 변호사 자격을 따고 법학전문 석사 학위를 취득하였고, 형법으로 법학박사 과정과 금융디지털전문가 과정을 수료했습니다. 작은 로펌과 작은 사무실에서 송무와 재판을 했고, 금융회사와 핀테크회사, 국회에서도 일을 했습니다. 지금은 조그마한 회사의 준법감시인으로서 내부통제와 법무 전반을 살피고 있습니다.

인공지능이 금융하는 법

초판발행   2022년 11월 10일

지은이   이상훈
펴낸이   안종만 · 안상준

편 집   이면희
기획/마케팅   정연환
표지디자인   BEN STORY
제 작   고철민 · 조영환

펴낸곳   (주) **박영사**
                서울특별시 금천구 가산디지털2로 53, 210호(가산동, 한라시그마밸리)
                등록 1959. 3. 11. 제300-1959-1호(倫)

전 화   02)733-6771
f a x   02)736-4818
e-mail   pys@pybook.co.kr
homepage   www.pybook.co.kr
ISBN   979-11-303-4269-6   93360

정 가   18,000원